本书受到国家社会科学基金青年项目（批准号：13CJY017）和中国社会科学院青年科研启动项目的支持！

中国最低工资制度研究

Minimum Wages Regulation in China

贾 朋 著

中国社会科学出版社

图书在版编目(CIP)数据

中国最低工资制度研究/贾朋著.—北京：中国社会科学出版社，2021.3
ISBN 978-7-5203-7403-3

Ⅰ.①中… Ⅱ.①贾… Ⅲ.①工资制度—研究—中国 Ⅳ.①F249.24

中国版本图书馆CIP数据核字（2020）第198887号

出版人 赵剑英
责任编辑 黄 晗
责任校对 夏慧萍
责任印制 王 超

出 版 中国社会科学出版社
社 址 北京鼓楼西大街甲158号
邮 编 100720
网 址 http://www.csspw.cn
发行部 010-84083685
门市部 010-84029450
经 销 新华书店及其他书店

印 刷 北京君升印刷有限公司
装 订 廊坊市广阳区广增装订厂
版 次 2021年3月第1版
印 次 2021年3月第1次印刷

开 本 710×1000 1/16
印 张 15
字 数 231千字
定 价 79.00元

目　　录

前 言

最低工资标准，是指劳动者在法定工作时间或依法签订的劳动合同约定的工作时间内提供了正常劳动的前提下，用人单位依法应支付的最低劳动报酬。最低工资作为一项典型的劳动力市场制度已经有100多年的历史。为了保障低收入群体能够分享改革开放和经济增长的成果，劳动部在1993年发布了《企业最低工资规定》，这是新中国关于最低工资的第一个法律法规。1995年1月1日起开始施行的《中华人民共和国劳动法》规定“国家实行最低工资保障制度”。因此，在1995年前后，全国大部分省级行政区域都相继发布了月最低工资标准。此后，最低工资在全国各地得到了广泛的使用，最低工资制度的执行力度不断加大，最低工资标准持续上升，最低工资的覆盖面也不断扩大。

2004年，劳动和社会保障部发布了《最低工资规定》以取代1993年施行的《企业最低工资规定》。新的《最低工资规定》要求“最低工资标准每两年至少调整一次”。此后，大部分省市还发布了适用于非全日制用工人员的小时最低工资标准。受国际金融危机的影响，人力资源和社会保障部于2008年底发出通知，要求各地在2009年暂缓上调最低工资标准。此后，随着宏观经济形势的转好，自2010年起又开始了一个最低工资标准的密集调整期。

进入“十三五”以来，按照《“十三五”规划纲要》“降低实体经济企业成本”一节中“合理确定最低工资标准……降低企业人工成本”和“完善初次分配制度”一节中“完善最低工资增长机制”的要求，各省市对于最低工资标准的调整趋于保守。2020年，在全国抗击新冠肺炎疫情的背景下，一些省市推迟了原定的最低工资调整计划。

考察最低工资制度产生的影响是劳动经济学中的经典研究主题。短期来看，由于生产技术、管理制度和法律法规的限制，最低工资上调首先可能引起的不是就业变化，而是工资变化，即工资水平低于新最低工资标准的劳动力工资会被提高到新的最低工资水平，从而产生截断效应。其次，厂商为了维持工资的行为激励效应，会刻意在低技能劳动力和高技能劳动力之间维持一定的工资差距。因此，最低工资在提高低技能劳动力工资水平的同时，还可能会推动高技能劳动力的工资增长，从而产生溢出效应。最后，提升后的最低工资可能超过了部分非劳动参与人员的保留工资，从而吸引他们进入劳动力市场寻找工作，增加个体劳动供给。

中期来看，随着时间的推移，生产技术和管理制度的调整成为可能。因此，厂商可能会通过改变不同类型劳动力雇用数量和工作时间的组合以最大化利润。首先，这一调整可能直接影响低技能劳动力的就业和工作时间并间接影响他们的劳动收入。其次，对低技能劳动力数量的调整还可能会影响对高技能劳动力的需求。最后，由于家庭是不同类型劳动力的组合，为了保持家庭消费不发生较大变化，低技能劳动力的就业变化可能会迫使同一家庭中高技能劳动力改变劳动供给，从而引起家庭联合劳动供给的变化并进而对收入分配产生影响。

长期来看，如果个体在生命周期的较早阶段就暴露在最低工资的影响下，可能会影响个体的在职培训和人力资本积累，并进而对个体的工资获取能力和工资不平等产生影响。

中国自20世纪90年代以来关于最低工资调整的实践为分析评估中国最低工资制度的影响奠定了基础。本书系统回顾了关于最低工资的理论和实证研究，依据中国最低工资数据库（CMWD）和关于中国城镇劳动力市场的微观调查数据，应用微观经济计量方法，分析了中国最低工资标准的水平和执行情况，研究了最低工资可能产生影响的多个方面，如就业效应、劳动供给效应、溢出效应、不平等效应和收入分配效应等。

本书汇集了笔者在吉林大学攻读博士学位以及在中国社会科学院人口与劳动经济研究所从事博士后研究和工作期间的部分研究成果。感谢国家社会科学基金青年项目（批准号：13CJY017）和中国社会科学院青年科研启动项目的资助。

研究中难免存在疏漏和考虑不周之处，敬请读者批评指正。

贾　朋

2020 年 8 月于北京

第一章　最低工资理论研究综述

最低工资的理论研究常常用来支撑实证研究的结论。本章对最低工资的理论研究进行综述。[①] 第一节在新古典模型下考察最低工资对就业和工资分布的影响，第二节在买方垄断模型下考察最低工资对劳动力市场的影响，第三节和第四节分别在效率工资模型和搜寻与匹配模型下考察最低工资对就业和工资分布的影响。

第一节　新古典模型

本节在新古典模型下分简单情形、两部门模型和其他扩展分析最低工资对于就业、工作时间和工资分布的影响。

一　简单情形

在新古典模型的简单情形中，假设：（1）最低工资覆盖了劳动力市场中的所有个体；（2）劳动力是同质的；（3）厂商面临的劳动力市场和产品市场均为完全竞争市场；（4）厂商使用劳动力和资本两种要素作为生产投入。在这些假设下，设置一个高于竞争市场均衡工资的最低工资标准将会提高厂商的边际成本并对整个经济系统产生两方面的影响：（1）产品价格上升，产品需求减少，进而导致总产出下降（规模效应）；

① 关于最低工资理论研究的其他综述可以参考姚先国和王光新（2008）、Brown（1999）以及 Neumark 和 Wascher（2008）。

(2) 较高的劳动力价格使得厂商在生产过程中使用资本替代劳动力(替代效应)。这两方面的影响都会导致劳动力需求下降。图 1.1 给出了完全覆盖情形下最低工资对就业的影响。在图 1.1 中,与劳动力供给 $S(w)$ 和劳动力需求 $D(w)$ 共同决定的均衡就业 E^* 和均衡工资 w^* 不同,如果最低工资大于竞争工资即 $w_m > w^*$,则均衡就业主要由劳动力需求所决定,即 $E_m = D(w_m)$,此时会产生超额劳动供给 $S(w_m) - D(w_m)$。由于在图 1.1 中均衡就业仅仅是沿着劳动力需求曲线移动,因此就业损失 $\ln(E_m) - \ln(E^*)$ 依赖于劳动力需求弹性以及最低工资与竞争工资之差 $\ln(w_m) - \ln(w^*)$。①

超额劳动供给是否可以被视为失业主要取决于他们是否正在寻找工作。因此,如果要考察最低工资对失业的影响,通常需要对劳动参与做出额外的假设。一个常用的假设是,个体通过观察就业概率 $D(w_m)/S(w_m)$ 以及就业后的工资水平 w_m 来决定是否劳动参与(Brown,1999)。需要注意的是,仅仅考察失业的变化并不能准确评估最低工资的负面影响,因为如果劳动力很容易"受挫"并退出劳动力市场的话,那么最低工资对失业的影响将非常小。② 因此,大部分关于最低工资的研究关注对就业的影响,而不是对失业的影响。

二 两部门模型

第一小节"简单情形"的一个缺点是假设劳动力市场中所有个体均受到最低工资的覆盖。这一假设对于美国等西方发达国家可能成立,③但在中国这样的发展中国家,可能存在最低工资约束力不强、覆盖面小、

① 在更加一般的情形下,劳动力需求的下降幅度取决于产品需求的价格弹性、总生产成本中劳动力成本所占的份额、资本和劳动之间的替代弹性以及法定最低工资与均衡竞争性工资的差异。一般情况下,对于一个给定的最低工资调整,产品需求的价格弹性越高、总生产成本中劳动力成本所占的份额越高、资本要素和劳动力要素之间的替代弹性越大,则劳动力需求的下降幅度也越大。

② Mincer (1976) 和 Wessels (1980) 研究表明,最低工资使得劳动参与率降低(对失业影响较小)。

③ 有证据表明,在美国等西方发达国家,最低工资覆盖了90%以上的劳动力,大部分企业均遵守最低工资法规(Neumark 和 Wascher,2008)。

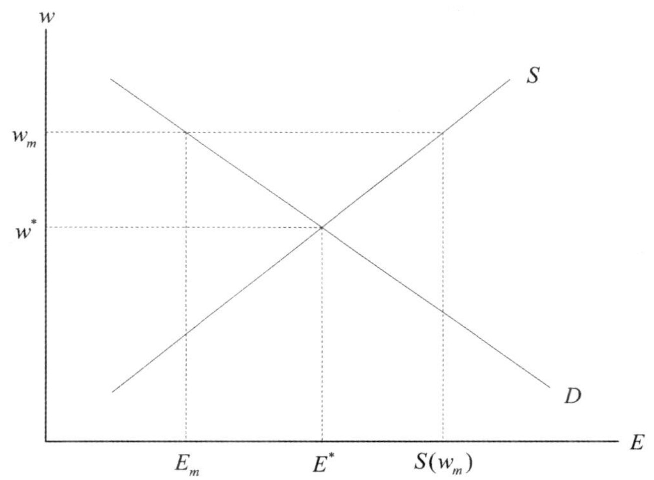

图 1.1　完全覆盖情形下的最低工资

企业不遵守最低工资法规的情形。① 因此，有必要对“简单情形”加以扩展以考虑局部覆盖的情形。

根据最低工资是否具有约束力，假设劳动力市场中存在覆盖和非覆盖两个部门。Brown（1999）指出，在两部门模型中，最低工资对就业的真实影响依赖于覆盖部门中的工作岗位如何分配以及劳动力如何在覆盖部门和非覆盖部门间流动。在两部门模型的一个特例中（Welch，1976），覆盖部门中的职位随机地在所有劳动力中进行分配，无法在覆盖部门就业的个体将会到非覆盖部门中就业。② 在这种情况下，最低工资的提升增加了非覆盖部门中的劳动供给，并导致非覆盖部门中的工资下降和就业上升，因此会缓和覆盖部门的就业下降。

具体来说，覆盖部门的劳动力需求取决于最低工资水平 D^c（w_m），非覆盖部门的劳动力需求取决于市场均衡工资 D^u（w_u）。如果不存在最

① Ashenfelter 和 Smith（1979）认为这种“不遵守”和“局部覆盖”非常重要，因为这可能减小最低工资对就业的负面影响。

② 前提是非覆盖部门的均衡工资超过了个体的保留工资。

低工资，劳动力在覆盖部门和非覆盖部门中均可以获得 w^* 的工资，劳动力供给为两个部门的劳动力需求之和，

$$S(w^*) = D^c(w^*) + D^u(w^*) \quad (1.1)$$

令 $c = D^c(w^*)/S(w^*)$。引入最低工资后，由于模型中存在着两种工资水平，且并不是所有期望获取最低工资的个体均能顺利就业，因此在模型中刻画劳动供给更为困难。Welch（1976）假设覆盖部门的 $D^c(w_m)$ 个职位在期望获取最低工资的 $S(w_m)$ 个劳动力间进行分配，这些劳动力成功就业的概率可以表示为 $f = D^c(w_m)/S(w_m)$。由于 $w_m > w^*$，因此有 $f < c$。假设在覆盖部门无法就业的劳动力可以向非覆盖部门流动。非覆盖部门的工资水平 w_u 使得下式成立，

$$(1-f)\ S(w_u) = D^u(w_u) \quad (1.2)$$

将 f 的表达式代入式（1.2）可以得到，

$$D^u(w_u) = S(w_u) - D^c(w_m)\left[S(w_u)/S(w_m)\right] \quad (1.3)$$

图 1.2 给出了非完全覆盖情形下最低工资对就业的影响。在图 1.2 中，由于 $D^c(w_m) < D^c(w^*)$ 且 $S(w^*)/S(w_m) < 1$，因此在 $w_u = w^*$ 处存在超额劳动供给，非覆盖部门的均衡工资必须下降为 w_u^1。尽管此时非覆盖部门中的就业有所上升，覆盖部门和非覆盖部门的总就业仍小

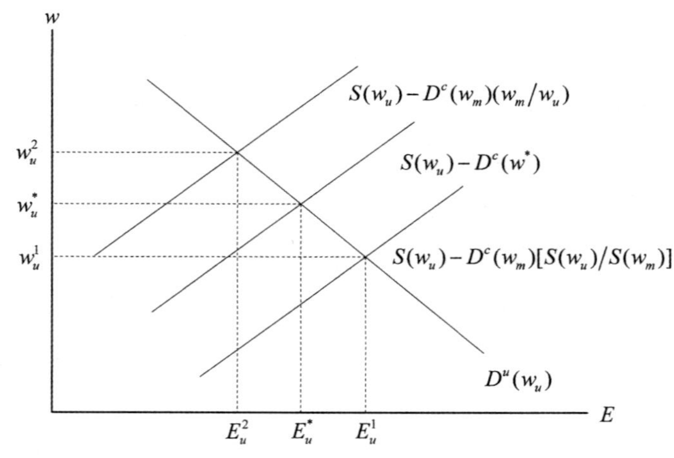

图 1.2　非完全覆盖情形下的最低工资

于不存在最低工资时的情形，非覆盖部门的新增就业仅部分缓解了覆盖部门因设立最低工资所带来的就业损失。

Gramlich 等（1976）和 Mincer（1976）假设劳动力不能在覆盖部门和非覆盖部门间流动，而是根据覆盖部门和非覆盖部门的预期工资选择进入一个部门搜寻职位，因此在均衡条件下两个部门的预期工资相同，即 $w_u=Pw_m$，其中 P 为劳动力在覆盖部门就业的概率，为 $D^c(w_m)/[D^c(w_m)+U]$，其中 U 为覆盖部门的失业人数，即在覆盖部门中未找到工作的个体将会保持其失业状态。由于覆盖部门和非覆盖部门的劳动参与回报相同，因此劳动供给是 w_u 或 Pw_m 的函数。覆盖部门中的失业人数 U 可以表示为，

$$U=D^c(w_m)[w_m/w_u-1] \tag{1.4}$$

因此，非覆盖部门的市场出清条件为，

$$\begin{aligned} D^u(w_u) &= S(w_u)-D^c(w_m)-U \\ &= S(w_u)-D^c(w_m)(w_m/w_u) \end{aligned} \tag{1.5}$$

在这个模型中，与竞争工资相比，非覆盖部门的均衡工资水平可能上升也可能下降。如果工资下降，则下降幅度小于 Welch 模型中的下降幅度，因为在 Welch 模型中与 $D^c(w_m)$ 相乘的一项小于1，而在 Gramlich-Mincer 模型中大于1；如果工资由 w_u 上升为 w_u^2，则由于覆盖部门和非覆盖部门的预期工资相同，而覆盖部门中尚有部分劳动力正在排队寻找工作，因此在这个模型中就业下降的幅度较 Welch 模型更高一些（如图1.2所示）。Brown 等（1983）对 Gramlich-Mincer 模型进行了修改以允许在非覆盖部门就业的个体也可以到覆盖部门中进行职位搜寻，但就业概率比原本就选择在覆盖部门搜寻的个体低，这种搜寻所带来的效率增加使得失业减少。

两部门模型的一个重要启示是，在新古典模型中最低工资对就业的影响比对失业的影响更明确。在 Welch 模型中，覆盖部门中未成功就业的个体可到非覆盖部门中搜寻职位，也可退出劳动力市场。因此，在 Welch 模型中无论最低工资对就业的影响如何，模型中均不存在失业。但是 Gramlich-Mincer 模型中由于在覆盖部门中未能就业的个体继续在覆

盖部门中排队搜寻职位，因此存在失业。因此，经济学家倾向于关注最低工资的就业效应而非失业效应。

三 对新古典模型的其他扩展

对新古典模型一个可能的扩展是放松同质劳动力假设。如果模型中包括多种类型的劳动力，那么厂商就可以在不同类型的劳动力间进行替代，因此模型对就业影响的预测可能会有所变化。简单起见，假设模型中有两种技能类型的劳动力，分别是高技能劳动力和低技能劳动力。一方面，如果高技能劳动力和低技能劳动力在生产过程中可以相互替代，那么一个较高的最低工资标准将会减少对低技能劳动力的需求并增加对高技能劳动力的需求。因此，虽然劳动力市场整体就业会有所下降，但这种下降将小于低技能劳动力的就业下降。另一方面，如果低技能劳动力和资本是互补的，则高技能劳动力的就业增加可能会大到足够补偿低技能劳动力的就业下降。① 异质劳动力市场模型的启示是，新古典模型中对劳动力需求下降的预测仅仅适用于受最低工资直接影响的低技能劳动力，而最低工资对其他类型劳动力就业的影响依赖于生产过程的本质。

对新古典模型另外一个可能的扩展是考虑行业间的一般均衡效应。假定产品 X 和产品 Y 为替代品，如果最低工资提升后，产品 X 的成本增加高于产品 Y，那么尽管产品 Y 的价格因最低工资提升而上升了，但其需求仍可能会增加，即如果经济体中存在着可以被消费者视为非常接近的替代品的多个产品，那么“规模效应”在最低工资劳动力成本所占份额较小的行业中可能是正的。新古典模型对最低工资就业效应的预测不是以行业为基础，因此在有些研究中，研究者可能发现最低工资提升对

---

① Neumark 和 Wascher（2008）指出这种观点大体上还只是一种理论上的表述。大部分经验证据表明，与生产过程中高技能劳动力和资本之间的关系相比，低技能劳动力和资本之间更多的是一种替代关系（Bergstrom 和 Panas，1992；Griliches，1969），尽管支持这一假设的证据相对较弱（Duffy 等，2004；Hamermesh，1993）。但是，Neumark 和 Wascher（2008）指出，现有研究很少直接考察最低工资劳动力与资本之间的替代关系，而是使用了较为宽泛的高技能和低技能劳动力的定义。Henderson（2009）和 Duffy 等（2004）使用不同国家的面板数据研究表明，如果对低技能劳动力的定义更窄一些，那么低技能劳动力和资本之间将会呈现出一种互补关系。

低技能劳动力就业没有负面影响。Card 和 Krueger（1994）就指出，快餐店行业中劳动力成本所占的份额并不是特别的高，因此如果快餐店行业的最低工资劳动力成本与其他饭店相比更低，那么最低工资提升将会提高对快餐店行业产品和服务的需求，因此会提高快餐店行业的劳动力需求。

新古典模型同样可以被扩展以区分短期效应和长期效应。Card 和 Krueger（1995b）认为，由于在雇用大量最低工资劳动力的市场中人员流动性非常大，这使得雇用和解雇成本非常低，厂商可以很快地对最低工资的调整做出反应，因此最低工资的长期效应和短期效应是相同的或者至少是类似的。但 Hamermesh（1995）指出，尽管调整最低工资劳动力要素投入的成本非常小，但相应的资本和其他投入的调整成本却非常大。在这种情况下，最低工资提升后，厂商不能使用资本替代低技能劳动力，短期内低技能劳动力的就业不会有较大的变化，因此最低工资的长期效应和短期效应存在不同。

四　考虑工作时间的调整

在本章第一节第一小节至第三小节中没有明确区分劳动力投入和就业的概念，而劳动力投入实际是就业与工作时间的乘积。Michl（2000）同时关注了最低工资对就业和工作时间的影响。具体来说，假设产品市场是竞争性的，并且假定厂商的产出固定不变。考虑一个具有两种投入要素的柯布－道格拉斯形式的生产函数：工作时间 h 和劳动力数量 N，

$$q = h^{\alpha} N^{\beta},\ 0 < \alpha < \beta < 1 \tag{1.6}$$

因此，有效工作时间为 $E = hN$。在式（1.6）中，由于 $\alpha < \beta$，因此相同的劳动力投入变化比工作时间投入变化所带来的产出变动更大。在给定的固定产出 q_0 下，厂商所面临的成本最小化问题为，

$$\begin{aligned} &\min \quad C = M + FN + whN \\ &\text{s. t.} \quad q = h^{\alpha} N^{\beta},\ q = q_0 \end{aligned} \tag{1.7}$$

其中，w 为小时工资，F 为每个劳动力的固定成本，M 为其他固定成本，q_0 为固定产出。根据一阶条件可以得到工作时间和劳动力数量的

条件要素需求为，

$$h^{*}=\frac{\alpha F}{w\ (\beta-\alpha)} \tag{1.8}$$

$$N^{*}=\ (q_0^{1/\beta})\ (h^{*})^{-\alpha/\beta}$$

由于总有效工作时间是工作时间和劳动力数量的乘积，因此可以将总有效工作时间 E^{*} 的条件要素需求写为，

$$\ln E^{*}=\frac{\beta-\alpha}{\beta}\ln h^{*}+\frac{1}{\beta}\ln q_0 \tag{1.9}$$

进而可以得到总有效工作时间的工资弹性 δ 为，

$$\delta=\frac{\alpha-\beta}{\beta} \tag{1.10}$$

注意到由于 $\alpha<\beta$，因此工资 w 上升将会导致总有效工作时间下降。Michl（2000）指出由于劳动力的边际成本大于工作时间的边际成本，因此小时最低工资上升将会使得厂商雇用更多的劳动力并减少劳动力的平均工作时间。Strobl 和 Walsh（2007）建立了一个更加一般的模型以允许不同厂商生产函数中的工作时间和就业强度不同。在这种情况下，最低工资对就业、平均工作时间以及总工作时间的影响是不确定的并且可能会在不同行业中有所不同。

五　对工资分布的影响

假设劳动力要素投入分为高技能劳动力和低技能劳动力两种，低技能劳动力获得最低工资。本章第一节第三小节指出，较高的最低工资将会减少低技能劳动力的就业。同时，对高技能劳动力就业的影响是不明确的。一方面，“规模效应”使得所有要素投入均减少，因此对高技能劳动力的需求也会减少。另一方面，如果两种类型的劳动力要素可以相互替代，那么厂商将使用高技能劳动力替代低技能劳动力，因此对高技能劳动力的需求将会增加。如果“替代效应”大于“规模效应”，那么对高技能劳动力的需求将会增加，因此高技能劳动力的就业和工资均会增加。这一简单的模型解释了为何最低工资提升会对工资水平高于最低

工资标准的个体工资产生影响。①

为了更好地刻画工资分布相对平滑的事实，在一些新古典模型中还假定技能连续分布（Card 和 Krueger，1995a；Welch，1969）。具体来说，假设只有一种类型的技能“人力资本”，并假定不同类型劳动力的唯一区别是其人力资本水平，劳动力的价格即是单位人力资本的价格。由于小时人力资本价格低于最低工资的个体将失业，因此最低工资的作用是在工资分布的最低工资点处进行截断。同时，厂商会使用具有更高人力资本的劳动力进行替代，因此人力资本的价格会上升。因此，在这个模型中，人力资本价格在最低工资以上的个体工资也会增长。但是，与观测到的工资分布不同，在这个模型中，稍高于最低工资的个体工资不一定增长幅度最高，在工资分布的最低工资点处也不一定出现截断效应（Card 和 Krueger，1995a；DiNardo 等，1996；Lemos 等，2004）。

为了解决这个问题，Pettengill（1981）提出了一个具有连续劳动力技能分布的模型。均衡状态下，模型中存在一条向上倾斜的工资曲线（工资—技能曲线）。厂商雇用的劳动力在不同类型的岗位中工作，不同类型劳动力的生产率不同，不同岗位对劳动力技能的要求也不同，生产率对技能要求较高的岗位将由高技能劳动力来担任，高技能劳动力因此获得较高的工资。与技能水平差别较大的个体相比，生产率对技能的敏感性使得技能水平差别较小个体之间的替代性增大。高技能劳动力比低技能劳动力的成本高很多，但与低技能劳动力相比，在某一个特定的工作岗位上，高技能劳动力带来的生产率提高较少。因此，最低工资使得与低技能劳动力具有较好替代性的劳动力工资增长幅度最高。

Pettengill（1981）还证明，可以将模型进行扩展以得到工资分布上的截断效应。在具有多个不同技能分组的模型中，截断会很自然地产生，这是因为在受最低工资提升直接影响的技能分组中，就业会一直下降到劳动力的边际产品收入等于其工资。另外，如果技能为连续分布，并且

① Mincer（1976）和 Gramlich 等（1976）认为发展中国家同时存在覆盖部门和非覆盖部门。因此，覆盖部门中最低工资的溢出效应可能伴随非覆盖部门中由于劳动力供给增加所导致的工资下降。

劳动力的努力程度为内生，那么最低工资提升后可能失业的劳动力会增加他们的努力程度，这样使得不同技能水平的劳动力具有相同的生产率，因此会在工资分布的最低工资点处产生截断效应。①

第二节　买方垄断模型

新古典模型假定厂商均将市场工资视为给定，因此所有厂商均可在现有工资下雇用任意数量的劳动力，没有任何一个厂商有足够大的势力可以决定低技能劳动力市场的工资。近些年，另外一些与新古典模型不同的模型开始出现。在这些模型中，单个厂商被认为具有某些市场势力。在最简单的买方独家垄断情形下，单个厂商被认为构成了劳动力市场的需求方面，而要素市场中的劳动力被认为是同质的，因此厂商支付给劳动力的工资是相同的。由于模型中仅有一个厂商，因此厂商面对的是一个向上倾斜的劳动供给曲线，厂商要吸引更多的劳动力则必须支付更高的工资。

为了最大化利润，厂商需将工资设定为满足劳动力的边际成本等于其边际产品收入。由于劳动力的边际成本曲线比劳动供给曲线更陡峭（厂商需要支付给所有劳动力更高的工资），因此这种均衡工资将导致更低水平的就业。Robinson（1969）证明了在一个厂商具备垄断势力的经济中，如果最低工资设置的不是太高，那么适当提升最低工资将会增加就业。直觉上，这是因为最低工资的设立减少了雇用额外一个劳动力的边际成本（尽管这也提升了厂商的平均成本）。特别地，最低工资将就

① 在这种情形下，劳动力的处境和之前相比更坏了。在最低工资提升前，劳动力具有一个较低的工作努力程度和工资；在最低工资提升后，劳动力的选择被限制为较高的工作努力程度和工资或者失业。Teulings（2000）也提出了一个竞争性的劳动力市场模型，在这个模型中劳动力的技能是连续分布的，并且被分配到复杂性连续分布的工作中。因此，不同类型劳动力之间的替代弹性将会随着他们技能水平差异的增加而变小。这一模型与 Pettengill（1981）模型的相似点在于均假定在所有的工作岗位上技能越高的个体生产率越高，但是高技能劳动力在高复杂性的工作岗位上具有比较优势。在这个模型中，最低工资在工资分布的最低工资点处会产生截断效应并且在最低工资点以上会产生溢出效应。

业提升到这样的一点，在这一点处的工资与竞争经济中的均衡工资相同。在这一点之上，如果最低工资继续提升，那么就会像新古典模型一样对就业产生负面的影响。

具体来说，假定模型中单一厂商所面临的产品市场是完全竞争的，即厂商是产品价格的接受者，假定产品价格为1。厂商面临是买方垄断的要素市场，并且仅使用劳动力要素 N 在技术约束 $Y(N)$ 下进行生产。厂商所面临的劳动供给曲线是厂商所支付的工资 w 的函数，反供给函数为 $w(N)$。假设厂商支付给所有劳动力同样的工资 w，并且 $N'(w)>0$，即厂商若要雇用更多的劳动力，则需要支付更高的工资。厂商所面临的利润最大化问题可以表示为，

$$\max_{N}\quad \pi = Y(N) - w(N)N \tag{1.11}$$

一阶条件可以表示为，

$$Y'(N) = w(N) + w'(N)N \tag{1.12}$$

式（1.12）的左侧为劳动力要素的边际产品收入，右侧为劳动力要素的边际成本，即增加一单位的劳动力需要额外增加的成本。劳动力要素的边际成本可以分为两部分，第一部分 w 为需要支付给新增加的一单位劳动力的工资，第二部分 $w'(N)N$ 为需要多支付给现有的 N 个劳动力的工资，每个劳动力需要多支付给的工资为 $w'(N)$。记劳动供给的工资弹性为，

$$\varepsilon_{Nw} = \frac{wN'(w)}{N(w)} \tag{1.13}$$

记 ε_{Nw} 的倒数为 ε，因此可以将式（1.12）重新写为，

$$\frac{Y' - w}{w} = \frac{1}{\varepsilon_{Nw}} = \varepsilon \tag{1.14}$$

式（1.14）表明，劳动力的边际产品收入与厂商支付给劳动力的工资之间的比例差异是厂商所面临的劳动力供给弹性的函数。在完全竞争情况下，$\varepsilon_{Nw}\to\infty$，即此时有 $Y'=w$。如果最低工资标准 w_{mw} 小于完全竞争模型中的均衡工资 w_c，则提升最低工资标准将会增加就业，如图1.3所示。这是因为尽管最低工资标准提升增加了厂商的平均成本 w，但同时会减少 $w'(N)$。

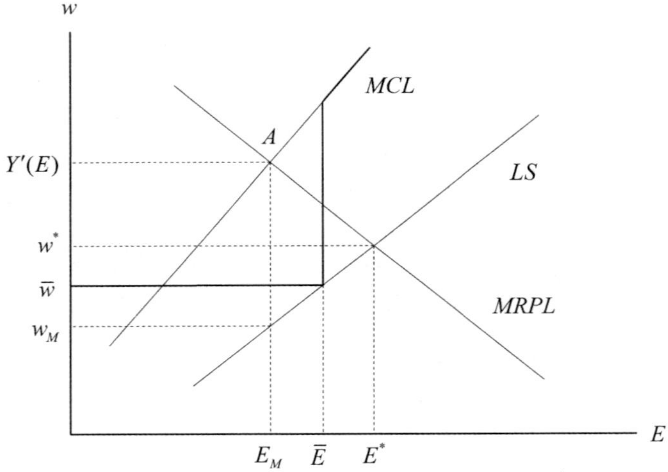

图 1.3　买方垄断情形下的最低工资

但是，一些经济学家认为低技能劳动力市场包括不同行业中地理位置不同的大量中小厂商，因此买方垄断模型不是对低技能劳动力市场的一个很好的刻画。为了使得买方垄断模型更适合低工资的劳动力市场，经济学家建立了很多复杂的模型以得到与买方垄断情形类似的结果。这类模型中通常具有较多的厂商，劳动供给曲线向上倾斜，劳动力边际成本曲线比劳动供给曲线更加陡峭。通过更加复杂的工资决定机制可以得到与买方垄断模型类似的结果。Wessels（1997）建立了一个餐饮行业模型。在这个模型中，个体的工资收入包括两部分，分别是小时工资和小费。在这个模型中，小费在劳动力之间进行分享，因此每个劳动力得到的小费数量与餐馆雇用的劳动力数量成反比。为了雇用更多的劳动力，餐馆必须提高小时工资以弥补劳动力数量增加所带来的小费的减少。这种支付结构导致了工资和劳动力边际成本之间的差异，这种差异与传统买方垄断模型相似。因此，最低工资的提升在一定范围内可能会增加就业。

第三节　效率工资模型

在效率工资模型中，个体的工作努力程度与厂商支付给个体的工资正相关。因此，在非完美监督的情形下，厂商为吸引劳动力努力工作会支付给劳动力高于市场均衡的工资水平。本节在效率工资模型中分析最低工资对就业和工资分布的影响。

一　对就业的影响

Rebitzer 和 Taylor（1995）提出了一个效率工资模型。[①] 在模型中包含大量同质且独立的小厂商，厂商需要对个体的努力程度进行监督，但这种监督是不完美的，因此厂商使用解雇来威胁不努力工作的个体。按照 Shapiro 和 Stiglitz（1984）的设定，假设就业个体的效用 u 是工资 w 和努力程度 ε 的函数，即 $u(w, \varepsilon) = w - \varepsilon$。假定个体的工作努力程度 ε 有两种，分别为高和低。当工作努力程度为高时有 $\varepsilon = e$，当努力程度为低时有 $\varepsilon = 0$。假设仅当个体努力工作时才会对厂商产生价值。因此厂商的产出可以表示为，

$$f(w, l) = \begin{cases} g(l) & \text{if} \quad \varepsilon = e \\ 0 & \text{if} \quad \varepsilon = 0 \end{cases} \tag{1.15}$$

其中，$g(l)$ 是一个生产函数，劳动力要素是其唯一投入。注意到由于个体工作努力程度决策与厂商提供的工资有关，因此产出也是工资的函数。在这种设定下，厂商需要提供较高的工资水平以吸引个体提供高水平的努力程度。假设各个时期个体被厂商抓到“偷懒”的概率为 D。假定个体的折现率为 r，且在就业条件下每个时期失业的固定概率为 q。对于一个工作努力程度较高的个体，其预期效用的折现值 V^N 为，

① 首先在效率工资模型中考查最低工资效应的是 Webb（1912）。Webb（1912）认为由设置最低工资所带来的生产率提高将补偿由此带来的成本增加，而不是增加就业。Stigler（1946）认为提升最低工资会使劳动力更加努力工作，厂商也会去减少监督等无效率因素。但 Stigler（1946）指出，这种情形在大部分低工资行业的竞争性环境中不可能出现。

$$V^N = w - e + \frac{(1-q)\ V^N}{1+r} + \frac{qV^A}{1+r} \tag{1.16}$$

其中，V^A 为失业时预期效用的折现值。在每个时期，个体在被抓到偷懒之前获得工资支付。因此，个体在当期偷懒总会得到额外的效用。但是，由于偷懒个体以概率 D 被抓到并且被解雇，因此偷懒个体一生效用的折现值可以表示为，

$$V^S = w + \frac{(1-q)\ (1-D)\ V^S}{1+r} + \frac{[1-\ (1-q)\ (1-D)]\ V^A}{1+r} \tag{1.17}$$

在任意时期，失业个体的保留效用为$\bar{w}$，失业个体以 s 的概率成功就业。因此失业个体一生效用的折现值可以表示为，

$$V^A = \bar{w} + \frac{sV^N +\ (1-s)\ V^A}{1+r} \tag{1.18}$$

个体不偷懒的条件为 $V^N - V^S \geqslant 0$。根据式（1.16）、式（1.17）和式（1.18），为防止偷懒，厂商需至少提供的工资水平 w_{ns}为，

$$w_{ns} = \bar{w} + e + \frac{e\ (r+s+q)}{D\ (1-q)} \tag{1.19}$$

注意到在非偷懒条件下，个体所获得的效用水平高于保留效用水平。进一步假设监督的完美性和生产规模有关，设偷懒个体被抓到的概率 D 是雇用人数 l 的函数，且满足 $D'(l) < 0$，即在一个大厂商偷懒被抓住的可能性比小厂商小。令产出价格为 1，因此厂商的最大化利润决策可以表示为，

$$\pi\ (w,\ l)\ = f\ (w,\ l)\ - wl \tag{1.20}$$

其中，根据式（1.15）和式（1.19）有，

$$f\ (w,\ l)\ = \begin{cases} g\ (l) & \text{if} \quad w \geqslant w_{ns} \\ 0 & \text{if} \quad w < w_{ns} \end{cases} \tag{1.21}$$

当厂商最大化利润时必有 $w = w_{ns}$。因此，利润最大化的厂商雇用劳动力 l_0 使得，

$$\frac{d\pi\ [w\ (l_0),\ l_0]}{dl} = g'\ (l_0)\ -\ [w + l_0 w'\ (l_0)]\ = 0 \tag{1.22}$$

其中，根据式（1.19），

$$w'(l_0) = -\frac{e(r+s+q)D'(l_0)}{D^2(1-q)} > 0 \qquad (1.23)$$

在上面的模型中，如果厂商希望雇用更多劳动力，则必须向现有的劳动力支付更高的工资以防止偷懒现象的发生。这造成了工资和劳动力边际成本之间的差异。因此，Rebitzer和Taylor（1995）认为，设定一个稍高于均衡工资的最低工资将会提高劳动力被解雇的成本，因此厂商可以花费更少的资源对劳动力的工作努力程度进行监督而花费更多的资源用于雇用额外的劳动力。

一些研究表明这种类似买方垄断的行为还可以由厂商的异质性推导得到。Bhaskar和To（1999）提出了一个具有大量厂商的模型，这些厂商需要在劳动力市场中竞争有限的劳动力资源。同时，这些厂商也都因为提供的工作岗位存在一些非金钱方面的差异而具备一些垄断势力。Bhaskar和To（1999）认为，这些非金钱方面的差异可能包括工作时间、工作地点和工作内容方面的差异。在模型中，厂商需要提高相对工资以吸引更多的劳动力。与现有劳动力相比，这些劳动力对工作的非金钱差异赋予一个较低的价值。这就得到了劳动力市场的垄断竞争模型，劳动力边际成本曲线在劳动供给曲线之上。因此，这种情形下的均衡就业水平要比完全竞争条件下低，而最低工资标准的微小上升将会使得厂商雇用更多劳动力。Bhaskar和To（1999）同时也提出，这种较高的最低工资会减少利润并使得厂商退出市场。因此长期来看，行业总体就业变动具有不确定性。

二　对工资分布的影响

Grossman（1983）提出了一个最低工资对工资影响的效率工资模型。厂商可以在两种类型的劳动力间进行替代：高技能劳动力和低技能劳动力，其中低技能劳动力是最低工资劳动力。假设低技能劳动力是同质的，且其劳动供给的工资弹性无限大。进一步假设低技能劳动力无法改变其工作努力程度（设为1）。假设高技能劳动力也是同质的，且其效用U依赖于工作努力程度E、高技能劳动力的工资w、高技能劳动力与低技能

劳动力的相对工资 $r=w/m$ 以及工作时间。[①] 因此高技能劳动力的工作努力程度可以写为，

$$E=\theta(w,\ r,\ U^{*}),\ \theta_1>0,\ \theta_2>0 \tag{1.24}$$

式（1.24）表明，实际工资和相对工资越高，高技能劳动力的工作努力程度越高。假设短期内厂商使用的生产技术、资本存量以及产出水平不发生变化，且厂商面临的产品市场为完全竞争。厂商选择低技能劳动力的数量 N_u、高技能劳动力的数量 N_s 以及高技能劳动力的实际工资 w 在给定的产出水平 Q 下最小化成本。由于产出水平是固定的，并且厂商使用的生产技术被假定不变，因此三个决定中仅有两个是独立的。均衡效率工资使得经济体中高技能劳动力有效单位需求和供给相等，这会限制厂商在给定的工资率下所能要求的高技能劳动力的工作努力程度。通过支付给高技能劳动力更高的工资并要求劳动力付出更多的努力，厂商可以雇用更少的高技能劳动力。假定这种工资与工作努力程度的关系是完美的并且可以无成本地实施。厂商选择最小化成本的工资和工作努力程度组合，

$$\min_{w,N_u}\quad C=mN_u+wL(N_u,\ Q)/\theta(w,\ r) \tag{1.25}$$

其中，L 是严格凸的等产量线，N_u 是低技能劳动力的数量，$\theta(w,\ r)$ 是每个高技能劳动力的平均劳动投入或者工作努力程度，m 为最低工资或低技能劳动力的工资，w 是高技能劳动力的工资，$L(N_u,\ Q)$ 是在给定固定产出 Q 和低技能劳动力的数量 N_u 的前提下，高技能劳动力有效劳动供给单位（工作时间与工作努力程度的乘积）。$L(N_u,\ Q)/\theta$ 是产量为 Q 条件下厂商需要雇用的高技能劳动力的数量。

成本最小化的一阶条件为，

$$\partial C/\partial w=(-L/\theta)\left[1-(\theta_1 w/\theta)-(\theta_2 r/\theta)\right]=0 \tag{1.26}$$

$$\partial C/\partial N_u=m+w(L'/\theta)=0 \tag{1.27}$$

式（1.26）表明，在均衡状态下，工资提高 dw 所带来的边际生产率的增加等于边际成本；式（1.27）表明，低技能劳动力和高技能劳动

① 这里假设就业个体的工作时间是固定的。

力的边际技术替代率等于其工资之比。在模型中，厂商选择最小化成本的高技能劳动力工资和工作努力程度组合。均衡条件下，最低工资对高技能劳动力工资的影响途径有两种：第一，替代效应使得高技能劳动力的工资与最低工资成正比；第二，公平效应使得工作努力程度与最低工资成反比。对式（1.26）和式（1.27）进行全微分可以得到，

$$\hat{w} = \left[(\theta_{12} wr + \theta_{22} r^2) / \tilde{\tilde{\theta}} - \tilde{\theta}^2 \right] \hat{m} \tag{1.28}$$

$$\mathrm{d}N_u = (L'/L'')(1 - \tilde{\theta}_2 r)\hat{m} = (L'/L'')\tilde{\theta}_1 w \hat{m} \tag{1.29}$$

其中，$\tilde{\tilde{\theta}} = (\theta_{11} w^2 + 2\theta_{12} wr + \theta_{22} r^2 + \theta_1 w + \theta_2 r)/\theta$，$\tilde{\theta} = (\theta_1 w + \theta_2 r)/\theta$，$\tilde{\theta}_i = \theta_i/\theta$，带^的变量为该变量的对数导数。式（1.28）表明，如果$(\theta_{12} w + \theta_{22} r) > 0$，则高技能劳动力的工资增长幅度小于低技能劳动力的工资增长幅度，因此提升最低工资对于工资分布有压缩作用。式（1.29）表明，最低工资提升会减少低技能劳动力的就业，但与不存在工资比较的情形相比，降低的幅度更小一些，而降低的幅度与相对工资的变化相关。

以上模型表明，最低工资对工资分布高端的溢出效应并不一定会使得个体情况变得更好。直觉上，如果最低工资由于替代效应以外的原因使得工资分布高端工资增长，那么就业效应有可能是负的。因此，只考虑最低工资对工资分布的影响对于评价最低工资的整体效应是不够的。当最低工资提升后，替代效应使厂商用高技能劳动力替代低技能劳动力。但是，由于较高的最低工资降低了高技能劳动力的相对工资，厂商必须提升高技能劳动力的相对工资以得到和最低工资提升前相同的工作努力程度。因此，与新古典模型相比，高技能劳动力工资的增长幅度要稍高，这是因为除了由于对高技能劳动力需求增加的原因以外，还要考虑高技能劳动力有效劳动供给的减少。另外，高技能劳动力工资的大幅增加使得厂商选择一个更加密集的低技能劳动力组合，因此低技能劳动力下降的幅度要低于新古典模型。

第四节　搜寻与匹配模型

搜寻与匹配模型从劳动力需求和供给两个角度刻画了劳动力寻找工作的行为、雇主提供职位的行为和人与职位之间的匹配行为。搜寻与匹配模型有助于人们理解失业的原因以及各种政府政策对失业的影响。同时，在这类模型中，均衡条件下同质劳动力可以获得不同的工资收入，因此也有助于人们理解工资不平等的产生等问题。本节在搜寻与匹配框架下考察最低工资对就业和工资分布的影响。

一　对就业的影响

Burdett 和 Mortensen（1998）提出了一个劳动力市场的搜寻与匹配模型。[①] 假设：（1）模型中有 M_w 个同质劳动力，劳动力的生产率为 p，劳动力对于闲暇赋予同样的价值 b；（2）模型中有 M_f 个厂商，厂商使用规模效应不变的生产技术，记厂商和劳动力数量的比值为 $M = M_f/M_w$；（3）厂商一次性的设定提供给所有劳动力的工资 w 以最大化稳态时的利润，记工资提供的累计分布函数为 $F(w)$，相应的概率密度函数为 $f(w)$；（4）就业人员和非就业人员以 λ 的速率获得职位邀请，个体收到的职位邀请随机地从 $F(w)$ 中抽出；就业人员以外生的职位破坏率 δ_u 失业，所有劳动力以 δ_r 的速率退出劳动力市场，产生的职位空缺由等数量的失业人员进行填充，记 $\delta = \delta_u + \delta_r$。

在搜寻与匹配模型中，劳动力的行为非常简单。就业劳动力如果收到高于现有工资的职位邀请，将会转向新的工作；失业劳动力如果收到高于其保留工资 r（与闲暇的价值 b 相同）的职位邀请，将会就业。模型中厂商的目标是最大化利润 $\pi = (p - w)\ N(w;\ F)$，其中 $N(w;\ F)$ 为当厂商提供的工资为 w 且整个劳动力市场中厂商提供的工资累计分布函数为 F 时的稳态就业水平。

① 搜寻与匹配模型有时也被称为动态买方垄断模型。

提供工资为 w 的厂商将从失业人员（$w>b$）和在提供工资小于 w 的厂商中就业的劳动力中进行招聘。厂商的员工流失包括失业、退出劳动力市场或跳槽三种。记离职率为 $s(w;F)$，招聘率为 $R(w;F)$。在稳态时应有，

$$s(w;F)N(w;F)=R(w;F) \tag{1.30}$$

其中，离职率可以表示为，

$$s(w;F)=\delta+\lambda[1-F(w)] \tag{1.31}$$

式（1.31）表明，就业人员以 δ 的速率离开该厂商，另有 $[1-F(w)]$ 比例的厂商提供比该厂商更高的工资，因此在该厂商就业的人员以 λ 的速率离开该厂商。为了得到招聘率 $R(w;F)$ 的表达式，首先要得到失业率和劳动力的工资分布。失业率 u 可以表示为，

$$u=\frac{\delta}{\delta+\lambda} \tag{1.32}$$

即个体以 δ 的概率失业，以 λ 的概率就业。记 $G(w;F)$ 为在厂商提供的工资累计分布函数为 F 条件下就业人员中获得的工资不高于 w 的比例，Manning（2003）证明了 G 和 F 之间存在以下关系，

$$G(w;F)=\frac{\delta F(w)}{\delta+\lambda[1-F(w)]} \tag{1.33}$$

由于 $0<F<1$，因此由式（1.33）可以得到 $G(w;F)<F$，即劳动力聚集在提供较高工资的厂商中。厂商招聘新员工的途径有两个：失业人员和在更低的工资岗位上工作的劳动力。失业人员中有 λuM_w 人得到职位邀请，这些新增就业在 M_f 个厂商之间进行平均分配，因此单个厂商新招聘到的失业人员数量为 $\lambda_u M_w/M_f=\lambda u/M$。工资低于 w 且获得职位邀请的人员数量为 $\lambda(1-u)G(w;F)M_w$，这些更换职位的个体同样在 M_f 个厂商之间进行平均分配，即单个厂商新招聘到 $\lambda(1-u)G(w;F)M_w/M_f=\lambda(1-u)G(w;F)/M$ 的就业人员。因此，提供工资为 w 的厂商的招聘率为，

$$\begin{aligned}R(w;F)&=\frac{\lambda}{M}[u+(1-u)G(w;F)]\\&=\frac{\delta\lambda}{M[\delta+\lambda(1-F(w))]}\end{aligned} \tag{1.34}$$

因此，根据式（1.30）至式（1.34）可以得到稳态时的就业水平为，

$$N(w;F)=\frac{\delta\lambda}{M[\delta+\lambda(1-F(w))]^{2}} \tag{1.35}$$

由于工资 w 越高，离职率越低，且招聘到的新员工越多，因此提供较低工资的厂商在长期可能面临员工流失的风险，并且很难再招聘到新的员工；而支付较高工资厂商的离职率较低，并且很容易招聘到新的员工。因此，在厂商水平上就业和工资之间呈现一种正向的关系。因此，最低工资标准的提升将会增加就业。一方面是因为提升后的最低工资可能超过了一些个体的保留工资，而这些个体选择进入劳动力市场；另一方面最低工资提升也会使得原本就支付高于最低工资水平工资的厂商提供更高的工资。

Manning（2003）对基于劳动力市场摩擦的垄断模型进行了更加详细的综述。近年来，一些学者又提出了新的基于搜寻理论的模型。Ahn 等（2005）提出了一个内生搜寻模型，在这个模型中，最低工资的提升增加了劳动供给，从而提高了总体就业，但与此同时，低生产率劳动力的就业也会减少。Flinn（2006）提出了一个劳动力市场的匹配模型。在这个模型中，最低工资提高了劳动力讨价还价的能力并吸引更多的劳动力进入劳动力市场寻找工作，因此就业增加了（同时失业也可能增加）。最后，van den Berg 和 Ridder（1998）扩展了 Burdett 和 Mortensen（1998）的模型以使得厂商和劳动力生产率存在异质性。在这个模型中，最低工资成了一个选择器，它使得部分厂商退出产品市场，使得部分低生产率的劳动力永久失业。Eckstein 和 Wolpin（1990）、Swinnerton（1996）、van den Berg（2003）和 Flinn（2011）也进行了类似的研究。

二　对工资分布的影响

Manning（2003）证明在一个厂商的垄断势力由工作的非现金因素所导致的均衡搜寻模型中，最低工资的提升对于工资水平稍高于最低工资的劳动力工资影响最大。直觉上，更高的最低工资将会降低原本在提供

低于最低工资的厂商工作的劳动力从其他提供高于最低工资的厂商接受职位邀请的可能性；同时，最低工资提升还会提高原本在提供高于最低工资的厂商中工作的劳动力流向提供低于最低工资厂商的可能性。这种效应对于提供稍高于最低工资的厂商比其他厂商更加明显。因此，支付高工资厂商所面对的劳动供给曲线将会向里移动。支付高工资厂商所面临的劳动供给曲线的弹性增加会使得厂商提高他们的工资，这与标准的买方垄断模型是一致的。

Manning（2003）也给出了如何修改模型以刻画截断效应。由于均衡工资分布上的截断将会吸引厂商支付给一个稍高的工资。因此，在 Burdett 和 Mortensen（1998）模型中不能存在截断。但是，Manning（2003）认为这是由于劳动供给函数的大幅间断所导致的。如果允许一些移动成本则可以消除这些间断并且在工资分布上产生一个截断。Flinn（2002）提出了一个包含工资议价的结构搜寻模型，在他的模型中能同时产生截断效应和溢出效应。

从以上关于最低工资对就业和工资分布影响的理论分析可以发现，对实证研究结果进行解释时，不能轻易地判断某个理论模型是错误的。如前文所述，新古典模型并非在所有情形下均能预测最低工资提升会减少就业。Manning（2003）强调，在仅具备单一的买方垄断厂商的模型中得到的简单结果并不能对存在交互和异质的现实劳动力市场进行预测。

第二章　最低工资实证研究综述

由本书第一章关于最低工资的理论研究综述可以发现，不同的劳动力市场假设关于最低工资对就业和工资分布影响的预测有很大不同。Neumark 和 Wascher（2008）认为，经济理论对于指导关于最低工资的实证研究是有价值的，但经济理论通常对最低工资影响的方向没有明确和一致的预测，即便理论预测的方向是明确的，也很难确定最低工资影响的程度，因此对最低工资制度的评价应该主要通过实证研究进行。国内外学者针对最低工资的各种效应进行了大量的研究，本章试图对这些文献进行综述。第一节回顾最低工资的就业效应和劳动供给效应，第二节回顾最低工资的截断效应和溢出效应，第三节回顾最低工资的工资不平等效应，第四节回顾最低工资的收入分配效应，第五节回顾关于最低工资的其他实证研究。

第一节　最低工资的就业效应和劳动供给效应

关于最低工资如何影响就业和劳动供给是最低工资制度评价中最为重要的一项内容。从政策的角度来看，这一问题的重要性显而易见，因为任何由最低工资提升所带来的工资增加都可能被负面的就业和劳动供给效应抵消。对于经济学家而言，最低工资的就业和劳动供给效应之所以重要还因为它为经济学家提供了一个检验不同劳动力市场模型是否正确的途径。

一　最低工资的就业效应

由于美国的最低工资立法较早，因此关于最低工资就业效应的研究以美国为主。1977 年，美国国会批准成立了最低工资委员会，专门研究最低工资的就业效应。Brown 等（1982）对该委员会形成的报告进行了详细的评论。Brown 等（1982）认为，经济学家对最低工资的就业效应已经基本达成了共识，即青年就业对最低工资的弹性在 -0.1— -0.3 之间。此后直到 20 世纪 80 年代末，关于最低工资就业效应的研究出现了停滞。20 世纪 80 年代末，美国一些州开始自行立法提高州最低工资标准。各州最低工资标准的差异以及 1990 年和 1991 年美国联邦最低工资标准的上调给了经济学家重新考察最低工资就业效应的机会，并引发了新一轮最低工资研究热潮。

一般认为，"新最低工资研究"（New Minimum Wage Research）的代表性成果是 1992 年 10 月发表在《工业和劳动关系评论》（*Industrial and Labor Relations Review*）上的 4 篇论文（Card，1992a，1992b；Katz 和 Krueger，1992；Neumark 和 Wascher，1992）。这 4 篇文献中既包括较长时间段内的时间序列研究（Neumark 和 Wascher，1992），也包括关于某次特定最低工资调整的研究（Card，1992a，1992b），还包括关于某个特定行业的研究（Katz 和 Krueger，1992）。这些研究有的得到负面的就业效应（Neumark 和 Wascher，1992），有的认为最低工资对就业没有影响（Card，1992b），有的得到正面的就业效应（Card，1992a；Katz 和 Krueger，1992）。

Card（1992b）研究了 1990 年 4 月美国联邦最低工资上调对就业的影响。Card（1992b）认为不同州平均工资的差异表明联邦最低工资上调更可能对低工资的州产生影响。他验证了在最低工资对青少年影响比例较大的州，青少年的工资增长幅度也较高。但是，当 Card（1992b）把就业人员占比对受影响的个体占比（控制了整体劳动力市场状况）进行回归时，他并未发现 1990 年 4 月的最低工资上调对青少年就业产生了影响。

Neumark 和 Wascher（1992）使用与早期时间序列研究类似的设定估计了最低工资变动对于青少年就业人员占比的影响。他们认为最低工资对青少年就业有负面的影响，青少年和青年就业对最低工资的弹性分别在 -0.1—-0.2 和 -0.15—-0.2 之间。Neumark 和 Wascher（1992）还发现针对青少年设立次级最低工资标准（subminimum wage）将会减小最低工资对就业的负面影响。

Katz 和 Krueger（1992）通过在 1990 年 12 月至 1991 年 8 月之间对得克萨斯州快餐店的管理人员进行电话采访研究了 1991 年美国联邦最低工资标准提升对就业的影响。Katz 和 Krueger（1992）将每个快餐店的有效最低工资变动定义为 1991 年 4 月 4.25 美元每小时的最低工资与快餐店在 1990 年 12 月的起薪之差。因此，支付较低起薪和较高起薪的快餐店的就业变动差异就可以识别最低工资的影响。Katz 和 Krueger（1992）的研究表明最低工资对于就业具有显著的正向影响，就业的最低工资弹性在 1.70—2.65 之间。Katz 和 Krueger（1992）认为他们的研究结果与一个竞争性劳动力市场模型的预测不一致，但与一个具备市场势力的买方垄断模型的预测一致。他们同时也指出，这种买方垄断的解释在一个具有较高流转率的快餐店行业是不可信的。

Card（1992a）使用当前人口调查（CPS）数据研究了 1988 年 7 月加利福尼亚州最低工资提升为 4.25 美元每小时对于低技能劳动力就业的影响。Card（1992a）将加利福尼亚州 1987—1989 年的青年就业变动与同一时期控制组的变动进行了比较，并发现尽管最低工资有所上升，但加利福尼亚州的就业增长更快一些。这种差别在统计上非常显著，就业的最低工资弹性大约为 0.35。与 Katz 和 Krueger（1992）类似，Card（1992a）认为关于最低工资对青少年就业影响的估计结果与竞争性模型的预测不一致但与具备垄断势力的低工资劳动力市场模型的预测结果一致。

Katz 和 Krueger（1992）和 Card（1992a）把分析的范围限定为某个特定州，这类研究通常被解释为使用“自然实验”研究最低工资的就业效应。但 Neumark 和 Wascher（2008）认为这种类型的研究在本质上与使用面板数据的研究没有区别。这两种类型的研究在研究设计上是相同的，区别只在于对照组的构建。而 Neumark 和 Wascher（2008）认为在“自然实验”方法中，对照组的构建并不比之前使用面板数据的研究更具说服力。尽管如此，这种类型的研究在经济学界和社会上均产生了大量的影响，它使得人们开始关注在最低工资就业效应的研究中如何更加科学地构建对照组。

此后，关于特定最低工资调整的研究中，最具影响的是 Card 和 Krueger（1994）对新泽西州最低工资标准提升对快餐店服务人员就业影响的研究。1992 年 4 月 1 日，美国新泽西州将最低工资标准由原来的每小时 4.25 美元提高到了每小时 5.05 美元。Card 和 Krueger（1994）在 1992 年的 2 月份和 11 月份调查了新泽西州快餐店服务人员的就业情况，这些快餐店雇用了大量适用最低工资标准的劳动力。同时，Card 和 Krueger（1994）还收集了与新泽西州毗邻的宾夕法尼亚州东部快餐店服务人员的就业情况。宾夕法尼亚州的小时最低工资标准在这一时期一直维持在 4.25 美元每小时。Card 和 Krueger（1994）使用差中差方法对新泽西州最低工资标准提高的就业效应进行了估计。Card 和 Krueger（1994）发现在 1992 年 2 月份至 11 月份之间，那些起薪较低的快餐店比起薪较高的快餐店就业增长更大；在同一时期，新泽西州的快餐店就业呈现出增长趋势，而临近的宾夕法尼亚州东部的快餐店就业却呈现下降的趋势。因此，他们认为最低工资对于就业有显著的正向影响，就业的最低工资弹性约为 0.7。

同时期以及随后的一些研究也得出了与 Card 和 Krueger（1994）类似的结论（Card 和 Krueger，2000；Dickens 等，1999；Machin 等，2003）。尽管有很多学者得出的结论与经典理论预期不一致，还是有部分学者的研究表明最低工资标准的提升会对就业产生消极影响。Neumark 和 Wascher（1992）研究了美国各州最低工资标准提升的就业效应，并得出了最低工资标准的上调对就业有负面影响的结论。此后，Neumark 和 Wascher（2000）、Burkhauser 等（2000）等都得出了类似的结论。Neumark 和 Wascher（2008）对最低工资标准提升的就业效应进行了详细的综述。他们首先指出关于最低工资标准提升对低收入群体就业的整体效应尚缺乏共识，然后他们认为在提供了最令人信服证据的文献中均得到了最低工资标准上调对低技能群体有负面就业效应的结论，最后他们指出那些得出了最低工资标准上调对就业有积极效应的文献一般仅仅将研究对象局限于某个特定的群体，因而并不具有普遍适用性。

尽管中国早在1995年就以法律的形式确定了最低工资制度，但是由于最低工资标准占平均工资的比例较低，因此并没有像美国那样引起经济学界的大辩论。因此，相关的研究成果也较少。尽管如此，还是有部分学者对最低工资制度的实施以及最低工资的上调提出了异议。国内关于最低工资就业效应的实证研究结果大体上分为两类。部分学者认为最低工资标准的提升会对就业产生负面影响。丁守海（2009）使用北京市827名农民工的调查数据进行研究发现，在监管严格的情况下，农民工的离职率会随工资的上升而下降；如果监管乏力，则会出现离职率随工资上涨而上升的“悖论”。他同时认为由于最低工资制度缺乏严格的监管基础，要化解提高最低工资标准后出现的农民工离职率猛增问题，就不能单纯依赖于加强监管，还必须通过设计特别的税收优惠或就业补贴政策，来提高企业对最低工资制度的执行力。丁守海（2010）基于福建和广东两省的企业调查数据进行分析，并认为《劳动合同法》的实施通过强化最低工资管制间接实现了对就业的影响，因此2008年提高最低工资标准对农民工的就业冲击明显强于2007年。他的研究同时发现由于二元就业制度对城镇劳动力利益的优先保护，最低工资的提高并没有对城镇劳动力就业造成明显强化的冲击。周培煌和赵履宽（2010）运用中国30个省、市、自治区建筑业1995—2006年的面板数据，研究发现最低工资对中国建筑业就业存在显著的负效应，大致为最低工资每增长10个百分点，将导致建筑业就业水平下降1.3个百分点。他们的研究还发现最低工资的就业负效应主要是以直接效应的形式表现的，即企业以减少或冻结招聘甚至减员来应对最低工资增长的冲击。同时，最低工资还可以通过资本和劳动之间的替代效应间接对就业产生影响，而由于中国技术工人比例显著偏低，因此企业无法用技术工人替代相对不经济的普通操作工人的办法来应对最低工资增长。

还有部分国内学者认为最低工资对就业特别是农民工的就业有积极作用。罗小兰（2007a）关于上海市最低工资与农民工就业的实证分析结果表明，提高最低工资对农民工就业有积极作用。罗小兰（2007b）进一步的研究表明最低工资标准对农民工就业的影响呈现倒“U”形趋势，即适当提升最低工资标准会促进农民工就业，但过高的提升却会对农民工就业产生不利影响。张智勇（2007）认为实行最低工资制度对于农民工就业具有促进作用。李晓春和何平（2010）基于买方垄断模型对最低工资的农民工就业效应进行了分析，并以长三角地区七个城市的数据进行了实证分析，理论与实证分析的结果都表明最低工资水平有促进农民工就业的作用。石娟（2010）采用时间序列方法针对广东省的研究表明，最低工资提升对就业有积极影响。

总体来看，国内关于最低工资就业效应的研究工作主要分为两类：（1）依据宏观（或省际和地区）经济数据，应用时间序列模型分析最低工资标准提升对农民工就业的影响，这类研究存在的问题是无法考虑个体异质性；（2）依据微观截面数据，应用微观计量方法分析最低工资标准提升对农民工和城镇居民就业的影响，这类研究存在的问题是无法考虑经济环境变化和个体之间的相互作用。目前关于中国最低工资标准提升就业效应的研究存在研究内容相对单薄和研究方法相对滞后的问题，进而导致对最低工资标准提升的作用机理和作用效果缺乏较全面和较深刻的理解。

二 最低工资的滞后效应

Brown 等（1982）认为由于最低工资劳动力市场的流转率较高，而且关于最低工资调整的法规通常在正式实施前较长时间就会公布，因此最低工资对就业的影响会很快出现。Card 和 Krueger（1994）也认为以雇用最低工资劳动力为主的行业可以很容易地改变雇用水平、工作时间或者服务的内容与形式，因此任何可能的负面就业效应将会很快发生。但是，Hamermesh（1995）却指出，尽管具有较高流转率的行业可以很容易改变雇用人数和培训等劳动要素投入，但是厂商对于非劳动投入的调整是缓慢的，因此这也会改变其他要素如劳动力要素投入的调整时间。因此，如果在最低工资的研究中忽略这种滞后效应，那么可能会排除劳动力与资本之间的长期替代关系。

因此，关于最低工资对就业影响的快慢问题实际上是一个实证问题。Neumark 和 Wascher（1992）使用和 Card（1992b）类似的设定得到不显著的就业效应，但是一旦在模型中加入最低工资的滞后项，则最低工资的影响显著为负。Baker 等（1999）使用类似设定对加拿大进行的研究也发现了最低工资对就业负面的滞后效应。Keil 等（2001）通过估计一个动态的就业方程发现在短期就业对最低工资的弹性为 -0.37，在长期就业对最低工资的弹性为 -0.69。Neumark 和 Wascher（2008）关于最低工资滞后效应的研究认为，除非最低工资对就业在短期和长期均没有影响，没有发现负面就业效应研究的可信度应该值得怀疑。Neumark 和 Wascher（2008）发现，在未得到最低工资的负面就业效应的文献中，通常均没有考虑最低工资的长期效应。

三　最低工资的劳动供给效应

根据 Heckman（1993）的观点，劳动供给包括“广度”和“深度”两个维度。“广度”指的是劳动参与（或就业），而“深度”则是指就业条件下的工作时间。[①] 在关于最低工资就业效应的大部分文献中通常没有考虑工作时间的调整，因此也就忽略了对最低工资劳动供给效应的考察。长期来看，厂商对就业人数和工作时间组合的选择依赖于雇用的固定成本和生产技术等因素（Stewart 和 Swaffield，2008）。但短期来看，工作时间的调整要比就业人数的调整更快（Hamermesh，1993）。因此，如果在关于最低工资就业效应的研究中忽略对工作时间的考察则可能导致对最低工资影响的低估（Couch 和 Wittenburg，2001）。Michl（2000）指

① Eissa（1995）将在上一年中工作一小时以上定义为劳动参与（与就业的概念接近）。这里参考张世伟和周闯（2008）的做法，使用就业代替劳动参与作为劳动供给广度的度量（这种替代不影响劳动供给时间的计算）。

出 Card 和 Krueger（1994，2000）与 Neumark 和 Wascher（2000）得到不同结论的一个重要原因可能是他们在处理工作时间上的差异。[①] Linneman（1982）和 Neumark 等（2004）都指出要全面衡量最低工资标准提升对低收入群体的影响则必须考察其对工作时间可能产生的影响。在关于最低工资工作时间效应的理论研究中，经济学家一般认为在一个劳动力市场的非竞争性模型中，最低工资对工作时间的影响具有不确定性（Bhaskar 和 To，1999；Strobl 和 Walsh，2007；Walsh，2003）。Linneman（1982）使用美国收入动态面板调查（PSID）数据研究了最低工资对工作时间和劳动力收入的影响。他的研究发现最低工资的提升使得那些适用最低工资劳动力的工作时间有所下降；而对于工资水平刚好高于最低工资标准的劳动力而言，他们的就业水平有所下降但工作时间有所上升。这意味着最低工资对于适用最低工资劳动力的收入有负面效应。Linneman（1982）的研究没有考虑最低工资的溢出效应而且也没有考虑工作时间和工资的联合分布问题。Neumark 等（2004）通过使用自然实验方法分别估计了最低工资的工资效应、就业效应、工作时间效应以及劳动收入效应。他们的研究发现最低工资对于工资水平在最低工资标准以下劳动力的工作时间具有负面效应，但对于工资水平高出最低工资标准 20% 以上的劳动力工作时间没有显著的影响。Brown（1999）、Couch 和 Wittenburg（2001）、Michl（2000）及 Stewart 和 Swaffield（2008）的研究也发现最低工资标准的上调对个体工作时间存在负面影响，而 Zavodny（2000）则发现提升最低工资对工作时间存在积极作用。

第二节　最低工资的截断效应和溢出效应

最低工资提升会在工资分布的最低工资点处产生截断效应，即对于那些工资水平低于新的最低工资标准但就业并未受到影响的个体而言，

① Card 和 Krueger（1994，2000）与 Neumark 和 Wascher（2000）发表在 *American Economic Review* 上的三篇论文通常被认为是关于最低工资就业效应的经典讨论。

最低工资的提高无疑会提高他们的工资水平。然而，最低工资对工资的影响绝不仅仅限于工资水平低于最低工资标准的劳动力。研究表明，最低工资标准的提高也会对工资水平高于最低工资标准的劳动力工资产生影响，这里称这种影响为“溢出效应”或“涟漪效应”。这种效应的可能解释是：第一，最低工资的提高使得高技能劳动力的价格变得相对便宜，因此替代效应使得对高技能劳动力的需求增加，因而根据劳动需求和供给理论，高技能劳动力的均衡工资也会相应增加；第二，厂商为了对高技能劳动力实施行为激励，会刻意在低技能劳动力和高技能劳动力之间保持一定的工资差异，因此，低技能劳动力的工资增加也会使得高技能劳动力的工资水平得到一定程度的提高。

Grossman（1983）首先使用回归模型研究了最低工资对于低工资行业的溢出效应。尽管 Grossman 研究的对象是低工资行业，但这些行业中劳动力工资均高于最低工资标准。模型设定中的被解释变量为行业平均工资，解释变量包含同期的最低工资及滞后项。研究表明，短期来看，最低工资对部分行业存在正的溢出效应，而且这种溢出效应对于行业平均工资接近最低工资水平的行业更加明显；然而长期来看，这种溢出效应并不明显。

大部分关于溢出效应的后续研究采用了一种更加传统的方法，即分析工资分布在最低工资点以上的多个分位点处的工资变化情况。Card 和 Krueger（1995a）研究了美国 1990—1991 年联邦最低工资上调对于工资分布第 5 个分位点和第 10 个分位点处的工资变化情况。考虑到各州在最低工资提高以前的工资水平也有差异，为了控制各州之间的差异，他们在模型设定中将第 5 个分位点或第 10 个分位点处的工资变化作为被解释变量，将直接受最低工资影响的劳动力比例、州虚拟变量以及其他控制变量作为解释变量。他们的研究结果表明，受影响劳动力比例对于这两个分位点处的工资变化有正的显著影响，同时对第 5 个分位点处的影响比第 10 个分位点处更大。他们同时给出了最低工资对第 25 个分位点工资变化的影响，但系数并不显著。这一研究表明最低工资对于工资分布较高位置的工资水平没有明显影响，但却不能排除最低工资对工资分布较低点（高于最低工资）可能发生的溢出效应。

研究最低工资溢出效应的另外一种方法是考察最低工资的提高对于工资分布不同点之间差异的影响。Lee（1999）给出了一个关于工资分布第10个分位点和第50个分位点之间工资差异的理论模型。假设 $w^*(F)$ 为未观测到的或潜在的对数工资分布（指没有最低工资提升情况下的对数工资分布），$w(F)$ 为实际观测到的对数工资分布，即两个函数给出了在工资分布的第 F 个分位点处的潜在对数工资和实际对数工资。那么，最低工资的溢出效应就可以通过比较在最低工资以上区间的这两种分布得到。如果没有溢出效应且最低工资具有完全的约束力（不考虑最低工资的负面就业效应），那么在潜在工资分布中工资水平低于最低工资的各点将会在最低工资点处堆积，因此有，

$$w(F) = w^*(F) + \max(w_m - w^*(F), 0) \tag{2.1}$$

其中，w_m 为对数最低工资。将式（2.1）写为 $w(F) - w^*(F) = \max(w_m - w^*(F), 0)$ 即得到了最低工资对于整个工资分布的直接影响（其中也蕴含着最低工资的截断效应）。

Manning（2003）证明了在一些额外的假定下，Lee（1999）的模型可以在更加一般的情况下研究最低工资的溢出效应。他将在第 F 个分位点处的溢出效应定义为，

$$s(F) = \frac{w_m - w^*(F)}{1 - e^{-\beta[w_m - w^*(F)]}} - \max(w_m - w^*(F), 0) \tag{2.2}$$

其中，$\beta > 0$。在式（2.2）中，溢出效应在最低工资点左右两侧均与 $w_m - w^*(F)$ 成比例。溢出效应在最低工资附近时达到最大，即当 $w_m - w^*(F) \to 0$ 时，$s(F)$ 达到最大值 $1/\beta$。如果能在合理的假设下得到潜在的工资分布，那么就可以在上述模型下研究最低工资的溢出效应。Manning（2003）选用了一个标准对数正态分布作为潜在的工资分布，他还选用了一个被设定为对数工资中位数的规模参数和一个估计得到的分散参数。在估计潜在工资分布的基础上，Manning（2003）计算了在工资分布的各个点处的溢出效应，结果表明在最低工资附近溢出效应为11%左右，在高于最低工资25%的点处溢出效应为3%。在这种设定

下，高于最低工资 50% 以上的点处的溢出效应甚至为负值。尽管这一结果似乎看起来不可思议，但一些其他的实证研究也表明最低工资对于工资分布较高点处具有负面的溢出效应。Dickens 和 Manning（2004a，2004b）针对英国的研究使用了类似的方法，但是他们的研究发现溢出效应从整体上看不及 Manning（2003）大，而且在一些行业（如居民保健业）几乎不存在溢出效应。

上述方法的一个潜在问题是溢出效应不是在任何时候都可与负面的就业效应区分开来。特别的，如果一些工资非常低的劳动力由于最低工资的提高而失去了工作，那么即便是就业劳动力的工资都不发生变化，在工资分布较高位置任意分位点处的工资水平均会有所提高。因此，基于工资分布上分位点变化估计得到的溢出效应应该被视为溢出效应的上界。

研究溢出效应的另外一种途径是直接估计最低工资的提高对于工资水平本就高于最低工资标准的劳动力工资的影响。Neumark 等（2004）没有估计潜在的工资分布，而是选择没有提高最低工资州的劳动力作为提高最低工资州工资分布相同位置（相对于最低工资水平）劳动力的控制组。使用这种方法可以在控制最低工资的当期效应和滞后效应的同时，估计最低工资对工资分布多个点处工资变动的影响。他们的研究表明：最低工资对于工资分布确实存在溢出效应，但这种溢出效应仅仅局限于那些最低工资调整前工资水平高于最低工资水平 20%—30% 的个体。

一些针对发展中国家的研究发现，最低工资对于工资分布上较高位置的工资也有较明显的溢出效用。Lemos 等（2004）的研究表明最低工资在工资分布的中位数处仍有显著的正的溢出效应。Lemos（2009）分正规部门和非正规部门的研究表明，在正规部门中适用最低工资的劳动力工资在第 5—10 个分位点之间，在非正规部门中这一范围在第 15—30 个分位点之间；最低工资的溢出效应可以延伸到正规部门工资分布的第 50 个百分位点以及非正规部门工资分布的第 90 个分位点。Fajnzylber（2001）使用与 Neumark 等（2004）相同的方法得出了更大的溢出效应。Neumark 和 Wascher（2008）认为这一结果并不可信，因为如此大的溢出效应可能是由通货膨胀引起的，因而与传统意义上的溢出效应并不相同。

国内学者罗小兰和丛树海（2009）以最低工资标准对其他工资水平的影响为研究对象，运用经济学理论构建了一个包含攀比效应的均衡模型，并根据中国省际面板数据进行了实证分析。研究表明，中国最低工资标准提升对部分高工资行业的工资增长具有显著的推动作用，但对低工资行业工资增长的推动作用具有非常明显的滞后性。同时，这种最低工资的影响也随地域和时间有明显不同。

第三节　最低工资的工资不平等效应

基于最低工资在工资分布上的截断效应以及溢出效应，经济学家很自然地开始研究最低工资对工资不平等的影响。由于20世纪80年代美国联邦实际最低工资的持续下降，因此关于最低工资对工资不平等影响的早期研究出现在20世纪90年代早期。根据不同数据来源计算的多种度量指标（如对数工资的方差和基尼系数等）均表明美国在这一时期的总体工资不平等有较大幅度的上升（Blackburn等，1989；Bound和Johnson，1992；Juhn等，1993；Katz和Murphy，1992；Levy和Murnane，1992）。一些研究表明美国工资结构变化的主要原因是劳动力市场对高技能工人相对需求的增加（Juhn等，1993），而国际贸易（Murphy和Welch，1992）和技能偏向型的技术进步（Bound和Johnson，1992）是劳动力市场对高技能工人相对需求增加的主要原因。而Katz和Murphy（1992）认为除了对高技能工人相对需求的增加以外，高技能工人供给增加的速度减慢也是工资结构变化的重要原因。然而，Wood（1995）却指出，全球化和国际贸易仅能解释工资不平等变动的很小一部分，而技术进步在实证模型中均是以残差项的形式得到反映的，因此技术进步对工资不平等影响的可信度值得商榷（Teulings，2003）。

由于劳动力市场供给和需求因素对工资不平等变动影响的研究受到了质疑，因此部分学者开始从制度因素（如工会和最低工资等）寻找工资不平等变动的原因。Card（1996）的研究表明美国20世纪80年代的“去工会化”趋势解释了这一时期男性工资不平等上升的20%左右。另外，基于最低工资在工资分布上的截断效应和溢出效应，并注意到美国在20世纪80年代实际最低工资标准的持续下降，一些学者很自然地开始研究最低工资对工资不平等的影响。DiNardo等（1996）和Lee（1999）均认为真实最低工资的下降是20世纪80年代工资不平等不断上升的重要原因。DiNardo等（1996）使用非参数核密度方法将组间和组内工资不平等的变化分解为了最低工资、工会、个体属性、供给和需求因素的变化以及未能由上述因素所解释的残差项。DiNardo等（1996）的研究表明实际最低工资的不断下降是20世纪80年代工资不平等特别是女性工资不平等上升的主要原因，但他们的研究忽略了最低工资的溢出效应，因此会低估最低工资对工资不平等的贡献。同时，他们的研究也忽略了最低工资对就业的负面影响，因此不能对最低工资的经济福利性（分配效应）进行任何的推断。Lee（1999）注意到了DiNardo等（1996）研究的缺陷，他在考虑最低工资地区差异的基础上，将工资不平等的一种度量指标（工资分布上第10个百分位点与第50个百分位点的工资差异）与“有效最低工资”（最低工资与工资分布上第50个百分位点的工资差异）建立了理论关系，这一理论关系同时考虑了最低工资的截断效应、就业效应和溢出效应，

$$\log(w_{jt}^{50}) - \log(w_{jt}^{10}) = \alpha_t + \beta \cdot \{\log(w_{jt}^{\min}) - \log(w_{jt}^{med})\} + \lambda \cdot \{\log(w_{jt}^{\min}) - \log(w_{jt}^{med})\}^2 + \varepsilon_{jt} \quad (2.3)$$

其中，上标中的10和50分别表示第10个和第50个分位点，$w^{\min}$为最低工资，w^{med}为工资中值，j和t分别代表州和年份。Lee（1999）尝试将工资不平等的变动分解为潜在工资不平等的变动（不存在最低工资或实际最低工资不变情形下的工资不平等变动）和最低工资的影响。他的研究表明实际最低工资的下降可以解释工资不平等上升的大部分。近期的一些研究如Card和DiNardo（2002）、Angel-Urdinola（2008）与Bosch和Manacorda（2010）则进一步强调了最低工资对工资不平等的贡献，但也有部分研究如Autor等（2006）和Autor等（2010）则认为最低工资对于工资不平等的影响被夸大了。他们认为最低工资与一些宏观经济

冲击相关，而这些冲击导致了工资不平等的上升。

尽管最低工资占比下降是中国城镇劳动力市场的一个重要特点，但这一制度性的因素在现有的研究中国工资不平等增长的文献中却一直被忽略。国内学者王弟海（2008）分析了最低工资对工资不平等的影响。研究表明，最低工资对工资不平等的影响取决于不同的劳动力市场假设。

第四节 最低工资的收入分配效应

最低工资通常被视为一种调整收入分配和反贫困的政策工具。① 最低工资会同时产生“赢家”和“输家”。在最低工资提高后得以保留原来的工作和工作时间并且工资得到提升的劳动力显然是赢家，而在最低工资提高后失业或者虽然保留了工作但被迫减少了工作时间的劳动力则显然是输家。由于很多适用最低工资的劳动力并不生活在贫困家庭，而很多高技能的劳动力却生活在贫困家庭，因此从个体收入分布的角度去衡量最低工资的分配效应显然不是我们追求的最终目标。

考察最低工资对家庭收入分配的影响，最为直接的方法是研究贫困率的变化。一些学者使用面板数据方法研究了最低工资对贫困率的影响。Card 和 Krueger（1995a）使用自然实验方法研究了最低工资对于美国各州贫困率的影响。他们使用的被解释变量为贫困率，解释变量为受最低工资影响的劳动力比例以及其他控制变量。他们发现贫困率和受最低工资影响的劳动力比例有负向的关系，即随着受最低工资影响的劳动力比例的升高，贫困率随之降低；但控制其他因素之后，这一系数变得非常小且不显著。Burkhauser 和 Sabia（2007）也得出了类似的结论。Addison 和 Blackburn（1999）使用面板数据方法研究了最低工资对贫困率的影响。他们发现最低工资可以降低贫困率，但结果并不稳健。Sabia（2008）研究了最低工资对于单身母亲家庭贫困的影响。她使用微观数

① 在文献中，关于收入分配有两种译法，分别是“Earnings Distribution”和“Income Distribution”，其中“Earnings Distrbution”多指个人，而“Income Distribution”多指家庭。本节回顾的是最低工资对家庭收入分配的影响，与本书第十二章研究最低工资对个人收入分配的影响不同。

据进行回归分析，其中解释变量包括州固定效应和年份固定效应以及各州特定的趋势等。她发现最低工资对于单身母亲的贫困没有明显的影响。Burkhauser 和 Sabia（2007）则将样本扩展到了所有户主为女性的家庭，并得到了与 Sabia（2008）类似的结论。

还有部分学者使用半参数和非参数方法研究了最低工资对贫困的影响。Neumark 和 Wascher（2002）研究了最低工资对于贫困家庭脱离贫困或保持贫困以及非贫困家庭保持非贫困或变为贫困的概率的影响。他们认为研究最低工资对于收入—需求比的影响比研究对贫困率的影响更有价值。他们使用的最低工资变量为真实最低工资的对数。他们使用 Logit 模型分别研究了最低工资提升前贫困家庭和非贫困家庭在最低工资提升后变为贫困的概率。除了最低工资以外，他们还在回归模型中包括了其他控制变量，如失业率、工资分布的第 25 个分位点和第 50 个分位点取值、关于其他福利项目的虚拟变量以及州和年份固定效应。他们认为最低工资在一定程度上提高了贫困率。Neumark 等（2005）使用差中差方法和非参数方法研究了最低工资对于收入—需求比的影响。

还有部分学者使用微观模拟方法研究了最低工资对于家庭收入分配和贫困的影响。Muller 和 Steiner（2009）通过一个微观模拟模型分析了在德国引入一个每小时为 7.5 欧元的全国性最低工资的分配效应。微观模拟模型考虑了个体工资、税收系统和家庭净收入之间复杂的关系。他的研究发现，最低工资不是一个降低贫困的有效工具。Sabia 和 Burkhauser（2010）使用微观模拟方法研究了一个将美国小时最低工资标准从 7.25 美元提升到 9.50 美元的政策建议，她发现这样的一次最低工资标准提升和上一次小时最低工资标准从 5.15 美元提升到 7.25 美元相比，劳动力中贫困群体获益的比例更小。如果不考虑就业的负面效应，在这样的一次提升中获益的劳动力中仅有 11.3% 的人生活在贫困家庭，而上一次提升中这一数字为 15.8%。当考虑就业的负面效应时，劳动力中的贫困群体受到的影响更大。因此，提高联邦最低工资标准对于劳动力中贫困群体的帮扶不大。Neumark 和 Wascher（2008）指出模拟方法中关于就业效应的假设太简化了。这些模拟方法试图对所有青少年或年轻人使用相同的就业弹性而不是仅针对那些最容易受到最低工资影响的个体。

国内的文献中，陈萍（2009）对实施最低工资法规可能产生的分配效应进行了讨论，并认为企业缺少最低工资法规等劳资关系的协调机制是导致劳动者报酬份额下降的重要原因。罗小兰（2011b）研究了最低工资与中国农村贫困之间的关系，并认为最低工资对农村贫困率、贫困深度、贫困强度都具有减少作用且这种减少作用随地区不同而有所差别。罗小兰（2011a）认为提升最低工资可以降低中国农村贫困，但同时最低工资与农村贫困之间存在“U”形关系，当超过一定阈值后，提高最低工资标准非但不能减贫，反而将增加贫困。权衡和李凌（2011）针对上海的研究表明由于最低工资对劳动者就业等产生负面影响，因此提高最低工资标准不能起到缩小收入差距的作用，也无法使基尼系数出现下降的拐点；而只有通过调整高收入户收入增长过快及收入增长过程中的分配不公问题，基尼系数才会出现下降的拐点。

第五节　关于最低工资的其他实证研究

最低工资除了可能对就业、工资和收入分配产生影响以外，还可能影响个体的人力资本积累、厂商的赢利以及通货膨胀。本节对这些文献进行综述。

一　最低工资对人力资本积累的影响

迄今为止，本章所讨论的关于最低工资的大部分研究仅关注于对就业和工资的影响，但 Neumark 和 Wascher（2008）强调仅仅关注于就业和工资效应对于政策评价而言范围太窄了。特别地，最低工资可能会影响个体的人力资本积累，且这种影响可能随着时间的推移而放大。最低工资对人力资本积累的影响主要是通过培训和教育两种途径实现。

最低工资可能会影响个体接受培训的可能。一方面，就业受到影响的个体丧失了在职培训的机会，就业未受到影响的个体培训也可能因最低工资提升而减少；另一方面，更高的最低工资可能会使得部分劳动力接受更多的培训，在这种情况下除了工资的增长以外，最低工资对于个体的人力资本积累具有正向的影响。由于技能获取影响了工资增长（Becker，1993；Brown，1989；Mincer，1974），因此最低工资对培训的影响可能对收入具有即期和显著的长期后果。

最低工资同样会影响个体的教育决策。提高最低工资增加了个体继续接受教育的机会成本，因此部分个体可能会离开学校寻找工作；同时最低工资的提升还可能会使部分个体继续接受教育以使得他们的劳动生产率高于较高的最低工资标准，以避免成为最低工资劳动力。Mattila（1982）认为提升最低工资增加了入学率，而 Neumark 和 Wascher（2003）、Landon（1997）、Hyslop 和 Stillman（2007）和 Pacheco（2009）却认为，设置较高的最低工资水平通常会对入学率有负面影响，Campolieti 等（2005）、Baker（2005）和 Rice（2006）认为，长期来看最低工资对入学率或就业率没有明显影响或影响很小，但如果当地劳动力市场的工资水平较低，则设置最低工资通常会在短期内降低入学率。

屈曙光和彭璧玉（2011）梳理了国外关于最低工资如何影响人力资本形成的主要成果，从最低工资的在职培训效应和教育效应两个方面系统阐述了最低工资人力资本形成作用的最新研究进展。马双和甘犁（2014）发现最低工资增加降低了企业提供在职培训的可能性。

二　最低工资标准的确定

最低工资标准的确定需要综合考虑之前的最低工资标准、国内生产总值、通货膨胀率、平均工资水平等因素。最低工资标准的设立及调整在试图提高低收入劳动力工资水平、保障劳动者基本生活需求、改善收入分配状况的同时，还不应对劳动力市场的灵活性造成太大的影响。Saget（2008）对发展中国家最低工资标准的制定问题进行了分析。他的研究发现发展中国家的最低工资标准存在两个极端，即“低最低工资”和“高最低工资”。“低最低工资”即最低工资标准设定的太低，因此不能成为一个有效的劳动力市场起步工资，这通常是由社会福利、平均工资、结构调整以及政治环境所决定的。“高最低工资”即最低工资水平设置的太高以至于最低工资覆盖范围相对较小。国内有很多学者针对最低工资标准的测算进行了研究（韩兆洲等，2007；韩兆洲和魏章进，2006）。宁光杰（2011）对中国最低工资标准制定和调整的依据进行了实证分析。论文从企业、劳动者和政府三方利益的角度构建中国最低工资标准制定和调整影响因素的分析框架，在此基础上，运用全国 287 个地级市 2006 年、2007 年的数据实证分析中国最低工资标准确定的科学性问题。研究发现，中国最低工资的确定基本能够反映三方利益，是其博弈的结果，如高的失业率会导致低的最低工资水平，社会福利水平的提高有助于最低工资水平的上升，企业利润扩大、外商投资和私营经济发展可以与最低工资水平的提高同时实现。但仍存在不足和改进的空间，如赡养系数的提高抑制了最低工资水平的增长，最低工资虽然能够随劳动生产率和平均工资水平上涨，但幅度较小。黄岩和杨方（2011）从职工平均工资、最低生活保障标准、人均国内生产总值（GDP）、消费者价格指数（CPI）和家庭人均消费支出 5 个维度论证了深圳市最低工资标准的实际保障程度，并认为深圳市最低工资标准偏低。

三 最低工资对企业赢利和出口的影响

在关于最低工资的大部分理论模型中均假设厂商最大化其利润，因此设立或提升最低工资将会降低企业利润。然而，在实证研究中不同学者却得到了不同结论。一些学者认为最低工资确实会对企业利润产生负面影响，如 Draca 等（2011）研究了英国低工资行业的厂商利润与最低工资之间的关系。他们的研究表明，引入一个最低工资对于英国低工资行业的厂商利润有负面的影响。Neumark 和 Wascher（2008）认为这一结论得到了数据的支持并且与大部分低工资劳动力市场的理论模型预期相一致。然而也有部分学者认为最低工资对厂商利润没有影响或者有积极的影响，如 Card 和 Krueger（1995a）研究了 1989 年美国最低工资提升对于 110 家厂商利润的影响，这些厂商所雇用的最低工资劳动力数量有较大差别。他们将厂商股票回报与关于最低工资立法的新闻数据联系起来研究改变提升最低工资的预期对于厂商利润的影响。Card 和 Krueger (1995a) 认为 1989 年美国最低工资标准立法对于厂商利润没有显著的影响。Lin (2012) 对这一问题进行了重新考察。Lin (2012) 重新确认了 Card 和 Krueger (1995a) 关于最低工资立法对于厂商利润没有显著影响的结果，同时 Lin (2012) 通过对超额回报进行分解发现，这种最低工资对企业利润影响的不显著是由两方面的因素造成的：(1) 最低工资提升所带来的负面影响；(2) 市场表现所带来的正面影响，即最低工资的负面影响被积极的市场表现所掩盖了。蒋灵多和陆毅 (2017) 则发现，最低工资标准促使企业精简雇用人员实现内部结构调整，提高企业生产率、利润率并降低企业负债率，从而抑制僵尸企业的形成。刘贯春等 (2017) 发现，最低工资通过增加低效率企业退出市场的概率和对企业生产率的非对称提升作用两条途径，使得企业生产率的分布收紧，从而改善了资源错配。

许和连和王海成 (2016) 研究了最低工资标准对企业出口产品质量的影响，发现最低工资标准显著抑制了企业出口产品质量，并且最低工资标准对企业出口产品质量的抑制作用存在行业、所有制和地区间的差异，劳动要素密集度越高，抑制作用越大，对国有企业的抑制作用大于非国有企业，对中部地区的抑制作用大于东部，对西部地区的影响则不显著。孙楚仁等 (2013a) 则发现最低工资的提高将通过选择效应（即迫使低效率企业退出出口市场）降低企业的出口概率，劳动力成本上升所导致的价格效应将降低企业的出口额，而企业出口概率和出口额都随着其生产率增加而增加。孙楚仁等 (2013b) 进一步发现，最低工资对企业出口行为的影响随企业生产率的不同而不同，企业生产率越高，最低工资对其影响越小。赵瑞丽等 (2016) 发现，最低工资上涨不仅没有降低企业的出口持续时间，反而提高了其在出口市场的生存概率，企业通过增加固定资产投资来提高企业生产率是导致最低工资对企业出口持续时间呈正向影响的重要渠道。

四　最低工资对价格的影响

关注最低工资对价格的影响有以下几个原因：第一，尽管最低工资提升的直接影响是提高了最低工资劳动力作为主要要素的产品的相对价格，但是一些最低工资的反对者通常指出最低工资的提升可能会造成通货膨胀。他们认为最低工资可以被视为一个外生的冲击，这会造成经济体中通胀压力。在一些国家中，最低工资与价格指数或平均工资开始挂钩。这种最低工资与价格指数或平均工资的直接关系可能会扩大最低工资对于单位劳动力工资或成本的影响，因此可能会直接影响未来的通货膨胀。第二，尽管最低工资可能不会造成持续的通货膨胀，一次性的价格和利润变动可能会带来整个社会的福利变化。如果最低工资的提升提高了整体的价格水平，那么这将会降低真实收入，因此降低家庭的购买力。如果较高的最低工资标准影响了企业盈利性，那么受影响厂商的股份持有人将会承担后果，因此厂商可能退出市场，并因此产生负面的就业效应。

Lemos（2008）关注于最低工资对总体零售价格的影响，并认为最低工资对于整体价格的影响非常小。Aaronson（2001）考察了处于不同最低工资水平下的美国不同州的快餐店的价格变动，并认为快餐店行业的价格水平由于最低工资的提升而有所提高，价格对最低工资的弹性约为0.1。MacDonald 和 Aaronson（2006）证明了大部分快餐店行业在最低工资提升以后仅仅提高了一小部分产品的价格，这表明某些产品调整价格可能存在着固定成本或者不同产品的需求弹性有较大差别。Aaronson 等（2008）使用美国快餐店行业厂商水平的价格数据进行研究表明在雇用了大量最低工资劳动力的快餐店行业中，最低工资上升所带来的影响将会很快地被转嫁到产品价格上。Card 和 Krueger（1994、1995b）也分析了快餐店行业厂商水平的数据并认为很难得到关于最低工资和产品价格之间存在关系的结论。Draca 等（2005）研究了英国三个低工资行业的零售价格变动情况，并认为在英国引入一个“全国最低工资”没有明显地影响这些行业的价格变动。Wadsworth（2010）也研究了英国最低工资对部分低工资行业价格水平的影响，并发现在短期最低工资对价格没有影响；但与 Draca 等（2005）不同的是，他们发现，长期来看，雇用大量最低工资劳动力的行业比其他行业的价格增长更快。

第三章　中国最低工资制度的演变

最低工资制度最早产生于19世纪90年代的新西兰和澳大利亚，英国随后也于1909年设立了最低工资制度。最低工资制度设立之初，主要是为了保障劳动力市场中议价能力较低的女性和青年劳动力的利益。随着时间的推移，最低工资制度也逐渐覆盖到低收入职业中的男性劳动力。1938年，美国国会通过了《公平劳动标准法案》（Fair Labor Standard Act），并正式确立了最低工资制度。[①] 此后，一些发达国家也纷纷确立了最低工资制度。第二次世界大战以后，一些发展中国家也尝试实施最低工资制度。根据国际劳工组织（International Labor Organization，ILO）提供的数据，截至2019年12月31日，世界上有160个国家和地区设立了最低工资制度。[②] 可以说，通过最低工资立法，建立并实施最低工资保障制度，已成为世界各国政府的通行做法。

最低工资制度的中心目的是保证劳动者所获得的最低工资能够满足其家庭成员的基本生存需要。尽管学术界对于设立最低工资的目的没有大的争议，但却对于最低工资制度是否达到了上述目标或者在实施最低工资制度的过程中是否会对就业产生负面的影响存有巨大的争议。

中国自20世纪90年代初正式实施最低工资制度以来，迄今已经有近30年的历史。随着中国特色社会主义法律体系的形成，中国的最低工资立法也逐渐完善。本章第一节回顾中国最低工资制度的立法过程，第

---

① 在此之前，美国的一些州已经设立了最低工资。

② 参见 https://www.ilo.org/dyn/travail/travmain.home。

二节讨论中国最低工资标准的确立及调整依据，第三节比较实施月最低工资制度与小时最低工资制度的优缺点。

第一节　中国最低工资制度的立法进程

中国的最低工资立法始于 1993 年。[①] 2004 年 11 月 1 日，西藏自治区人民政府发布公告开始实行最低工资制度。至此，中国大陆的 31 个省级行政区域都实施了最低工资制度[②]。

一　国际公约

国际劳工局理事会（Governing Body of the International Labor Office）召集的国际劳工组织第十一届会议于 1928 年 6 月 16 日通过了《制订最低工资确定办法公约》（Convention concerning the Creation of Minimum Wage-Fixing Machinery），作为国际劳工组织的第 26 号公约，[③] 并于 1930 年 6 月 14 日正式生效。截至 2019 年 12 月 31 日，有 104 个国家加入了该公约。[④] 中华民国政府于 1930 年 5 月 5 日正式加入该公约，中华人民共和国政府在 1984 年 5 月 30 日重新认定了该公约。尽管如此，在相当长的一段时间内（1984—1992 年），中国并没有一个官方的最低工资

---

① 中华民国政府于 1936 年 12 月 23 日公布了 23 条的《最低工资法》，其中规定成年工的最低工资率“以维持其本身及足以供给无工作能力亲属二人之必要生活为准”。但由于抗日战争和国共内战等因素，该法实际上并未施行。1986 年 12 月 3 日，该法在台湾“立法院”被正式废止。

② 香港特别行政区立法会于 2010 年 7 月 17 日表决通过了《最低工资条例》，该《条例》自 2011 年 5 月 1 日起正式实施，香港现行的最低工资标准为每小时 37.50 港币（自 2019 年 5 月 1 日起生效）。澳门特别行政区立法会于 2020 年 4 月 16 日通过了《雇员的最低工资》法案，规定 2020 年 11 月 1 日起生效的小时最低工资为 32 澳门元。台湾省于 1968 年发布《基本工资暂行办法》，这里的基本工资与最低工资的概念相当，台湾现行的最低工资标准为每月 23800 元新台币（自 2020 年 1 月 1 日起生效）。

③ 该公约于 1951 年和 1970 年分别被第 99 号公约 *Convention concerning Minimum Wage Fixing Machinery in Agriculture* 和第 131 号公约 *Convention concerning Minimum Wage Fixing, with Special Reference to Developing Countries* 修订。

④ 参见 https://www.ilo.org/dyn/normlex/en/f?p=1000:11300:0::NO:11300:P11300_INSTRUMENT_ID:312171。英国曾加入该公约，但随后又宣布退出了该公约。

标准。

二　企业最低工资规定

1985 年，国家对企业工资制度进行重大改革，取消了全国统一的企业工资等级标准，开始实行工资与绩效挂钩的办法，企业开始享有内部分配自主权。1989 年，广东省珠海市率先制定了当地的最低工资标准。1992 年，国务院颁布《全民所有制工业企业转换经营机制条例》，进一步明确了企业享有工资、奖金分配权，赋予企业在国家规定提取的工资总额内有权自主使用、自主分配工资和奖金的权利。1992 年，深圳市开始实行最低工资制度。

1993 年，原劳动部正式发布了一个《企业最低工资规定》（劳部发〔1993〕333 号），对最低工资的内涵、确定调整办法、管理制度等做了详细规定。这是中国最低工资保障制度方面的第一个规章，是中国实施最低工资保障制度的最主要的规章依据。这个规定要求中国境内的所有企业均应遵守《企业最低工资规定》，但对乡镇企业是否适用最低工资则由各省、自治区、直辖市人民政府自行决定，而政府机关、事业单位、社会团体和个体工商户等则不需要实施最低工资制度。

由于中国幅员辽阔，各地经济发展水平差异较大，无法制定全国统一的最低工资标准。因此，《企业最低工资规定》授权各省级人民政府劳动行政主管部门负责对辖区内的最低工资标准进行调整，调整时需参考当地就业者及其赡养人口的最低生活费用、职工的平均工资、劳动生产率、城镇就业状况和经济发展水平等因素，并应征求工会和企业家协会的意见。该规定同时限制了最低工资的调整频率每年不超过一次。这使得省级政府在调整最低工资方面具有很大的灵活性，一些省份为了吸引外商投资以发展经济很少调整最低工资标准（Wang 和 Gunderson，2011）。

《企业最低工资规定》还规定了最低工资率一般按月确定，并可在不同行业和区域实行不同的最低工资标准。但在实际操作中，大部分省市只分区域公布最低工资标准，仅有极个别的省份在最低工资制度实施初期公布过行业最低工资标准。[①]《企业最低工资规定》还规定了最低工资应该剔除的项目：

（一）加班加点工资；

（二）中班、夜班、高温、低温、井下、有毒有害等特殊工作环境、条件下的津贴；

（三）国家法律、法规和政策规定的劳动者保险、福利待遇。

由于在中国现行的工资构成中基本工资的比重过小，因此《企业最低工资规定》中没有把奖金排除在最低工资的组成部分之外。《企业最低工资规定》还规定了企业违反该规定时应赔偿劳动者所欠工资的20%—100%。《企业最低工资规定》公布以后，各省级政府也出台了相应的最低工资规定。

三　劳动法

1994年7月5日，第八届全国人民代表大会常务委员会第八次会议通过了《中华人民共和国劳动法》（以下简称《劳动法》），决定自1995年1月1日起开始实施。《劳动法》第五章第四十八条规定：

国家实行最低工资保障制度。最低工资的具体标准由省、自治区、直辖市人民政府规定，报国务院备案。

用人单位支付劳动者的工资不得低于当地最低工资标准。

这一规定，进一步确立了国家建立最低工资保障制度的法律依据。《劳动法》第五章第四十九条规定了确定和调整最低工资标准应当参考的因素：

① 现在，只有山西省针对煤矿下井工人公布月最低工资标准和小时最低工资标准，北京市还公布一个单独的法定节假日非全日制用工小时最低工资标准。

（一）劳动者本人及平均赡养人口的最低生活费用；

（二）社会平均工资水平；

（三）劳动生产率；

（四）就业状况；

（五）地区之间经济发展水平的差异。

《劳动法》第十二章第九十一条还规定了用人单位违反最低工资规定的法律责任：

用人单位有下列侵害劳动者合法权益情形之一的，由劳动行政部门责令支付劳动者的工资报酬、经济补偿，并可以责令支付赔偿金：

……

（三）低于当地最低工资标准支付劳动者工资的；

……

为保证《劳动法》的贯彻实施，原劳动部又于 1994 年 10 月 8 日下发了《关于实施最低工资保障制度的通知》（劳部发〔1994〕409 号），对全国各省、自治区、直辖市建立最低工资保障制度提出了具体意见和要求，并对《企业最低工资规定》的有关内容做了修正和补充。按照该通知的要求，大部分省份在 1995 年前后正式公布了第一个月最低工资标准。

四　最低工资规定

2004 年，原劳动和社会保障部公布了一个更加一般化的《最低工资规定》（劳动和社会保障部令第 21 号），以取代 1993 年的《企业最低工资规定》。新的《最低工资规定》将最低工资的实施范围扩大为所有的“用人单位”，除企业外，民办非企业单位、个体工商户、国家机关、事业单位和社会团体都应执行最低工资制度。《最低工资规定》进一步强调了各省级劳动保障行政部门在确定最低工资方面的作用：

> 最低工资标准的确定和调整方案，由省、自治区、直辖市人民政府劳动保障行政部门会同同级工会、企业联合会/企业家协会研究拟订，并将拟订的方案报送劳动保障部。方案内容包括最低工资确定和调整的依据、适用范围、拟订标准和说明。劳动和社会保障部在收到拟订方案后，应征求全国总工会、中国企业联合会/企业家协会的意见。

新的《最低工资规定》还扩展了最低工资标准的形式：

> 最低工资标准一般采取月最低工资标准和小时最低工资标准的形式。月最低工资标准适用于全日制就业劳动者，小时最低工资标准适用于非全日制就业劳动者。

但在实际操作中，真正适用非全日制小时最低工资标准的劳动力仅占全部劳动力的很小比例。同时，实施两种类型的最低工资标准增加了执法的难度。本章第三节将对这一问题进行专门讨论。

《最低工资规定》还首次提出在确定和调整月最低工资标准时，应参考“城镇居民消费价格指数、职工个人缴纳的社会保险费和住房公积金”，在确定和调整小时最低工资标准时，应考虑“非全日制劳动者在工作稳定性、劳动条件和劳动强度、福利等方面与全日制就业人员之间的差异”。最低工资标准的调整频率也由之前的每年不超过一次修改为每两年不少于一次，企业违反最低工资规定的处罚也由所欠工资的20%—100%增加到了100%—500%。《最低工资规定》还对计件工资或提成工资等特殊工资形式下实施最低工资的情形做出了规定。《最低工资规定》发布后，大部分省级政府对最低工资规定做了相应的修改，并开始公布小时最低工资标准。

五　劳动合同法

2007 年 6 月 29 日，第十届全国人民代表大会常务委员会第二十八次会议通过了《中华人民共和国劳动合同法》（以下简称《劳动合同法》），决定自 2008 年 1 月 1 日起施行。为了贯彻实施《劳动合同法》，2008 年 9 月 3 日第 25 次国务院常务会议通过了《中华人民共和国劳动合同法实施条例》（以下简称《劳动合同法实施条例》），2008 年 9 月 18 日中华人民共和国国务院令第 535 号公布，自公布之日起施行。《劳动合同法》中包含多个关于最低工资的条款。其中，第二章第二十条规定了劳动者在试用期的工资水平与最低工资的关系：

> 劳动者在试用期的工资不得低于本单位相同岗位最低档工资或者劳动合同约定工资的百分之八十，并不得低于用人单位所在地的最低工资标准。

《劳动合同法》第五章第五十五条还规定了集体合同中劳动报酬与最低工资的关系：

> 集体合同中劳动报酬和劳动条件等标准不得低于当地人民政府规定的最低标准；用人单位与劳动者订立的劳动合同中劳动报酬和劳动条件等标准不得低于集体合同规定的标准。

《劳动合同法》第五章第五十八条还规定了劳务派遣合同中最低工资的适用：

> ……
>
> 劳务派遣单位应当与被派遣劳动者订立二年以上的固定期限劳动合同，按月支付劳动报酬；被派遣劳动者在无工作期间，劳务派遣单位应当按照所在地人民政府规定的最低工资标准，向其按月支

付报酬。

《劳动合同法》第五章第七十二条还规定了非全日制用工情形下的最低工资适用：

非全日制用工小时计酬标准不得低于用人单位所在地人民政府规定的最低小时工资标准。

《劳动合同法》第六章第七十四条还授权县级以上地方人民政府劳动行政部门对用人单位执行最低工资标准的情况进行监督检查：

县级以上地方人民政府劳动行政部门依法对下列实施劳动合同制度的情况进行监督检查：

……

（五）用人单位支付劳动合同约定的劳动报酬和执行最低工资标准的情况；

……

《劳动合同法》第七章第八十五条还规定了用人单位违反最低工资规定的法律责任：

用人单位有下列情形之一的，由劳动行政部门责令限期支付劳动报酬、加班费或者经济补偿；劳动报酬低于当地最低工资标准的，应当支付其差额部分；逾期不支付的，责令用人单位按应付金额百分之五十以上百分之一百以下的标准向劳动者加付赔偿金：

……

（二）低于当地最低工资标准支付劳动者工资的；

……

《劳动合同法实施条例》第二章第十四条还规定了劳动合同履行地与用人单位注册地不一致情形下的最低工资的适用：

> 劳动合同履行地与用人单位注册地不一致的，有关劳动者的最低工资标准、劳动保护、劳动条件、职业危害防护和本地区上年度职工月平均工资标准等事项，按照劳动合同履行地的有关规定执行；用人单位注册地的有关标准高于劳动合同履行地的有关标准，且用人单位与劳动者约定按照用人单位注册地的有关规定执行的，从其约定。

六　其他最低工资相关规定

2008 年 8 月，人力资源和社会保障部发布了《关于进一步做好失业保险和最低工资有关工作的通知》（人社部发〔2008〕69 号），该通知要求：

> ……
>
> 各地区要继续调整并严格执行最低工资标准。今年尚未调整最低工资标准的地区，下半年应及时调整。在调整最低工资标准时，要综合考虑本地区经济发展水平、职工平均工资、城镇居民消费价格指数和就业状况等相关因素，尤其是要充分考虑物价上涨给低收入职工生活带来的影响，合理确定并适度调整最低工资标准，使最低工资标准的调整幅度不低于当地城镇居民消费价格指数上涨幅度。上半年已调整最低工资标准的地区，也要认真分析物价上涨对本地区低收入职工生活的影响，在明年对最低工资标准及时进行调整。
>
> ……

但就在 2008 年年底，为了应对国际金融危机的挑战，人力资源和社会保障部又下发通知要求各省级政府在 2009 年暂缓上调最低工资标准，并在有条件的地区降低基本医保和工伤保险费率。但随着国际金融危机影响退去，各省市在2010年又开始了新一轮最低工资调整。中国的“十二五”规划也提出要“完善最低工资和工资指导线制度，逐步提高最低工资标准”。2013年2月，国家发改委等部门在《关于深化收入分配制度改革的若干意见》中提出要“根据经济发展、物价变动等因素，适时调整最低工资标准，到2015年绝大多数地区最低工资标准达到当地城镇从业人员平均工资的40%以上”。

进入“十三五”以来，按照《“十三五”规划纲要》“降低实体经济企业成本”一节中“合理确定最低工资标准……降低企业人工成本”和“完善初次分配制度”一节中“完善最低工资增长机制”的要求，以及供给侧结构性改革和“三去一降一补”等具体工作要求，一些省市将最低工资制度看成可能增加企业人工成本的一个重要因素，因而对于最低工资的调整趋于保守。一个具体的例子是，人力资源和社会保障部于2015年底发布了《关于进一步做好最低工资标准调整工作的通知》（人社部发〔2015〕114号），提出：

> ……
>
> 根据当前经济形势，在今后一段时间内，将最低工资标准由每两年至少调整一次改为每两年至三年至少调整一次。
>
> ……

该通知还限定了最低工资的调整幅度：

> ……
>
> 各地要统筹考虑劳动者及其赡养人口的最低生活费用、城镇居民消费价格指数、职工个人缴纳社会保险费、职工平均工资、经济发展水平和就业状况等因素，特别关注企业人工成本承受能力，合理确定最低工资标准调整幅度，原则上不超过当地同期城镇单位就业人员平均工资增长幅度。
>
> ……

受这一通知的影响，2016年及以后年份各地最低工资标准的调整频率和幅度均有所下降。

第二节 中国最低工资标准的确立及调整

《最低工资规定》第六条规定：

> 确定和调整月最低工资标准，应参考当地就业者及其赡养人口的最低生活费用、城镇居民消费价格指数、职工个人缴纳的社会保险费和住房公积金、职工平均工资、经济发展水平、就业状况等因素。
>
> 确定和调整小时最低工资标准，应在颁布的月最低工资标准的基础上，考虑单位应缴纳的基本养老保险费和基本医疗保险费因素，同时还应适当考虑非全日制劳动者在工作稳定性、劳动条件和劳动强度、福利等方面与全日制就业人员之间的差异。

国际上确定最低工资标准的具体测算方法有很多，劳动和社会保障部在《最低工资规定》中推荐使用的是比重法和恩格尔系数法。

比重法，即根据城镇居民家计调查资料，确定一定比例的最低人均收入户为贫困户，统计出贫困户的人均生活费用支出水平，乘以每一就业者的赡养系数，再加上一个调整数。

恩格尔系数法，即根据国家营养学会提供的年度标准食物谱及标准食物摄取量，结合标准食物的市场价格，计算出最低食物支出标准，除以恩格尔系数，得出最低生活费用标准，再乘以每一就业者的赡养系数，再加上一个调整数。

以上方法计算出月最低工资标准后，再考虑职工个人缴纳社会保险费、住房公积金、职工平均工资水平、社会救济金和失业保险金标准、就业状况、经济发展水平等因素进行必要的修正。

按照国际惯例，最低工资标准一般相当于社会平均工资的 40%—60%。

第三节　月最低工资与小时最低工资

从国际的经验来看，大部分发达国家如美国、英国和加拿大等国家均只规定了小时最低工资标准，而没有规定月最低工资。在中国，按照《最低工资规定》，“最低工资标准一般采取月最低工资标准和小时最低工资标准的形式。月最低工资标准适用于全日制就业劳动者，小时最低工资标准适用于非全日制就业劳动者”。同时公布月最低工资标准和小时最低工资标准考虑了中国的工资支付习惯和对非全日制就业劳动者进行保护。尽管《最低工资规定》对月最低工资及小时最低工资标准的转换关系有比较明确的说明，但是在最低工资制度的实际执行中仍然存在一些问题。

第一，从政府的角度来看，部分省市没有对小时最低工资制度给予足够的重视。以中国城市劳动力调查（CULS）涉及的五个城市为例，上海、武汉、沈阳、福州和西安在 2001—2005 年以及 2005—2010 年均对月最低工资标准进行了比较大幅度的调整，如表 3.1 所示。然而，尽管 2004 年《最低工资规定》已经要求建立小时最低工资制度，但一些城市如西安在 2005 年仍未正式公布小时最低工资标准。① 此外，在实施月最低工资标准时需要同时考虑工作时间和月工资，在实施小时最低工资标准时则需要区分全日制用工和非全日制用工等用工形式，这些都增加了政府监管的难度和复杂性。

① 一些省市在 1995 年刚实行最低工资制度时就开始公布“小时最低工资标准”，但该“小时最低工资标准”是根据“月最低工资标准”经过简单计算得到的（一般按每月工作 4 周、每周工作 20.92 小时进行折算），与这里适用于非全日制用工形式的“小时最低工资标准”有很大不同。2004 年《最低工资规定》实施后，大部分省市不再公布折算得到的“小时最低工资标准”。

表 3.1　　CULS 三轮调查期间的最低工资标准

城市	月最低工资标准（元/月）			小时最低工资标准（元/小时）		
	2001 年	2005 年	2010 年	2001 年	2005 年	2010 年
上海	490	690	1120	4.00	6.00	9.00
武汉	260	460	900	—	5.00	9.00
沈阳	380	450	900	—	4.00	8.50
福州	380	470	800	—	4.54	8.50
西安	320	490	760	—	—	7.60

注："—"表示该城市在该年份尚未实施小时最低工资制度。

资料来源：中国最低工资数据库（CMWD），见 https://www.chinaminimumwage.org。

第二，从企业的角度来看，实施月最低工资会增加企业滥用最低工资制度的动机。提升最低工资标准之后，企业为了降低因最低工资提升带来的成本增加，可能会要求劳动者延长工作时间。贾朋和张世伟（2013b）的研究发现，提升最低工资标准增加了男性的周工作小时数。

第三，从最低工资应该保护的对象来看，适用最低工资劳动力的人力资本水平较低，在劳动力市场上的议价能力也较低，这部分群体通常需要比非最低工资劳动力工作更长的时间。以 CULS 数据为例，不同类型劳动力的周工作时间有明显的差别，如表 3.2 所示。在各个年份，迁移劳动力的周工作小时数均明显高于本地劳动力；受教育程度较低劳动力的周工作小时数也明显高于受教育程度较高的劳动力。如果政府对工作时间的监管不严格，实施月最低工资制度恰恰容易牺牲最低工资制度应该首先予以保护的这部分群体的利益，对这部分群体实施小时最低工资是很有必要的。

表 3.2　　不同类型劳动力周工作小时数　　单位：小时

年份	是否迁移劳动力		受教育程度			
	是	否	小学以下	初中	高中	大学以上
2001 年	46.69	41.12	46.51	42.43	41.44	40.67

续表

年份	是否迁移劳动力		受教育程度			
	是	否	小学以下	初中	高中	大学以上
2005 年	45.02	41.11	43.91	43.14	41.11	40.04
2010 年	43.21	40.91	44.20	42.49	41.11	40.31

资料来源：中国城市劳动力调查（CULS），见 https://www.culs.org.cn。

第四，从最低工资制度的实际执行情况来看，适用小时最低工资的非全日用工形式仅占全部就业人员的很小比例。根据《劳动合同法》的规定，非全日制用工是指“劳动者在同一用人单位一般平均每日工作时间不超过 4 小时，每周工作时间累计不超过 24 小时的用工形式”。根据这个定义，我们通过 CULS 三轮数据计算得到，适用小时最低工资的劳动力仅占全部从业人员的 2% 左右。

从以上的分析可以发现，为了瞄准最低工资的覆盖群体，减少政府监管的难度，中国政府应该尝试只公布一个小时最低工资标准，该最低工资标准同样适用于非全日从业人员和全日制从业人员。

第四章　中国最低工资数据库

为了研究中国的最低工资制度，笔者建立了一个“中国最低工资数据库”（China Minimum Wages Database，CMWD）。数据库的网址为 https://www. chinaminimumwage. org，读者可以通过该网站查询各地最低工资标准及政策等。

作为中国最低工资研究的一个基础数据库，该数据库包含了全国近 3000 个县级行政区域（县、市、区）历年（1993—2019 年）关于最低工资标准调整的信息以及与最低工资制度相关的劳动力市场指标。本章详细说明数据获取方式、数据来源、一些主要指标的构建、对于数据进行加权汇总的方法以及对缺失数据进行处理的过程。

第一节　主要变量及直接数据来源

为了避免数据冗余，同时保持各数据库之间的可关联性，我们将中国最低工资数据库分为 5 个子模块，分别为：（1）最低工资模块（CMWD-MW）；（2）行政区划模块（CMWD-REGION）；（3）行政区划变更模块（CMWD-REGION-CHANGE）；（4）劳动力市场模块（CMWD-LABOR）；（5）地理信息模块（CMWD-GIS）。各数据库之间可以通过一些具备“可唯一识别性”的指标进行关联。下面具体介绍这些子模块中的主要变量及直接数据来源。

一　最低工资模块（CMWD-MW）

最低工资模块是中国最低工资数据库的核心部分，主要包括全国近3000个县级行政区域（县、市、区）历年（1993—2019年）关于最低工资标准调整的信息，该模块中的主要变量如表4.1所示。

表4.1　**中国最低工资数据库——最低工资模块**

名称	类型	长度	说明
id	int	10	样本观测自然编号
county_id	int	6	县级行政区域编码
year	int	4	最低工资标准生效年份
month	int	2	最低工资标准生效月份
day	int	2	最低工资标准生效日
mw	int	6	月最低工资标准
mwh	float	10	小时最低工资标准（测算）
h	float	10	小时最低工资标准（非全日制）
include1—include5	string	100	最低工资标准包含项
exclude1—exclude5	string	100	最低工资标准剔除项
count	int	2	最低工资标准调整次数
verified	logic	1	数据是否得到确认
source	string	100	数据来源（调整文号）
url	string	100	数据来源（网址）
note	string	100	备注（说明）

注：（1）county_id采用国家标准《中华人民共和国行政区划代码》（GB/T 2260—2007）和民政部公布的《中华人民共和国县以上行政区划代码》（截至2019年12月31日）；（2）mwh为通过月最低工资标准mw测算得到的小时最低工资标准；（3）h为适用于非全日制用工的小时最低工资标准。

最低工资模块中的大部分数据来自各省、市、自治区人民政府公报和各地人力资源和社会保障行政部门的网站。[①] 2004 年《最低工资规定》实施之后，大部分县级行政区域（县、市、区）都会在政府网站上公布历次调整的最低工资标准，因此2004 年之后的最低工资标准可以比较容易地获得；在此之前，大部分县级行政区域（县、市、区）的信息化程度不高，因此除个别省市外，很难直接查询到各县级行政区域（县、市、区）的最低工资标准。因此，对于这部分县市，作者按照《中华人民共和国政府信息公开条例》,[②] 通过《政府信息公开申请》的方式向部分省、市申请获得了部分数据。[③] 获取最低工资数据的具体方式及来源已在数据库中注明。

二　行政区划模块（CMWD-REGION）

行政区划模块（CMWD-REGION）是中国最低工资数据库的辅助模块，主要包含了各级行政区域的基本信息、相邻行政区域信息以及道路交通信息等。该模块包括以下三个子模块：（1）省级行政区划模块；（2）地级行政区划模块；（3）县级行政区划模块。下面详细说明各个模块包括的主要变量及数据来源。

省级行政区划模块主要包括31 个省、自治区和直辖市的基本信息，[④] 主要变量如表4.2 所示。

表4.2 中的数据根据国家标准《中华人民共和国行政区划代码》（GB/T 2260—2007）得到，相邻省级行政区域信息根据国家基础地理信息系统（网址为 http://nfgis. nsdi. gov. cn）得到。

---

① 最低工资模块中有少部分数据由劳动与社会保障领域的执业律师提供，还有部分数据通过万得（Wind）资讯客户端获得（网址为 http：//www. wind. com. cn）。

② 2007 年1 月17 日国务院第165 次常务会议通过了《中华人民共和国政府信息公开条例》，决定自2007 年5 月1 日起施行。

③ 尽管如此，部分县（市、区）没有回应作者的《政府信息公开申请》，因此数据库中有个别县（市、区）的数据缺失，如湖南、辽宁等地。

④ 不包括香港特别行政区、澳门特别行政区和台湾省。

表 4.2　　中国最低工资数据库——行政区划模块：省级

名称	类型	长度	说明
province_ id_ short	int	2	省级行政区域数字码（短码）
province_ id_ long	int	6	省级行政区域数字码（长码）
province_ name_ short	string	6	省级行政区域名称（简称）
province_ name_ long	string	16	省级行政区域名称（全称）
province_ roman	string	25	省级行政区域罗马字母拼写
province_ roman_ short	string	2	省级行政区域两位字母码
region	int	1	省级行政区域所在地区
neighb_ m1—neighb_ m8	int	2	相邻省级行政区域数字代码（短码）

注：（1）region 根据国家统计局关于东、中、西部和东北地区的划分确定（网址为 http://www.stats.gov.cn/tjsj/ndsj/2019/indexch.htm）；（2）相邻省级行政区域最多的省（区、市）为内蒙古自治区和陕西省，各有 8 个相邻省级行政区域。

地级行政区划模块主要包括全国地级行政区域（含地级市）的基本信息以及相邻地级行政区域、相邻省级行政区域的信息等，主要变量如表 4.3 所示。

表 4.3　　中国最低工资数据库——行政区划模块：地级

名称	类型	长度	说明
municipal_ id_ short	int	4	地级行政区域数字码（短码）
municipal_ id_ long	int	6	地级行政区域数字码（长码）
municipal_ name_ short	string	16	地级行政区域名称（简称）
municipal_ name_ long	string	26	地级行政区域名称（全称）
municipal_ roman	string	50	地级行政区域罗马字母拼写
municipal_ roman_ short	string	3	地级行政区域三位字母码
province_ id_ short	int	2	所在省级行政区域数字码（短码）
neighb_ m1—neighb_ m10	int	4	相邻地级行政区域数字码（短码）
neighb_ p1—neighb_ p10	int	2	相邻省级行政区域数字码（短码）

注：截至 2019 年 12 月 31 日，全国共有 333 个地级行政区域，其中包括 293 个地级市。

表4.3中的数据根据国家标准《中华人民共和国行政区划代码》（GB/T 2260—2007）得到，相邻地级行政区域和相邻省级行政区域信息根据国家基础地理信息系统（网址为 http://nfgis. nsdi. gov. cn）得到。

县级行政区划模块主要包括全国地县级行政区域（含县、市、区）的基本信息以及相邻县级行政区域、相邻地级行政区域、相邻省级行政区域的信息等，主要变量如表4.4所示。

表4.4 **中国最低工资数据库——行政区划模块：县级**

名称	类型	长度	说明
county_ id_ short	int	6	县级行政区域数字码
county_ name_ short	string	16	县级行政区域名称（简称）
county_ name_ long	string	26	县级行政区域名称（全称）
county_ roman	string	50	县级行政区域罗马字母拼写
county_ roman_ short	string	3	县级行政区域三位字母码
municipal_ id_ short	int	4	所在地级行政区域数字码（短码）
province_ id_ short	int	2	所在省级行政区域数字码（短码）
neighb_ c1—neihgb_ c10	int	6	相邻县级行政区域数字码
neighb_ m1—neighb_ m10	int	4	相邻地级行政区域数字码（短码）
neighb_ p1—neighb_ m10	int	2	相邻省级行政区域数字码（短码）

注：截至2019年12月31日，全国共有2846个县级行政区域，其中包括965个市辖区、387个县级市、1323个县（旗）以及117个自治县（旗）。

表4.4中的数据根据国家标准《中华人民共和国行政区划代码》（GB/T 2260—2007）得到，相邻县级行政区域、相邻地级行政区域和相邻省级行政区域信息根据国家基础地理信息系统（网址为 http://nfgis. nsdi. gov. cn）得到。

三 行政区划变更模块（CMWD-REGION-CHANGE）

本模块主要包括历年全国各地级行政区域和全国各县级行政区域的变更信息。主要变量如表4.5所示。

表 4.5 中国最低工资数据库——行政区划变更模块

名称	类型	长度	说明
area_ id_ new	int	6	变更后的行政区划数字码
area_ id_ old	int	6	变更前的行政区划数字码
change_ date	date	10	行政区划调整日期
source	string	100	数据来源（调整文件）

本模块的主要数据来自中国政府网（网址为 http://www. gov. cn）、中华人民共和国民政部网站（网址为 http://www. mca. gov. cn）和国家统计局历年《最新县及县以上行政区划代码》（网址为 http://www. stats. gov. cn/tjsj/tjbz/xzqhdm）。

四 劳动力市场模块（CMWD-LABOR）

劳动力市场模块主要包括与最低工资制度相关的劳动力市场指标，主要变量如表 4.6 所示。

表 4.6 中国最低工资数据库——劳动力市场模块

名称	类型	长度	说明
area_ id	int	6	行政区域代码
employment	long	10	按行业、所有制分从业人员数量
employment_ post	long	10	按行业、所有制分在岗职工数量
emp_ urban	long	10	城镇就业人员数量
emp_ rural	long	10	乡村就业人员数量
migrant	long	10	农民工数量
unemp	double	5	登记失业率
productivity	double	4	劳动生产率指数
average_ wage	double	10	平均工资
average_ wage_ migrant	double	10	农民工平均工资
wage_ total	double	20	工资总额

续表

名称	类型	长度	说明
nominal_ wage_ index	double	6	平均工资指数
real_ wage_ index	double	6	实际工资指数
demand_ supply	double	10	城市劳动力市场供需比例
pop	double	10	人口结构
edu	double	10	人力资本结构

本模块的数据主要来自 CEIC 中国经济数据库（网址为 http://www.ceicdata.com）、国家统计局（网址为 http://www.stats.gov.cn）和历次全国人口普查、全国人口抽样调查统计资料。

五　地理信息模块（CMWD-GIS）

本模块是中国最低工资数据库的辅助模块，主要目的是通过地理信息系统辅助中国最低工资问题的研究。由于工作量较大，该模块正在建设之中。

第二节　权重、加总及缺失数据的处理

与大多数发达国家不同，中国没有设立一个全国统一的最低工资标准，而是由各省级政府自行确定本行政区域内的最低工资标准，《最低工资规定》还允许各省根据省内不同区域的经济发展情况实行差异化的最低工资标准。为了计算全国历年最低工资标准，我们首先根据各省（区、市）历次最低工资标准的调整情况计算了历次调整的平均最低工资；其次，对于未调整最低工资标准的年份，以上一次最低工资标准调整的平均值作为本年度实行的平均最低工资标准；对于一年内有多个最低工资标准执行的情况，以各个最低工资标准的实际执行天数为权重计算该年度内的加权平均最低工资标准；最后，以各省（区、市）历年城镇从业人员数量为权重计算全国历年最低工资标准。

由于早期各地政府的信息化程度和中国最低工资制度的不健全，因此笔者未能收集到一些早期的最低工资标准（主要为20世纪90年代）。尽管作者通过政府信息公开申请获取了部分数据，但仍有部分数据缺失。对于这种情况，如果具有前后两次的最低工资标准调整信息，则对于缺失的数据简单地取其前后两次最低工资标准的算术平均。

第三节　可比最低工资标准的构建

我们还使用Brandt和Holz（2006）提出的空间价格指数（Spatial Price Indices，以下简称SPI）对各地的名义最低工资标准进行了调整，以构建在各区域之间可比的最低工资标准。这里省去具体过程。

第五章　中国最低工资标准的调整情况

本章将利用中国最低工资数据库（CMWD）中的详细信息，描述中国各省市历年最低工资标准的调整情况及其基本特征。第一节首先描述中国最低工资标准调整的总体情况，第二节考察最低工资标准的调整频率及幅度，第三节讨论最低工资标准的地区差异，第四节尝试估计中国最低工资标准的分布情况。

第一节　最低工资标准调整的总体情况

表 5.1 给出了历年调整最低工资标准的省（区、市）数量及涉及的城市数量（地级市）。有以下几个特点。第一，1995 年是新中国正式实施《劳动法》的第一年，大部分省（区、市）都按照《劳动法》的要求发布了第一个最低工资标准（主要是月最低工资标准）。2004 年是《最低工资规定》发布的年份，大部分省（区、市）都在这一年调整了月最低工资标准并发布了适用于非全日制用工的小时最低工资标准。第二，由于 2004 年《最低工资规定》要求最低工资每 2 年至少调整一次，2015 年底人力资源和社会保障部又将最低工资的调整频率改为每 2—3 年至少调整一次，因此每年调整最低工资标准的省（区、市）数量有较大差别。第三，在经济困难时期，各省（区、市）倾向于不调整最低工资标准。比如，在 1997 年亚洲金融危机、2007—2008 年全球金融危机发生后，调整最低工资标准的省份分别仅有 8 个（1998 年）和 0 个（2009 年）。第四，2010—2015 年是各地调整最低工资标准最为频繁的

时期。

表 5.1　　历年调整最低工资标准的省市数量

年份	省（区、市）数量（个）	地级市数量（个）
1995	26	294
1996	14	149
1997	19	168
1998	8	74
1999	26	269
2000	11	108
2001	15	146
2002	18	186
2003	9	86
2004	24	245
2005	11	104
2006	28	296
2007	19	190
2008	20	206
2009	0	0
2010	30	333
2011	24	250
2012	24	232
2013	26	294
2014	18	181
2015	26	288
2016	9	59
2017	19	185
2018	15	184
2019	8	58

注：数据统计时间截至 2019 年 12 月 31 日。

资料来源：中国最低工资数据库（CMWD），见 https://www.chinaminimumwage.org。

第二节　最低工资的调整频率及幅度

表5.2给出了中国各省市自治区历年最低工资调整的平均间隔和幅度。可以发现，北京、上海和天津等经济较发达的直辖市平均每隔一年都会调整一次最低工资标准，但调整的平均幅度均不高，仅为10%左右；其他大部分省市平均两年左右调整一次最低工资标准，每次调整的幅度在20%左右。

表5.2　　中国各省市最低工资调整情况

省（区、市）	调整间隔（年）	调整幅度（%）
北京	0.98	9.98
天津	1.13	12.31
河北	1.74	19.06
山西	1.73	20.06
内蒙古	1.7	19.69
辽宁	2.26	21.97
吉林	1.63	17.87
黑龙江	2.47	27.59
上海	0.99	10.06
江苏	1.22	13.89
浙江	1.48	14.69
安徽	1.99	19.62
福建	1.34	12.28
江西	2.06	23.59
山东	1.48	15.89
河南	1.94	21.53
湖北	2.25	24.33
湖南	1.21	11.56
广东	1.96	17.43

续表

省（区、市）	调整间隔（年）	调整幅度（%）
广西	1.9	19.55
海南	1.84	16.31
重庆	1.88	21.83
四川	1.77	20.52
贵州	1.92	20.34
云南	1.8	19.02
西藏	2.64	28.92
陕西	1.74	18.78
甘肃	2.08	26.41
青海	2.44	26.47
宁夏	1.88	21.34
新疆	1.77	19.47

注：数据统计时间截至 2019 年 12 月 31 日。

资料来源：中国最低工资数据库（CMWD），见 https://www.chinaminimumwage.org。

我们把 1995—2019 年分为四个时间段：1995—2004 年、2005—2010 年、2011—2015 年、2016—2019 年。其中，1995 年为大部分省（区、市）开始实施最低工资制度的年份，2005 年为新的《最低工资规定》实施后的首年，2011 年为金融危机过后的首年，2016 年为国家人力资源和社会保障部对最低工资标准调整频率重新作出规定后的首年（也是“十三五”规划实施的第一年）。我们计算了各个时间段内各省（区、市）最低工资标准的平均调整间隔（见表 5.3）。其中，1995—2004 年，各省（区、市）平均每 2.16 年调整一次最低工资标准；2005—2010 年，各省（区、市）平均每 1.83 年调整一次最低工资标准；2010—2015 年，各省（区、市）平均每 1.37 年调整一次最低工资标准；2016—2019 年，各省（区、市）平均每 2.16 年调整一次最低工资标准。可以发现，2015 年以前，两次最低工资标准的调整间隔越来越短，2016 年后最低工资的调整间隔则呈增加趋势。

从国际的经验来看，在设立最低工资制度的国家中，有66%没有规定最低工资的调整频率，有19%规定的频率为一年，有15%规定的频率为2年以上。设定一个明确的最低工资标准调整频率容易使劳动者对于工资的调整形成预期，频繁地调整最低工资标准也不利于建立稳定的劳动关系，这对于以劳动密集型企业为主的经济体影响也更为明显。

表5.3　**不同时间段各地区最低工资标准调整的频率**　单位：年

省（区、市）	1995—2004年	2005—2010年	2011—2015年	2016—2019年
北京	0.87	1.20	0.95	1.06
天津	1.19	1.15	1.00	1.13
河北	1.82	1.50	1.47	2.46
山西	3.06	1.44	1.02	2.42
内蒙古	2.25	2.00	1.00	2.09
辽宁	3.29	1.88	1.50	2.11
吉林	1.45	2.22	1.40	1.84
黑龙江	2.49	2.50	2.63	2.00
上海	0.91	1.15	1.00	1.00
江苏	1.14	1.40	1.19	1.25
浙江	1.74	1.10	1.40	2.08
安徽	1.95	1.92	1.78	3.00
福建	1.14	1.58	1.33	2.00
江西	3.12	1.94	1.31	2.25
山东	1.98	1.90	0.97	1.08
河南	2.75	2.25	1.25	1.63
湖北	3.31	2.08	1.78	2.17
湖南	0.99	1.20	1.13	2.38
广东	1.98	1.81	1.67	3.17
广西	2.38	1.46	1.45	3.09
海南	1.91	2.00	1.50	1.96
重庆	1.57	1.84	2.00	2.50
四川	1.83	1.98	1.23	3.00

续表

省（区、市）	1995—2004 年	2005—2010 年	2011—2015 年	2016—2019 年
贵州	2.44	2.00	1.25	2.08
云南	2.44	1.92	1.03	2.67
西藏	—	2.83	2.25	3.00
陕西	2.25	2.19	0.97	2.00
甘肃	3.67	2.25	1.13	2.17
青海	4.70	1.97	1.22	3.00
宁夏	2.23	2.08	1.38	1.92
新疆	1.85	2.03	1.27	2.51

注：数据统计时间截至 2019 年 12 月 31 日，西藏于 2004 年 11 月 1 日开始实行最低工资制度。

资料来源：中国最低工资数据库（CMWD），见 https://www.chinaminimumwage.org。

按照相同的时间段划分，名义最低工资标准的调整幅度在 4 个时间段内分别为 21.20%、22.46%、18.54%、11.97%（见表 5.4）。可以发现，2016 年以来，调整幅度呈明显下降趋势。

表 5.4　**不同时间段各地区最低工资标准调整的幅度**　单位：%

省（区、市）	1995—2004 年	2005—2010 年	2011—2015 年	2016—2019 年
北京	9.21	12.08	12.45	6.37
天津	12.44	12.09	15.13	5.27
河北	24.97	14.31	19.41	13.24
山西	43.65	12.89	14.56	5.44
内蒙古	25.84	25.46	13.64	8.05
辽宁	30.95	24.28	18.89	12.75
吉林	11.87	31.75	16.42	18.12
黑龙江	21.42	34.18	33.03	15.49
上海	10.24	12.06	12.53	5.28
江苏	15.14	13.90	15.88	7.86
浙江	18.13	12.17	14.23	8.40

续表

省（区、市）	1995—2004 年	2005—2010 年	2011—2015 年	2016—2019 年
安徽	16.42	20.83	29.53	2.28
福建	7.13	19.22	14.88	15.32
江西	25.30	25.14	23.27	15.09
山东	19.71	21.85	13.95	6.06
河南	21.81	31.74	20.29	8.28
湖北	36.03	23.60	21.22	13.19
湖南	9.89	13.44	13.56	10.33
广东	13.85	20.24	21.82	13.66
广西	21.84	15.49	19.83	25.81
海南	12.75	21.95	17.06	15.65
重庆	16.99	27.16	27.05	20.76
四川	19.69	27.09	16.68	20.29
贵州	23.07	27.22	19.76	5.73
云南	26.46	21.60	13.55	8.92
西藏	—	38.52	24.85	17.86
陕西	20.21	25.32	14.89	13.29
甘肃	42.79	29.99	19.45	10.75
青海	37.78	29.50	18.36	19.05
宁夏	22.60	23.48	20.77	12.17
新疆	17.68	27.69	17.83	10.27

注：数据统计时间截至 2019 年 12 月 31 日。

资料来源：中国最低工资数据库（CMWD），见 https://www.chinaminimumwage.org。

研究最低工资调整间隔和调整幅度的关系可以发现（见图 5.1），较长的调整间隔通常也伴随着较高的调整幅度，二者的相关系数为 0.50。

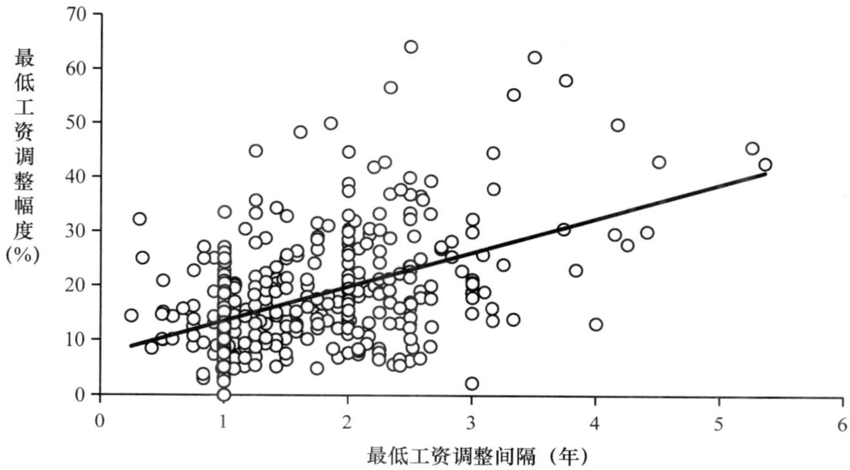

图 5.1 最低工资调整幅度和调整频率的关系

注：数据统计时间截至 2019 年 12 月 31 日。

资料来源：中国最低工资数据库（CMWD），见 https://www.chinaminimumwage.org。

第三节 最低工资调整的地区差异

从全国的情况来看，各地月最低工资标准的差异也比较大（见表 5.5）。以 2019 年底为例，月最低工资标准最高的上海市为 2480 元，月最低工资最低的安徽（部分县市）为 1180 元，相差了 1.1 倍。但从历年的变动情况来看，地区间最低工资标准的差距在缩小（见图 5.2）。

表 5.5 **月最低工资标准的地区差异**

年份	最大值（元/月）	最小值（元/月）	比值
1995	320	105	3.05
1996	380	120	3.17
1997	380	120	3.17
1998	380	120	3.17
1999	450	140	3.21

续表

年份	最大值（元/月）	最小值（元/月）	比值
2000	450	160	2.81
2001	490	180	2.72
2002	535	190	2.82
2003	570	190	3.00
2004	684	235	2.91
2005	690	235	2.94
2006	780	280	2.79
2007	850	320	2.66
2008	960	390	2.46
2009	960	390	2.46
2010	1120	500	2.24
2011	1310	500	2.62
2012	1450	610	2.38
2013	1620	830	1.95
2014	1820	830	2.19
2015	2020	900	2.24
2016	2190	1000	2.19
2017	2300	1000	2.30
2018	2420	1120	2.16
2019	2480	1180	2.10

注：数据统计时间截至2019年12月31日。

资料来源：中国最低工资数据库（CMWD），见 https://www.chinaminimumwage.org。

最低工资的分档情况也是观察最低工资地区差异的一个重要维度。经济较发达的地区（如直辖市）通常只设置一档最低工资标准，大部分省市设置2—3档最低工资标准。在最极端的情况下，1998年的新疆、2004年的安徽曾设置过10档最低工资标准。但随着时间的推移，最低工资的档次呈明显减少的趋势（见图5.3），说明地区内最低工资差距逐渐缩小。

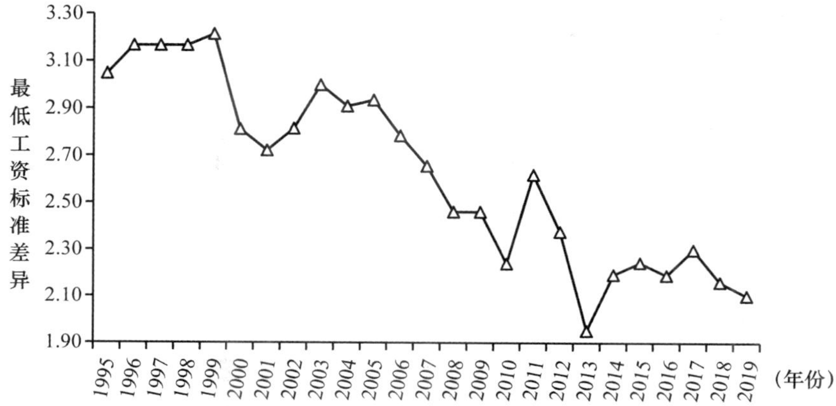

图 5.2　最低工资的地区差异及其变化趋势

注：（1）数据统计时间截至 2019 年 12 月 31 日；（2）“最低工资标准差异”为该年度全国范围内最低工资标准的最高值与最低值的比值。

资料来源：中国最低工资数据库（CMWD），见 https://www.chinaminimumwage.org。

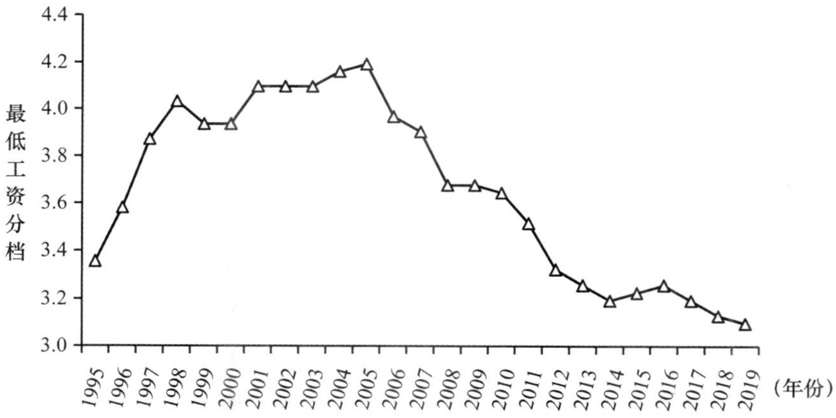

图 5.3　最低工资标准的分档情况及其变化

注：数据统计截至 2019 年 12 月 31 日。

资料来源：中国最低工资数据库（CMWD），见 https://www.chinaminimumwage.org。

第四节　对中国最低工资标准分布的一个估计

我们使用 R 中的 poweRlaw 软件包对 2010 年中国县级行政区域的最低工资标准进行了估计。poweRlaw 软件包可以对幂律分布（power law distribution）、泊松分布（Poisson distribution）和对数正态分布（log normal distribution）等部分具有厚尾分布特征的典型分布进行拟合和比较。这里使用中国 2010 年最低工资数据拟合以上的三种分布，代码如下：[①]

```
# setworking directory
setwd(" ~/mw/")

# load library
library("poweRlaw")

# load data
load("mw. Rdata")

# fit a discrete powerlaw distribution
mw_pl < - displ $ new(data)
mw_est_pl < - estimate_xmin(mw_pl)
mw_pl $ setXmin(mw_est_pl)

# fit a discrete log normal distribution
mw_ln < - dislnorm $ new(data)
mw_est_ln < - estimate_xmin(mw_ln)
```

① 这里使用的代码和数据也可以在 http://github. com/jiapeng/program 获得。

```
mw_ln $ setXmin( mw_est_ln)

# fit a Poisson distribution
mw_pois < - dispois $ new( data)
mw_est_pois < - estimate_xmin( mw_pois)
mw_pois $ setXmin( mw_est_pois)

# plot three distributions
postscript( " china-minimum-wage-distribution. eps" )
plot( mw_pl, xlab = " Minimum Wage per Month" , ylab = " CDF" )
lines( mw_pl, lty = 1, lwd = 2)
lines( mw_ln, lty = 2, lwd = 2)
lines( mw_pois, lty = 3, lwd = 2)
legend( 550, 0. 05, c( " power law" , " log-normal" , " Poisson" ),
lty = c(1, 2, 3), lwd = c(2, 2, 2))
dev. off( )
```

以上代码产生的图形为图 5.4。可以发现，泊松分布明显不能很好地拟合最低工资数据，而幂律分布和对数正态分布均能较好地拟合最低工资数据。

使用同样的方法，我们可以对 2018 年的月最低工资标准分布进行拟合，见图 5.5。同样地，泊松分布明显不能很好地拟合最低工资数据，而幂律分布和对数正态分布均能较好地拟合最低工资数据。

尽管幂律分布和对数正态分布均衡较好地拟合最低工资数据，但二者在拟合程度上也有差异。通过使用 compare_distribution( ) 函数可以比较两种分布。在进行比较之前，应该将对数正态分布的 *xmin* 设置为与幂律分布相同。代码如下：

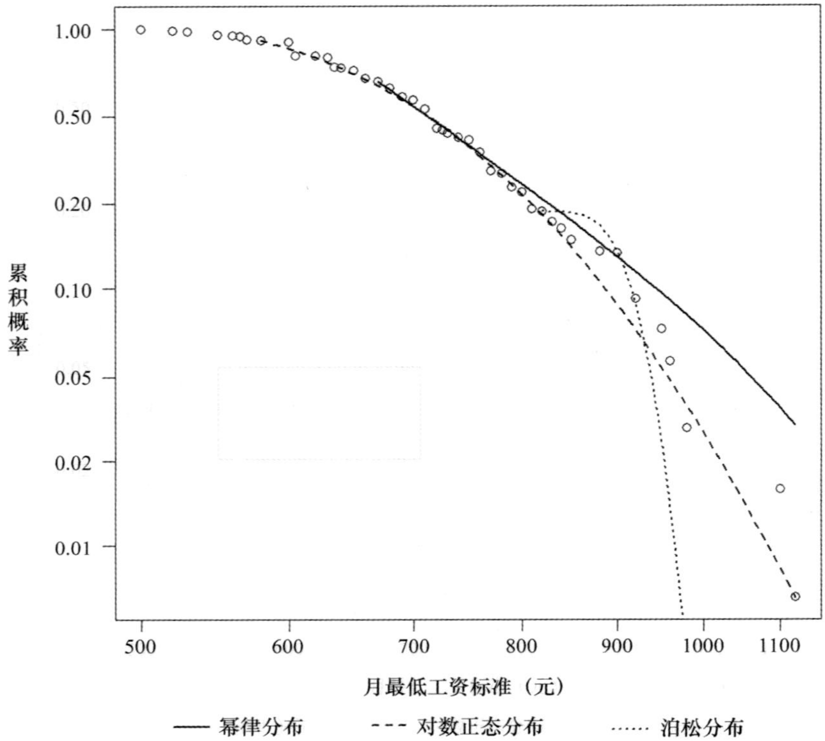

图 5.4　2010 年月最低工资标准累积分布拟合

注：（1）幂律分布的 *xmin* 为 600，参数为 5.7278；（2）对数正态分布的 *xmin* 为 580，参数为 6.5179 和 0.1975；（3）泊松分布的 *xmin* 为 820，参数为 916.6383；（4）数据统计截至 2010 年 12 月 31 日。

资料来源：中国最低工资数据库（CMWD），见 https://www.chinaminimumwage.org。

```
# compare power law and log-normal distributions
mw_ln $ setXmin( mw_pl $ getXmin( ) )
mw_est_ln_pars < - estimate_pars( mw_ln)
mw_ln $ setPars( mw_est_ln_pars)
comp = compare_distributions( mw_pl, mw_ln)
```

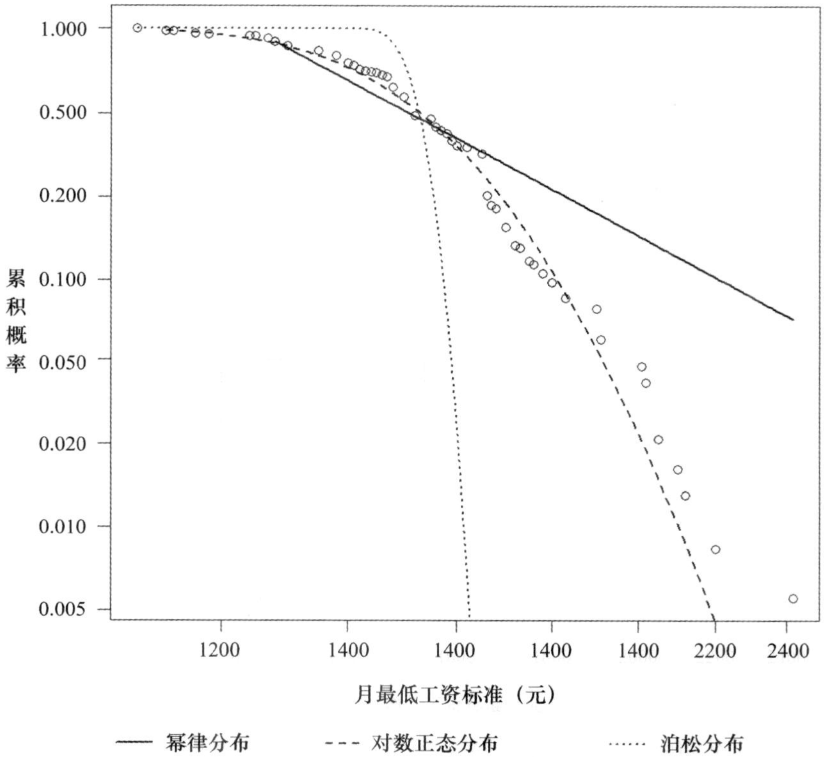

图 5.5　2018 年月最低工资标准累积分布拟合

注：（1）幂律分布的 *xmin* 为 1270，参数为 5.0061；（2）对数正态分布的 *xmin* 为 1270，参数为 7.3205 和 0.1438；（3）泊松分布的 *xmin* 为 1081，参数为 1525.988；（4）数据统计截至 2018 年 12 月 31 日。

资料来源：中国最低工资数据库（CMWD），见 https://www.chinaminimumwage.org。

这里的原假设为幂律分布优于对数正态分布。计算得到的 p 值在 2010 年和 2018 年均为 0，这说明对数正态分布拟合优于幂律分布。我们将 2010 年、2018 年全国月最低工资标准的对数正态分布拟合分别呈现在图 5.6 和图 5.7 中。比较 2010 年和 2018 年对数正态分布的均值和标准差可以发现，2018 年的均值较 2010 年有明显的提升，说明最低工资标准有了明显的上升；同时，2018 年较 2010 年的标准差有所下降，说明月最低工资标准的地区差异呈下降趋势。

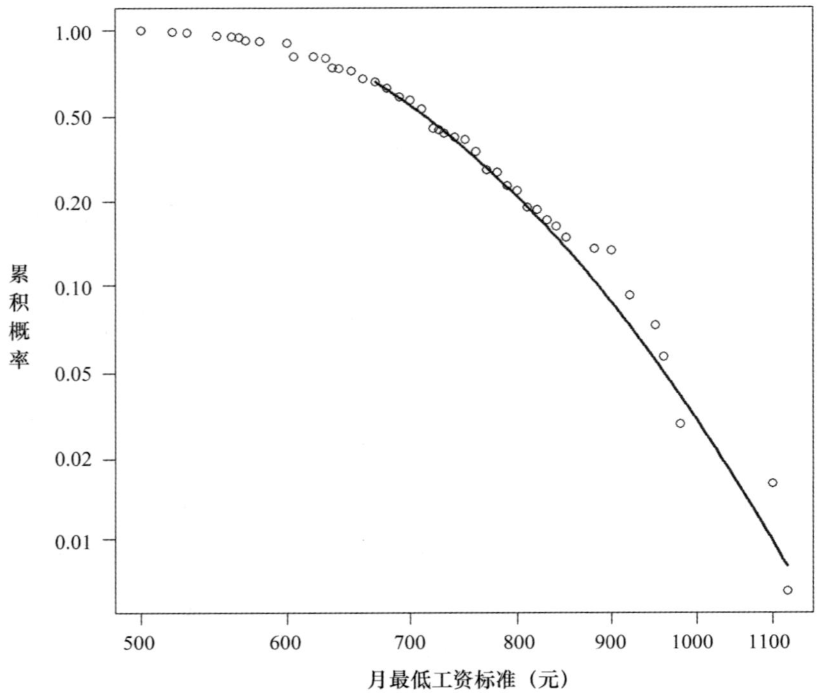

图5.6　2010年全国县级行政区域月最低工资标准累积分布图

注：对数正态分布的参数为6.5179（均值）和0.1975（标准差）；数据统计截至2010年12月31日。

资料来源：中国最低工资数据库（CMWD），见 https://www. chinaminimumwage. org。

使用同样的方法，我们可以对适用于非全日制用工的小时最低工资标准进行拟合。与图5.6和图5.7所不同的是，我们在拟合月最低工资标准时使用了离散型分布，而在拟合小时最低工资标准时则使用了连续型分布。另外，在2010年，幂律分布能对小时最低工资标准进行更好的拟合，而在2018年，对数正态分布能对小时最低工资标准进行更好的拟合。

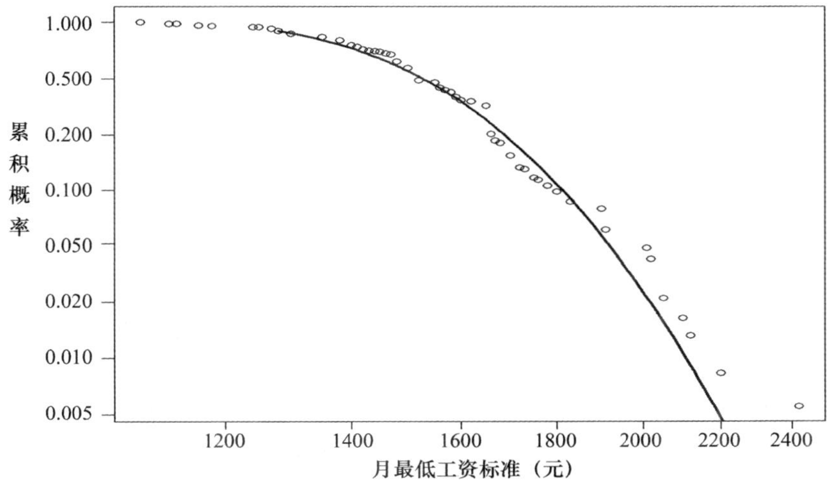

图 5.7　2018 年全国县级行政区域月最低工资标准累积分布图

注：对数正态分布的参数为 7.3205（均值）和 0.1438（标准差）；数据统计截至 2018 年 12 月 31 日。

资料来源：中国最低工资数据库（CMWD），见 https://www.chinaminimumwage.org。

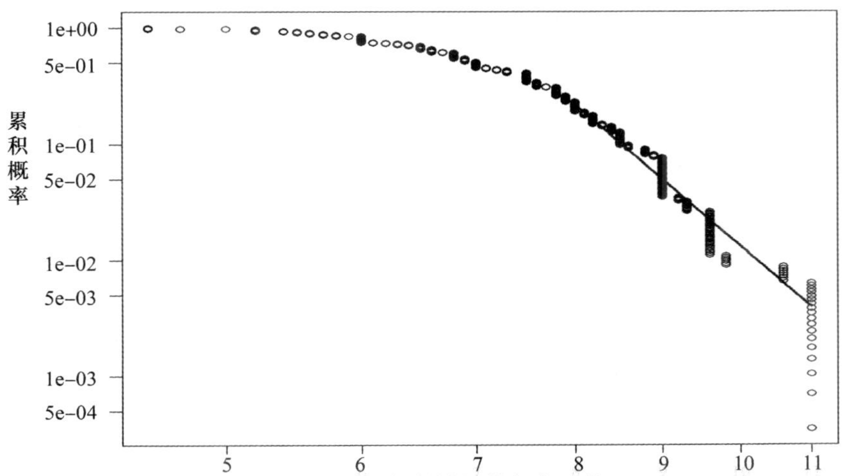

图 5.8　2010 年全国县级行政区域小时最低工资标准累积分布图

注：检验显示，与对数正态分布相比，幂律分布的拟合更好，参数为 13.6239；小时最低工资为非全日制用工小时最低工资；数据统计截至 2010 年 12 月 31 日。

资料来源：中国最低工资数据库（CMWD），见 https://www.chinaminimumwage.org。

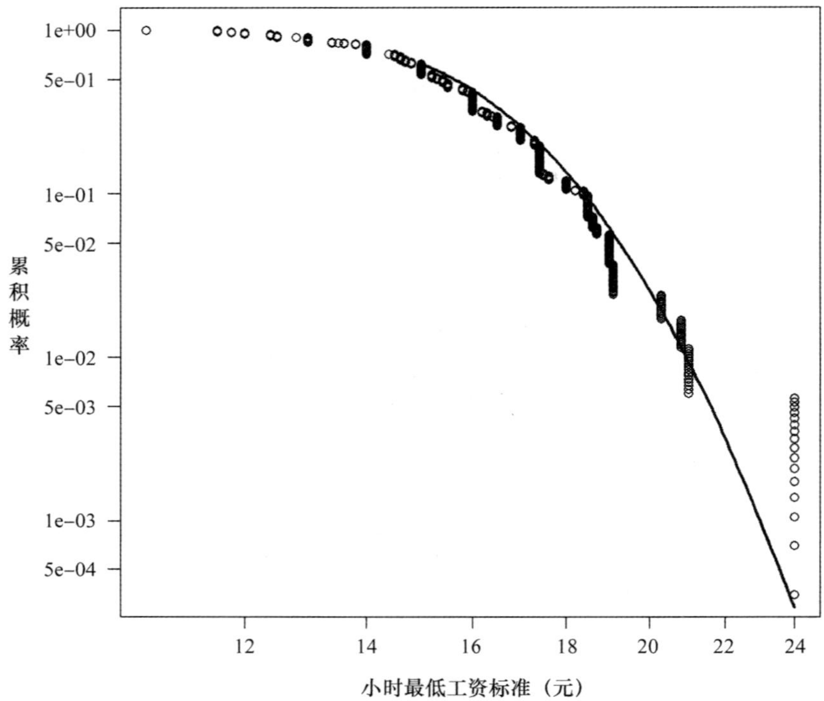

图 5.9　2018 年全国县级行政区域小时最低工资标准累积分布图

注：对数正态分布的参数为 2.7641（均值）和 0.1211（标准差）；小时最低工资为非全日制用工小时最低工资；数据统计截至 2018 年 12 月 31 日。

资料来源：中国最低工资数据库（CMWD），见 https://www.chinaminimumwage.org。

第六章　中国最低工资标准的水平*

正确认识当前的最低工资水平是研究最低工资制度的关键。各国一般使用最低工资与平均工资（或中位数工资）的比值来衡量相对最低工资（简称最低工资占比）。由于中国统计部门并未公布真正意义上的全社会平均工资，因此我们根据国家统计局公布的城镇非私营单位和私营单位平均工资和就业人员数量，计算了一个狭义上的社会平均工资，并由此计算了最低工资占社会平均工资的比例（见表6.1）。可以发现，2009年以来，中国的最低工资占比已经接近30%。从国际经验来看，经济合作与发展组织（OECD）国家的最低工资占比自2009以来保持在34.30%—38.08%。实际上，由于我们在计算社会平均工资时，未考虑个体工商户、农民工以及在非法人企业就业的人员，而这些人员占城镇就业总数的相当大比例（40%左右），其工资水平一般也低于社会平均水平，因此社会平均工资被高估了，而最低工资占比还要更大一些。

发展中国家确定的最低工资标准容易出现两个极端。一个较低的最低工资标准对于劳动者起不到实际的保障作用，而一个较高的最低工资标准会增加执行的难度，并可能对就业产生负面影响。总体来看，中国现在的最低工资已经处于一个比较适当的水平，与中国当前的经济发展阶段以及中高收入国家的平均水平也比较吻合，大幅上调最低工资标准的空间已经不存在。本章将详细讨论中国的最低工资水平。

---

* 本章部分内容节选自贾朋和都阳（2015）。

表6.1　　　　　　　　　　**最低工资占比的变化**

年份	城镇非私营单位就业人员平均工资（元/月）	城镇私营单位就业人员平均工资（元/月）	城镇非私营单位就业人员（万人）	城镇私营单位就业人员（万人）	平均工资（元/月）	最低工资（元/月）	最低工资占比（%）
2009	2687	1517	12573.0	5544.0	2329	642	27.58
2010	3045	1730	13051.5	6071.0	2628	724	27.57
2011	3483	2046	14413.3	6912.0	3017	882	29.22
2012	3897	2396	15236.4	7557.0	3399	995	29.27
2013	4290	2726	18108.4	8242.0	3801	1133	29.80
2014	4697	3033	18277.8	9857.0	4114	1236	30.05
2015	5169	3299	18062.5	11180.0	4454	1357	30.48
2016	5631	3569	17888.1	12083.0	4800	1473	30.70
2017	6193	3813	17643.8	13327.0	5169	1519	29.40
2018	6868	4131	17258.2	13951.6	5644	1596	28.28

注：（1）本表统计的均为城镇情况；（2）“城镇私营单位就业人员平均工资”只有2009年以来的数据；（3）“平均工资”为“非私营单位平均工资”与“私营单位平均工资”的加权平均，以“非私营单位就业”和“私营单位就业”为权重；（4）2019年工资数据在成书时尚未公布。

资料来源：最低工资数据来自“中国最低工资数据库”（CMWD，网址为https://www.chinaminimumwage.org），其他数据来自国家统计局网站（网址为http://www.stats.gov.cn）。

最低工资标准不仅是最低工资制度设计的核心内容，也与该制度的执行及其成效息息相关。然而，尽管中国实施最低工资制度已经有近30年的时间，但对最低工资标准的设定方式、设立水平和调整依据等基本问题，仍然缺乏明确的规范。这不仅导致了最低工资标准设立的随意性，也增加了最低工资制度的执行难度。中国自1993年设立最低工资制度以来，名义最低工资标准和实际最低工资标准均呈现持续上升的趋势。金融危机之后特别是2010年以来，各省市都对最低工资标准进行了大幅度的持续调整。本章第一节讨论中国的最低工资水平，第二节通过一些国际比较，研究最低工资标准与经济发展阶段的关系，第三节研究最低工资标准与劳动争议的关系。

第一节　中国的最低工资水平

图 6.1 给出了 1995 年至 2019 年中国最低工资标准的变动趋势。可以发现，自 1995 年以来，中国名义最低工资与实际最低工资均呈现不断上升的趋势。

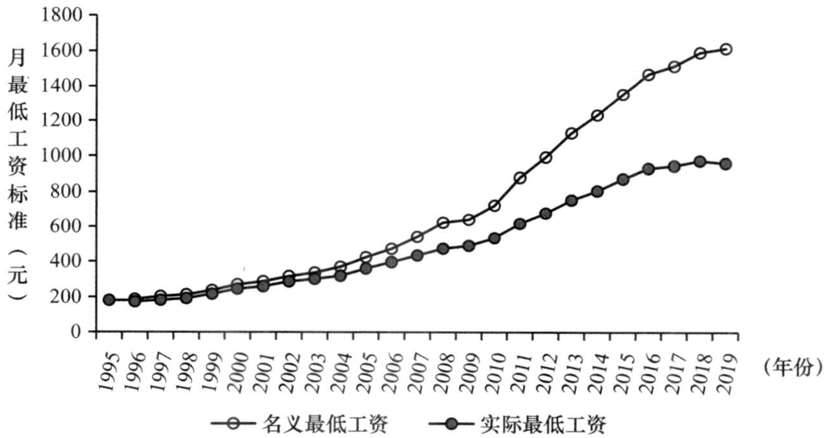

图 6.1　中国最低工资标准的变动情况

注：实际最低工资为使用消费者价格指数（CPI）对名义最低工资进行调整得到，以 1995 年为基期。

资料来源：中国最低工资数据库（CMWD），见 https://www.chinaminimumwage.org。

由于缺乏较长时间段的劳动力工资调查数据，这里在计算最低工资占比时使用了国家统计局官方公布的平均工资数据。但都阳和王美艳（2008）认为国家统计局公布的平均工资是基于城镇劳动力调查制度计算得到，而该报表制度不能准确反映外来劳动力和非正规部门的状况。在劳动力市场供求关系没有实现根本转变之前，农民工和非正规部门的工资水平，要明显低于城市单位就业的平均工资，因此，基于此数据，就业人员的平均工资被高估了，最低工资占比则可能被低估。

实际上，如果我们使用 CULS 三轮数据中的平均工资来计算最低工资占比，就会发现中国的最低工资占比已经处在了一个比较高的水平，已经达到甚至超过了《关于深化收入分配制度改革的若干意见》中提出的“到2015 年达到城镇从业人员平均工资的 40%”的目标（见图 6.2）。这一指标也达到了 OECD 国家的平均水平。

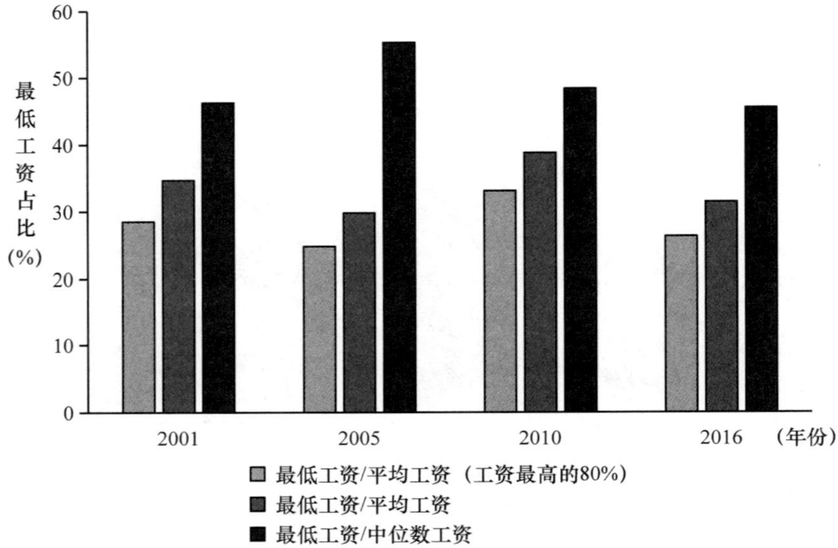

图 6.2 最低工资占比变动情况

资料来源：中国城市劳动力调查（CULS），见 https://www.culs.org.cn。

第二节 最低工资与经济发展阶段

为了进行最低工资标准的国际比较，我们收集整理了 150 个国家和地区最新的一次最低工资标准，并计算了最低工资占人均 GDP 的百分比，如表 6.2 所示。从国际经验来看，相对最低工资与人均 GDP 呈现比较明显的负向关系：人均 GDP 比较低的国家，最低工资标准需要设置在一个比较高的水平上才能保障劳动力的基本生活水平，因此最低工资占比也较高；相反，在人均 GDP 比较高的国家，生活必需品支出仅占到工资水平的较小部分，因此最低工资占比相对较低。

表 6.2　不同收入水平国家的相对最低工资标准

收入分组	相对最低工资（%）
低收入国家	66.21
中等偏下收入国家	46.12
中国（不含港澳台）	39.66
中等偏上收入国家	39.29
高收入国家	32.92

注：（1）“相对最低工资”为最低工资占人均 GDP 的百分比；（2）中国属于“中等偏上收入国家”一组；（3）在计算按收入分组的相对最低工资时使用了各个国家的人口数作为权重；（4）收入分组按照世界银行的标准，详见 https://datahelpdesk.worldbank.org/knowledgebase/articles/906519-world-bank-country-and-lending-groups；（5）最低工资和人均 GDP 数据均为按购买力平价调整后的数据（2011 年不变价国际元）。

资料来源：（1）各个国家最低工资数据来自国际劳工组织（ILO），见 https://www.ilo.org/ilostat；（2）人均 GDP 数据来自世界银行（World Bank），见 https://data.worldbank.org。

我们对人均 GDP 和最低工资占比之间的关系进行了拟合，如图 6.3 所示。可以发现，中国正好处于这条拟合的曲线之上。如果最低工资和经济发展水平之间的这种关系有内在合理性的话，那么很显然，随着中国的经济增长，最低工资增长速度至少应该不高于人均 GDP 的增长速度。然而，实际情况却是大部分年份中国最低工资的增长率明显高于人均 GDP 的增长率，只是在近几年这种现象才有所变化，如图 6.4 所示。

从以上的分析可以发现，无论是从最低工资的绝对标准还是从国际经验来看，就中国目前的经济发展阶段和经济发展水平而言，最低工资标准已经处在一个比较高的水平。在中国的经济增长放缓的背景之下，尤其是各级政府纷纷将最低工资制度用作改善收入分配的手段时，最低工资标准将有可能成为推动劳动力成本上升的因素。如果中国的最低工资水平仍然保持 2010—2015 年每年 10% 以上的增长速度，那么很有可能超越当前的经济发展阶段，从而对经济增长产生压力。

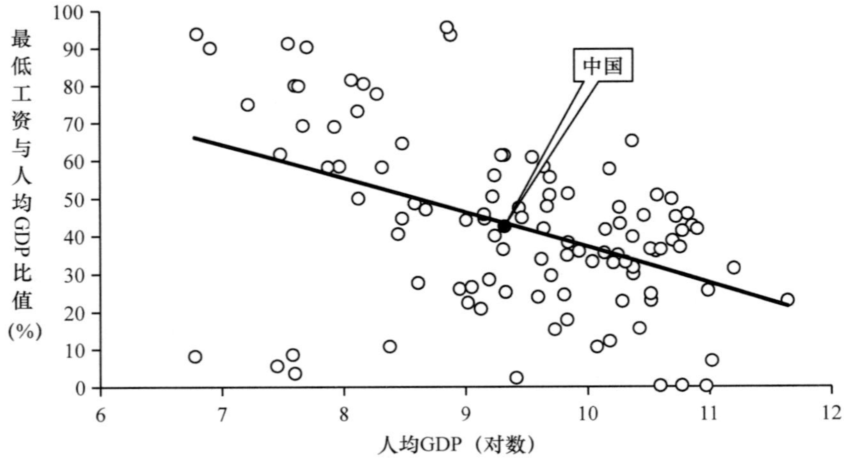

图 6.3　世界部分国家最低工资与人均 GDP 的关系

注：最低工资和人均 GDP 数据均为按购买力平价调整后的数据（2011 年不变价国际元）。

资料来源：各国最低工资数据来自国际劳工组织（ILO），见 https://www.ilo.org/ilostat；人均 GDP 数据来自世界银行（World Bank），见 https://data.worldbank.org。

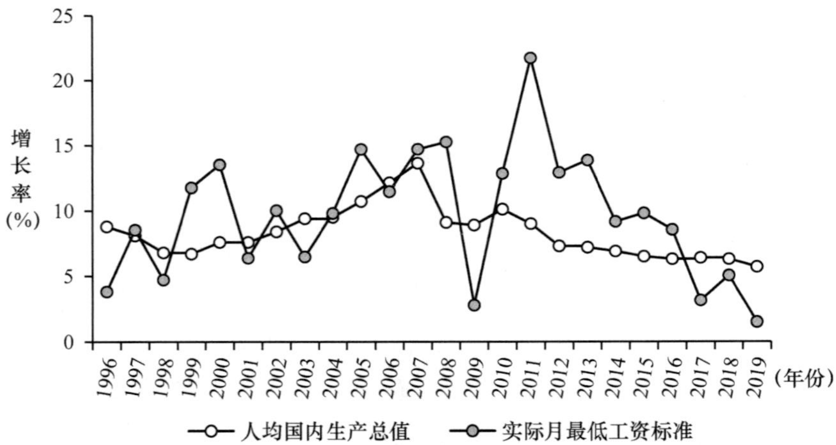

图 6.4　中国最低工资与人均 GDP 的增长

注：最低工资增长率为实际增长率，通过使用国内生产总值平减指数（GDP Deflator）对最低工资名义增长率进行调整得到。

资料来源：最低工资增长率数据来自中国最低工资数据库（CMWD），见 https://www.chinaminimumwage.org；人均国内生产总值增长率数据来自历年《中国统计年鉴》。

第三节　最低工资与劳动争议

我们还考察了各省市历年最低工资标准与劳动争议的关系，如图6.5所示。在图6.5中，横轴为经过SPI调整的对数可比最低工资标准，纵轴为因工资报酬发生的劳动争议案件数量在总的劳动争议案件中所占的比例。可以发现，较高的最低工资标准通常伴随着较高的工资报酬劳动争议比例。这说明，较高的可比最低工资通常也意味着较大的执行难度。

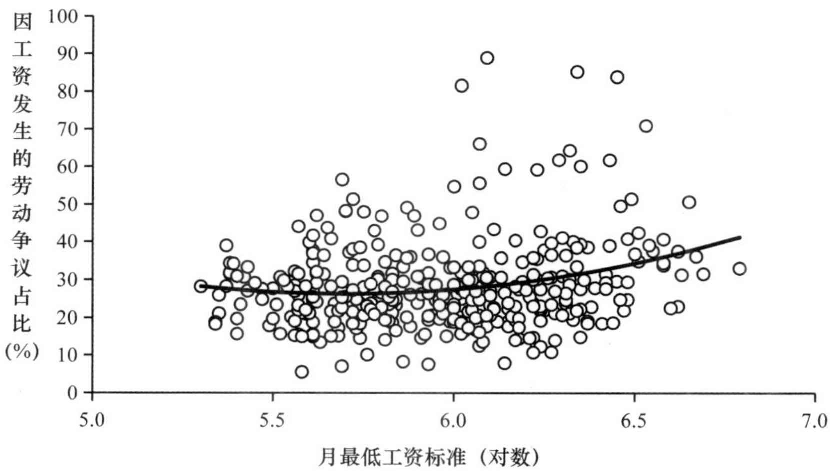

图6.5　最低工资与劳动争议

注：最低工资标准经过了SPI调整，以1995年北京为基准。

资料来源：最低工资数据来自中国最低工资数据库（CMWD），见 https://www.chinaminimumwage.org；劳动争议数据来自历年《中国劳动统计年鉴》。

第七章　中国最低工资制度的执行效果*

随着最低工资制度在世界各国的广泛使用，它已经成为劳动力市场制度的重要组成部分。由于最低工资制度的设计初衷就是对市场上均衡的工资率水平进行干预，因此，其制度本身就具有很强的规制色彩。然而，就最低工资制度的执行而言，几乎在所有的国家都存在覆盖遗漏的情形。这一方面使其成为对最低工资制度质疑的基础，另一方面，也使最低工资的制度设计和标准的确立，成为一个更为精巧的政策工具。

中国的劳动力市场上引入最低工资制度已经有近 30 年的历史。然而，最低工资制度对劳动力市场结果产生越来越重要的影响只是最近 10 余年的事。已有的研究关注了中国最低工资制度所引发的就业效应（丁守海，2010；马双等，2012）、工时效应（贾朋和张世伟，2013b）、溢出效应（罗小兰和丛树海，2009；贾朋和张世伟，2013a；邸俊鹏和韩清，2015）和收入分配效应（罗小兰，2011b）等。然而，就最低工资制度本身而言，制度本身的执行是否有效，以及影响制度执行的因素有哪些，应该是决策者首先应该关注的事情。

与其他制度相类似，就最低工资制度的执行而言，我们首先关注的是在劳动力市场上有多少人应该获得最低工资标准以上的工资，而实际收入却低于最低工资标准。基于我们使用的微观调查数据，我们发现 2010 年所调查城市有 13.26% 的工人其工资水平在当地的最低工资标准

* 本章部分内容节选自贾朋和都阳（2015）。

之下，而2005年和2001年分别为17.26%和9.84%。[①] 国际比较表明，最低工资在发达国家的覆盖情况较好：根据美国Bureau of Labor Statistics（2013）报告，2012年美国以小时计工资的劳动力中仅有2.6%低于联邦最低工资，Machin等（2003）针对英国的研究也表明仅有1%的劳动力工资低于最低工资标准。然而，在存在大量非正规就业的发展中国家，最低工资的覆盖问题值得特别关注：在巴西，正规部门和非正规部门中低于最低工资的劳动力比例分别在5%—10%和15%—30%之间（Lemos，2004，2009），洪都拉斯的这一比例在30%左右（Gindling和Terrell，2010），墨西哥为16%（Bell，1997），秘鲁为24%（Baanante，2004）。

此外，对于劳动力市场的监管者而言，在执行最低工资制度时，什么样的人未能被制度覆盖也非常重要。因此，观察劳动力市场上具有不同个人特征群体的最低工资覆盖情况，了解岗位特征与最低工资覆盖之间的关系，对于瞄准最低工资制度执行的人群，完善最低工资制度执行的措施具有直接的政策含义。

虽然最低工资的覆盖程度是最低工资执行结果的一个体现，但我们不能简单地将二者等同起来，因为，随着劳动力市场的不断变化，影响执行和覆盖的因素纷繁复杂。第一，最低工资标准的高低，直接决定了制度执行的难易。显然，最低工资标准高于市场均衡工资水平的比例越大，最低工资所应该覆盖的范围也越大，制度执行的难度也越大。

第二，劳动力市场供求关系的变化趋势，也影响着最低工资执行的难易程度。尤其是近年来，由于人口转变的影响和劳动力市场的强劲需求，普通劳动力就业的短期化日益频繁，其工资水平也迅速上扬。根据国家统计局公布的数据，2019年以当年价格计算的农民工月平均收入已达到3962元，其中外出农民工的月收入为4427元。[②] 农民工与城市本地

---

① 在关于中国的研究中，也有学者发现月最低工资政策得到了良好遵守，低于最低工资标准的员工仅占2.1%—3.4%（叶林祥等，2015）。

② 资料来源：国家统计局，见 http://www.stats.gov.cn/tjsj/zxfb/202004/t20200430_1742724.html。

工人的工资趋同趋势也日益明显（Cai 和 Du，2011）。在这样的背景下，即便对最低工资制度的执行不做监管，劳动力市场的自发效应也会改善最低工资的覆盖情况。

第三，最低工资的执行也与经济结构的动态变化、产业组织方式的变化以及其他劳动力市场制度的完善程度息息相关。例如，制造业大多以工厂化的方式组织生产，雇主与雇员之间更容易形成明确的劳动关系，监管者对雇主是否履行最低工资制度也更容易监督。其他劳动力市场制度的完善，也会直接影响最低工资制度的执行。例如，《劳动合同法》执行的力度越大，执行最低工资标准的可能性也越大；集体谈判在合约形成中所占的比例越高，对最低工资监管的难度也会越低。

第四，在失业与低工资水平之间的选择可能有自愿的成分，因此，最低工资的执行与否并不必然表明劳动者效用恶化与否。尤其随着社会保护水平的提高，劳动者的保障来源趋于多元化，社会保护也会部分地替代工作收入给工人带来的效用。在这种情况下，就有可能出现对低工资水平的自愿选择。

为了更加全面地观察和评估中国最低工资制度的执行情况，我们使用多个数据来源，考察了中国最低工资标准变化，以国际视角比较最低工资的标准，并分析最低工资覆盖及其决定因素。这些来源既包括我们所搜集的区域劳动力市场上最低工资标准的资料，也包括收集整理的跨国数据。对于最低工资覆盖的研究，则主要基于中国社会科学院人口与劳动经济研究所于 2001 年、2005 年和 2010 年实施的“中国城市劳动力调查”（China Urban Labor Survey，CULS）数据。城市劳动力市场调查在上海、武汉、福州、沈阳和西安实施，既调查了城市本地住户也包括了外来劳动力。调查以比例概率抽样，对城市具有代表性。同时，我们在描述统计和回归过程中按抽样概率给样本加权，避免统计参数的偏差。由于本章主要考察最低工资的执行情况，因此仅考虑了工资性就业的样本。

本章的第一节利用微观数据分析了不同人群最低工资的覆盖情况，第二节考察最低工资执行效果的决定因素，第三节考察最低工资执行效果的变化及其分解，第四节对本章进行总结。

第一节　不同特征人群的最低工资覆盖情况

要了解最低工资制度的执行情况，我们首先需要了解在既定的最低工资制度下，哪些人仍然未能获得最低工资标准以上的工资，即未能被最低工资制度有效的覆盖。根据2004年《最低工资规定》，最低工资标准一般采取月最低工资标准和小时最低工资标准的形式，其中月最低工资标准适用于全日制就业劳动者，小时最低工资标准适用于非全日制就业劳动者。根据《劳动合同法》关于非全日制用工的定义（见第一章），我们使用CULS三轮数据，根据个人的岗位属性以及实际工作情况，观察不同人群是否为最低工资制度有效地覆盖。

一　人口统计特征

人口统计特征是工资决定的重要因素，因此，从最低工资制度执行的角度来看，观察人口统计特征与工资水平及最低工资覆盖之间的关系，可以最直接地识别哪一类人群更容易陷入最低工资水平之下。根据CULS三轮调查数据，表7.1列出了按照性别、受教育程度和年龄分组的不同群体最低工资执行情况。如前所述，我们的样本既包括了城市本地户籍的劳动者，也包括了农民工等迁移劳动力。表7.1及本章以下各表的结果按抽样比加权。

我们看到，尽管没有控制其他因素，女性的平均工资水平明显低于男性。以月平均工资度量，2001年女性平均工资水平为男性的78.3%，随后略有上升，2010年达到80.9%。若以小时工资率来度量，则女性工资水平与男性的比重在我们所观察的三个年份分别为79.9%、82.0%和82.9%。由于女性的工资水平更低，因此她们落入最低工资标准以下的可能性也更高。根据我们的样本观察，2001年在最低工资标准以下的女性工人较之男性高出5.7个百分点，2005年和2010年则分别高出7.8个和6.1个百分点。两性之间在工资水平和最低工资覆盖上的明显差异，既反映了劳动力市场歧视存在的可能性，也为最低工资制度执行提供了明确的目标群体。

表 7.1　　不同人群的最低工资覆盖

分组		月工资（元/月）			小时工资（元/小时）			最低工资覆盖（%）		
		2001	2005	2010	2001	2005	2010	2001	2005	2010
性别	男性	1078 (874)	1411 (1192)	2488 (2049)	6.42 (5.83)	8.39 (7.74)	14.83 (12.8)	93.1 (25.4)	89.1 (31.1)	91.2 (28.3)
	女性	844 (576)	1109 (943)	2012 (1463)	5.13 (3.91)	6.88 (6.21)	12.29 (9.97)	87.4 (33.2)	81.3 (39.0)	85.1 (35.6)
教育	小学及以下	664 (452)	721 (344)	1414 (782)	3.40 (2.26)	4.02 (2.50)	7.46 (4.32)	75.9 (42.9)	54.9 (49.8)	67.5 (46.9)
	初中	760 (413)	900 (591)	1620 (920)	4.41 (2.71)	5.21 (3.94)	9.12 (5.46)	85.3 (35.4)	74.0 (43.9)	76.2 (42.6)
	高中	943 (761)	1184 (815)	2000 (1872)	5.63 (4.75)	7.09 (5.27)	11.99 (11.8)	92.5 (26.3)	88.0 (32.5)	88.0 (32.5)
	大学及以上	1404 (1006)	1875 (1613)	2954 (1984)	8.77 (7.14)	11.69 (10.4)	18.21 (12.9)	97.9 (14.2)	96.0 (19.5)	96.9 (17.3)
年龄	16—20 岁	673 (347)	898 (369)	1378 (629)	3.18 (2.17)	5.09 (2.85)	6.82 (3.45)	83.6 (37.2)	87.0 (33.7)	81.2 (39.2)
	21—30 岁	1080 (806)	1484 (1181)	2401 (1841)	6.13 (5.14)	8.88 (7.67)	14.61 (12.6)	94.6 (22.6)	93.3 (25.0)	93.9 (24.0)
	31—40 岁	957 (683)	1175 (1104)	2525 (1836)	5.67 (4.59)	6.93 (7.20)	15.11 (11.4)	92.3 (26.7)	83.7 (36.9)	93.2 (25.3)
	41—50 岁	910 (661)	1203 (1060)	1967 (1364)	5.52 (4.14)	7.24 (6.71)	11.63 (8.37)	89.6 (30.5)	82.1 (38.4)	83.2 (37.4)
	50 + 岁	1070 (1012)	1389 (1107)	2304 (2394)	6.83 (7.23)	8.79 (7.49)	14.18 (15.1)	87.3 (33.3)	87.0 (33.7)	82.8 (37.7)

注：括号内为标准差。

资料来源：中国城市劳动力调查（CULS），见 https://www.culs.org.cn。

个人的人力资本水平是生产率（工资）的最主要的决定因素，因此，受教育程度低的工人是最低工资制度所关注的主要目标群体。根据我们的调查资料，不同受教育程度的工人在工资水平上有着较为明显的差异。三轮调查数据皆显示，随着受教育程度的增加，工资水平也不断提高。而且，更高教育水平者相对于低教育水平者的小时工资率优势更为明显。例如，2010 年仅受过小学及以下教育的工人月工资水平是受过大学及以上教育者的 47.9%，而前者的小时工资率为后者的 41.0%。很显然，人力资本水平低的劳动者更容易获得在最低工资水平以下的工资。表 7.1 表明，虽然随着最低工资标准的调整，三轮调查时最低工资覆盖的程度有所不同，但受教育程度最低组别的覆盖率一直最低。2010 年，在我们的调查样本中有 32.5% 的小学及以下教育程度的工人其工资水平在当地的最低工资标准之下。接受初中教育的工人（也是大部分农民工的教育水平）也有 23.8% 的人工资水平在当地的最低工资标准之下。

工资随生命周期变化的特征也与最低工资的执行相关。如表 7.1 所示，三轮调查数据表明，随着年龄的上升，最低工资的覆盖程度呈倒“U”形曲线变化。有两个年龄组的工资水平及最低工资覆盖情况值得关注。其一，16—20 岁组是刚刚进入劳动力市场的群体，他们的平均工资水平及平均小时工资率都最低，最低工资的覆盖情况也最差。2010 年，在我们的样本中，该年龄组有 18.8% 的工人其工资水平在最低工资标准之下。其二，50 岁以上的工人，个体之间的差异明显。虽然以平均工资水平和小时工资率度量，该组别并不处于最低水平，但该组别的工资水平和小时工资率的标准差也最大，这就意味着工资水平的分布不均等程度也最高。这就不难理解为什么该组别的平均工资水平高于一些中年组别，但落于最低工资标准以下的比例却很高的原因。2010 年 50 岁以上组的高于最低工资标准的比例，仅较最年轻组高出 1.6 个百分点，而低于其他所有年龄组。

二　户籍

当前城市劳动力市场的一个显著特征是大量迁移劳动力，尤其是农民工正成为越来越重要的组成部分。2019 年，外出农民工总量达到 1.74 亿，占城市劳动力就业的比重接近 40%。随着劳动力市场的逐步发育，户籍在就业决定和工资形成中的作用已经逐步得到削弱，其角色主要体现于诸多社会保护项目仍然与户籍挂钩。因此，不同户籍工人的最低工资覆盖情况也值得关注。

表 7.2 列出了样本中城市本地职工与不具有城市本地户籍（其中主要是农民工）的工人在工资水平和最低工资覆盖上的情况。2001 年和 2005 年本地工人的平均工资水平均高于外来劳动力，然而，随着近年来劳动力短缺的日益加剧，农民工的工资水平开始迅速上涨。从我们的样本看，2010 年外来劳动力的平均工资水平已略高于城市本地工人。这表明，如果仅以工资水平的变化来看城市劳动力的一体化程度，市场机制已经成为决定不同群体工资率的主要因素。

表 7.2 **最低工资覆盖：本地与外来**

指标	年份	本地	外来
月工资（元/月）	2001	986（775）	934（745）
	2005	1298（1120）	1086（844）
	2010	2280（1858）	2304（1605）
小时工资（元/小时）	2001	6.05（5.17）	4.57（4.78）
	2005	7.91（7.27）	5.66（5.26）
	2010	13.86（11.90）	12.61（10.10）
最低工资覆盖（%）	2001	91.1（28.5）	87.7（32.8）
	2005	86.3（34.4）	79.1（40.7）
	2010	88.5（32.0）	89.4（30.8）

注：括号内为标准差。

资料来源：中国城市劳动力调查（CULS），见 https://www.culs.org.cn。

由于劳动力市场供求关系有利于普通劳动者的工资上涨（Cai 和 Du，2011），因此，劳动力市场的自发力量就有利于最低工资制度的执行。

换言之，即便不设立最低工资制度，对普通工人的强劲需求所导致的劳动力短缺，也会推动工资的持续上涨，并使大部分普通劳动力获得高于最低工资的收入。

表 7.2 中的结果表明，就最低工资的覆盖而言，2001 年和 2005 年本地工人的覆盖率均高于外来劳动力，但 2010 年本地职工位于当地最低工资标准以下的比例较之外来劳动力高出了 0.9 个百分点。这固然与前述劳动力市场出现动态变化有关，也与外来劳动力的社会保护相对不足有关。我们比较了处于最低工资标准以下的外来劳动力和本地工人的社会保障覆盖情况，发现二者存在着明显的差距。图 7.1 和图 7.2 描绘了 2010 年城市本地劳动力和外来劳动力的最低工资覆盖与社会保障覆盖情况。图 7.1 反映的是处于最低工资标准以下的工人情况，图 7.2 则是收入高于最低工资标准的工人情况。该图体现了两个重要的特征：第一，无论最低工资的覆盖情况如何，城市本地工人的社会保障覆盖率要远远

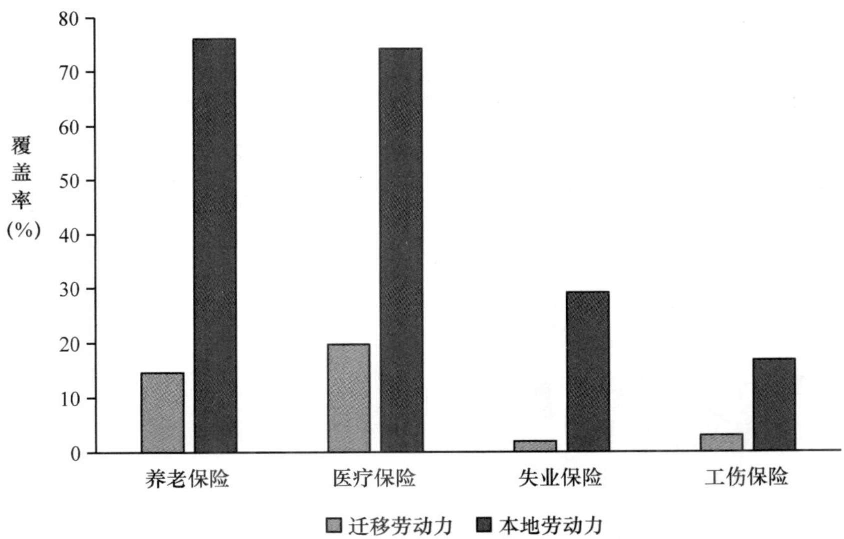

图 7.1　最低工资劳动力的社会保障

资料来源：中国城市劳动力调查（CULS），见 https://www.culs.org.cn。

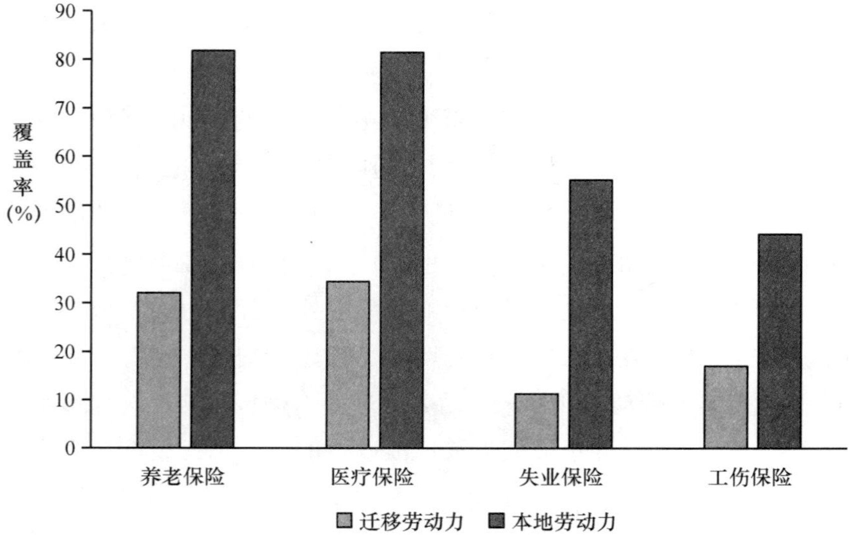

图 7.2　非最低工资劳动力的社会保障

资料来源：中国城市劳动力调查（CULS），见 https://www.culs.org.cn。

高于外来劳动力；第二，就工资水平低于当地最低工资标准的群体而言，外来劳动力与本地职工的社会保障覆盖有着更明显的差距。换言之，由于社会保障的不足，外来劳动力必须付出更多的劳动，以换取尽可能多的现金收入。这一点，从表 3.2 所展示的二者工作时间差异可以得到体现。

三　行业、职业与所有制特征

从最低工资的执行看，行业与所有制特征是否与最低工资的覆盖程度相关联，是具有操作性的指标。行业、职业和所有制类型反映岗位的属性，而执行最低工资标准的难易程度又与这些属性相联系。以下我们按照这三类指标分别观察工人的工资水平和最低工资覆盖在不同年份间的变化情况，见表 7.3。

表 7.3　　**最低工资覆盖与行业、职业及所有制特征**

分组		月工资（元/月）			小时工资（元/小时）			最低工资覆盖（%）		
		2001	2005	2010	2001	2005	2010	2001	2005	2010
行业	生活服务业	978 (688)	1126 (818)	2016 (1518)	5.68 (4.86)	6.73 (5.31)	12.19 (10.6)	89.3 (31.0)	81.4 (38.9)	81.4 (38.9)
	生产服务业	1142 (1077)	1677 (1509)	2694 (2381)	6.85 (7.14)	10.17 (9.85)	16.09 (14.8)	95.9 (19.8)	94.0 (23.8)	95.0 (21.9)
	制造业	847 (617)	1190 (932)	2093 (1321)	5.16 (3.92)	7.10 (5.91)	12.59 (7.94)	88.9 (31.4)	90.0 (30.0)	91.2 (28.4)
	其他	987 (659)	1312 (1249)	2458 (1649)	6.18 (4.30)	8.27 (8.24)	15.01 (9.70)	89.4 (31.0)	80.6 (39.6)	93.9 (24.1)
所有制	公共管理	1066 (878)	1454 (1133)	2693 (2244)	6.64 (6.20)	9.01 (7.20)	16.96 (14.9)	89.4 (30.8)	89.8 (30.2)	91.2 (28.4)
	国有部门	898 (614)	1264 (972)	2147 (1528)	5.50 (3.92)	7.65 (6.27)	13.09 (9.57)	91.2 (28.4)	90.2 (29.7)	91.0 (28.7)
	私营部门	1058 (919)	1178 (1176)	2167 (1799)	5.77 (6.01)	6.90 (7.63)	12.44 (11.1)	91.3 (28.3)	78.9 (40.8)	84.8 (36.0)
职业	负责人	—	2010 (1598)	3623 (3217)	—	12.42 (10.2)	21.52 (20.3)	—	98.1 (13.6)	96.5 (18.4)
	专业人员	—	1769 (1449)	2924 (1864)	—	11.13 (9.50)	18.22 (12.3)	—	97.4 (15.8)	97.0 (17.1)
	办事员	—	1251 (998)	2688 (2444)	—	7.92 (6.85)	16.58 (15.3)	—	85.7 (35.1)	94.1 (23.6)
	服务员	—	1000 (888)	1770 (1520)	—	5.83 (5.63)	10.24 (9.64)	—	73.8 (44.0)	75.9 (42.8)
	操作工人	—	1153 (712)	1935 (1093)	—	6.66 (4.40)	11.46 (6.86)	—	92.3 (26.6)	90.2 (29.8)

注：（1）本表对部分职业大类使用了简称，其中“负责人”代表“国家机关、党群组织、企业、事业单位负责人”，“专业人员”代表“专业技术人员”，“办事员”代表“办事人员和有关人员”，“服务员”，代表“商业、服务业人员”，“操作工人”代表“生产、运输设备操作人员及有关人员”；（2）由于“农、林、牧、渔、水利业生产人员”和“不便分类的其他从业人员”的样本很少，因此本表没有列出；（3）括号内为标准差。

资料来源：中国城市劳动力调查（CULS），见 https://www.culs.org.cn。

我们将行业大类加总为四类，生活型服务业、生产型服务业、制造业以及其他第二产业。其中，“生活型服务业”包括批发和零售业、居民服务、修理和其他服务业、教育、卫生和社会工作、文化、体育和娱乐业；“生产型服务业”包括电力、热力、燃气及水的生产和供应业、交通运输、仓储和邮政业、信息传输、软件和信息技术服务业、金融业、建筑业、房地产业、租赁和商务服务业、科学研究和技术服务业。生活型服务业与制造业都具有劳动密集的特征，因此，与其他行业相比工资水平和小时工资率低。然而，生活型服务业内部的工资分布差异更大。例如，2010 年生活型服务业的工资水平和小时工资率的变异系数分别为 0. 75 和 0. 87；而制造业的工资水平和小时工资率的变异系数均为 0. 63。因此，尽管二者的平均工资水平相差不大，但从事生活型服务业的工人其工资水平落入最低工资标准之下的比例高出了近 10 个百分点。由此可见，最低工资的执行及其效果，与产业组织方式相关。如果某地的经济结构以制造业为主，而另一地的经济结构以生活型服务业为主，即便政府在执行最低工资标准时的力度相当，前者也更容易取得成效。

不同所有制类型的单位，对最低工资标准的反应也有差别。我们将雇主按所有制类型划分为三类，公共管理部门、国有经济部门以及私营部门。国有经济部门和私营经济部门的工资水平大致相当，但相对而言，私营部门的最低工资覆盖程度最差，2010 年该部门与国有经济部门相差了 6. 2 个百分点。职业特征与最低工资覆盖的关联，与我们对行业特征的观察相一致。“服务人员”最低工资覆盖程度最低，而“生产性工人”次之。

四　非正规性

从事非正规就业者历来是执行最低工资制度的难点所在和重点领域。我们将非正规就业者定义为“单位或个体雇员，且没有签订劳动合同或所在单位或工作场所的人数为 7 人以下”。通过三轮调查数据的比较，我们看到以下几个特点（见表 7. 4）。第一，非正规部门的确在最低工资的覆盖上与正规部门有着较为明显的差异。2010 年正规部门的最低工资覆盖率高出非正规部门17.7个百分点。第二，非正规部门的最低工资覆盖状况随着时间的推移和最低工资标准的提升，呈恶化的趋势。2010年非正规部门的覆盖率较之2001年下降了3.9个百分点。第三，非正规部门内部的分化也日益明显。例如，月工资水平的变异系数逐步上升，由2001年的0.64上升到2010年的0.82。伴随着经济发展和劳动力市场发育，非正规性呈多元化的与对其他国家的观察也一致（Andrews等，2011）。非正规就业内部差异性的扩大对最低工资制度执行必要性和执行的难度都提出了挑战。一方面，一部分劳动者自愿选择非正规部门就业，因此，是否有必要对其进行最低工资制度的干预值得讨论；另一方面，非正规就业在岗位属性和就业质量上的差异性，也使得执行最低工资标准时识别的难度提高，增加了执行的成本。

表7.4　　非正规部门的最低工资覆盖

部门	月工资（元/月）			小时工资（元/小时）			最低工资覆盖（%）		
	2001	2005	2010	2001	2005	2010	2001	2005	2010
正规部门	1010（790）	1465（1218）	2358（1865）	6.09（5.17）	8.97（7.87）	14.3（12.0）	92.1（27.0）	91.7（27.6）	90.2（29.8）
变异系数	0.78	0.83	0.79	0.85	0.88	0.84	0.29	0.30	0.33
非正规部门	667（427）	885（636）	1526（1250）	3.58（4.34）	5.09（4.24）	8.06（6.98）	76.4（42.5）	72.8（44.5）	72.5（44.7）
变异系数	0.64	0.72	0.82	1.21	0.83	0.87	0.56	0.61	0.62

注：括号内为标准差。

资料来源：中国城市劳动力调查（CULS），见https://www.culs.org.cn。

第二节　最低工资执行效果的决定因素

从本章第一节的分析可以发现，最低工资在不同特征劳动力之间的覆盖情况存在明显的差别。本节使用 CULS 三轮数据，通过建立回归模型，进一步分析最低工资执行效果的决定因素。

一 数据

本章使用的关于最低工资的数据来自“中国最低工资数据库”（网址为：https://www.chinaminimumwage.org）。该数据库包含了中国近3000个县级行政区域（县、市、区）历年（1993—2019）关于最低工资标准调整的信息以及与最低工资相关的劳动力市场指标。

本章使用的微观数据来自中国社会科学院人口与劳动经济研究所分别于2001年、2005年和2010年进行的中国城市劳动力调查（CULS）。2001年调查在上海、武汉、沈阳、福州和西安5个城市进行（简称CULS 1）。在每个城市，我们根据分阶段随机抽样的原则，分别抽取并调查了70个社区的700户城市家庭以及600个农村进城务工者。2005年，我们又在CULS 1涉及的5个城市以及另外的7个城市（无锡、宜昌、本溪、珠海、深圳、宝鸡和大庆）进行了调查（简称CULS 2）。在CULS1涉及的5个城市中，我们根据分阶段随机抽样的原则，分别抽取并调查了500户城市家庭和500户外来家庭。2010年，在上海、武汉、沈阳、福州、西安和广州6个城市再次进行了调查（简称CULS3）。在每个城市，我们根据分阶段随机抽样的原则，分别抽取并调查了700户城市家庭和600户外来家庭。

为了保证结果的一致性，我们在研究中仅使用了CULS三轮调查均涉及的上海、武汉、沈阳、福州和西安5个城市。同时，由于最低工资制度只适用于在企事业单位工作的劳动力，因此我们在样本中进一步删除了工作身份为“雇主”或“自营劳动者”的样本。此外，我们还按照《劳动合同法》中关于“非全日制用工”的定义对于适用月最低工资和小时最低工资的劳动力进行了区分。

二 模型设定

在模型中，被解释变量是0—1变量，即劳动力的工资是否低于最低工资标准（1 为低于或等于最低工资，0 为高于最低工资）。由于被解释变量的实质是工资水平的高低，因此解释变量包含了一个典型的工资方程中应该包含的变量。解释变量主要包括三类，分别为个体特征及人力资本变量、家庭特征变量、区域及企业特征变量。

个体特征及人力资本变量包含个体的性别（0—1 变量，以女性为基准组）、年龄、年龄平方、受教育年限、是否接受过培训（0—1 变量，以未接受培训为基准组）、身体健康状况（离散变量，1—4 分别代表身体状况差、一般、好和非常好，以身体状况差为基准组）等。

家庭特征变量包含个体婚姻状况（0—1 变量，以未婚为基准组）、家庭人口数、家庭中是否有年龄小于 6 岁的儿童（0—1 变量，以没有小于 6 岁的儿童为基准组）等。

区域及企业特征变量包含是否为本地劳动力（0—1 变量，以迁移劳动力为基准组）、城市（离散变量，以上海为基准组）、行业类型（离散变量，以制造业为基准组，其中生产型服务业和生活型服务业与本章第一节的定义一致）、所有制类型（虚拟变量，以公共部门为基准组）以及部分变量之间的交叉项等。

由于被解释变量为 0—1 变量，因此要使模型的预测值落在［0，1］区间之内，从理论上讲应该使用 Probit 模型进行估计。但是，Wooldridge（2010）指出，如果研究的主要目的是考察解释变量的边际效应并且解释变量中大部分是离散变量或者仅取有限的几个值（正如本章的情形一样），那么这时直接使用线形概率模型（Linear Probability Model，LPM）可能会更好，此时模型预测值落在［0，1］区间之外并不是一个值得关注的问题。此外，与 Probit 模型相比，线形概率模型在对系数的解释上更加直接。因此，本章在估计过程中直接使用了线形概率模型。

三　回归结果

表 7.5 给出了三种不同设定下最低工资执行效果决定因素的回归结果。在设定（1）中，模型包含了城市、行业和所有制虚拟变量，但不包含三者的交叉项；在设定（2）中，模型包含了城市、行业和所有制

三者的交叉项，但不包含各自的虚拟变量；在设定（3）中，模型既包含城市、行业和所有制虚拟变量，也包含三者的交叉项。

表 7.5　　　　最低工资覆盖的决定因素

解释变量	设定（1）			设定（2）			设定（3）		
	2001 年	2005 年	2010 年	2001 年	2005 年	2010 年	2001 年	2005 年	2010 年
性别	-0.05***	-0.07***	-0.06***	-0.05***	-0.06***	-0.06***	-0.05***	-0.06***	-0.06***
年龄	-0.00	0.01**	-0.00	-0.00	0.01**	-0.00	-0.00	0.01**	-0.00
年龄平方	0.00	-0.01*	0.01*	0.00	-0.01*	0.01*	0.00	-0.01*	0.01*
教育	-0.02***	-0.03***	-0.02***	-0.02***	-0.03***	-0.02***	-0.02***	-0.03***	-0.02***
培训	-0.01	0.06**	-0.05***	-0.01	0.04	-0.05***	-0.01	0.04	-0.05***
身体状况一般	-0.11***	-0.27***	-0.17**	-0.11***	-0.27***	-0.16*	-0.11***	-0.27***	-0.16*
身体状况好	-0.12***	-0.32***	-0.24***	-0.12***	-0.30***	-0.23***	-0.12***	-0.30***	-0.23***
身体状况非常好	-0.13***	-0.35***	-0.25***	-0.14***	-0.33***	-0.23***	-0.14***	-0.33***	-0.23***
婚姻状况	-0.01	-0.02	-0.01	-0.01	-0.01	-0.02	-0.01	-0.01	-0.02
家庭人口	0.01	-0.01	0.01	0.01	-0.01	0.01	0.01	-0.01	0.01
有儿童	-0.00	-0.01	-0.00	-0.00	-0.00	-0.00	-0.00	-0.00	-0.00
是否迁移	-0.04*	-0.02	0.04***	-0.04**	-0.05*	0.03**	-0.04**	-0.05*	0.03**
武汉	-0.05***	0.15***	0.06***	—	—	—	-0.04	0.08**	-0.01
沈阳	0.04**	0.12***	0.08***	—	—	—	0.11***	0.17***	0.05
福州	0.00	-0.02	0.01	—	—	—	0.13***	0.16**	-0.02
西安	0.03**	0.05***	-0.00	—	—	—	0.02	0.06**	-0.00
生产性服务业	-0.04***	0.00	-0.01	—	—	—	-0.07***	0.04	-0.02
生活性服务业	0.00	0.07***	0.09***	—	—	—	0.04	0.08***	0.08**

续表

解释变量	设定（1）			设定（2）			设定（3）		
	2001 年	2005 年	2010 年	2001 年	2005 年	2010 年	2001 年	2005 年	2010 年
其他行业	0.01	0.10***	-0.01	—	—	—	0.02	0.06*	0.03
私有部门	-0.03*	0.07***	0.04***	—	—	—	-0.02	0.04	0.05
常数项	0.47***	0.53***	0.58***	0.47***	0.54***	0.58***	0.47***	0.54***	0.58***
R^2	0.08	0.18	0.14	0.09	0.23	0.16	0.09	0.23	0.16
观测数	4602	4324	6445	4602	4324	6445	4602	4324	6445

注：*、**、***分别表示系数在 10%、5%、1%统计水平下显著。

资料来源：中国城市劳动力调查（CULS），见 https://www.culs.org.cn。

从估计结果可以发现，在各种设定下，即便控制了其他因素，各个年份女性的最低工资覆盖情况仍然差于男性。这一方面反映了女性的平均工资水平略低于男性的事实，另一方面也反映了女性在劳动力市场上所遭受的歧视性待遇，最低工资对于女性群体的保护程度还不够。从“年龄”和“年龄平方”的系数可以发现，在 2005 年，最低工资覆盖情况与年龄呈现倒“U”形的关系，即年轻和年老个体的最低工资覆盖情况稍差于中年个体，这与本章第一节的分析是一致的。

从“受教育年限”的系数可以发现，在各个年份，较高的受教育程度均降低了个体工资低于最低工资水平的概率。受教育年限代表了个体的通用技能水平，而培训则代表了个体的专业技能水平。从“培训”的系数可以发现，近些年专业技能水平对于个体工资的贡献越来越大。在各个年份，身体状况对于工资的贡献随着健康状况的好转而呈现增加的趋势。教育、培训和健康状况作为个体人力资本水平的重要组成部分，对于提高个体工资水平发挥了重要作用，这与人力资本理论的预期是一致的。

在各种设定下，各年份家庭特征变量对于个体工资的影响均不显著。但从家庭特征变量的系数可以发现，已婚和有小孩的个体通常需要承担更大的家庭责任，他们通常需要更加努力的工作，工作因而也更加稳定，工资水平也更高。

在2001年和2005年，本地劳动力的工资水平高于迁移劳动力，但在2010年，迁移劳动力的工资水平开始略高于本地劳动力。正如本章第一节分析的那样，这一方面说明了由于迁移劳动力的短缺，市场力量在工资决定中发挥的作用越来越大；另一方面，尽管本地劳动力的平均即期货币收入稍低于迁移劳动力，但如果考虑到本地和迁移劳动力在社会保护等非即期货币收入方面的差别，则实际上迁移劳动力所得到的实际收入仍低于本地劳动力。我们使用CULS数据计算了本地和迁移劳动力在社会保护覆盖方面的差别，如表7.6所示。

表7.6　　**本地与迁移劳动力社会保护覆盖情况**

社会保护		CULS 1		CULS 2		CULS 3	
		迁移	本地	迁移	本地	迁移	本地
整体	养老保险	6.27	37.45	14.03	73.94	30.03	80.75
	医疗保险	6.63	37.34	14.96	65.26	32.66	80.30
	失业保险	—	—	6.84	32.80	10.40	51.82
	工伤保险	—	—	12.23	28.42	15.62	40.76
最低工资劳动力	养老保险	5.92	21.23	6.33	63.53	14.65	76.04
	医疗保险	5.09	18.03	6.84	45.76	19.75	74.15
	失业保险	—	—	5.94	17.14	1.93	29.12
	工伤保险	—	—	6.82	9.09	2.97	16.82
非最低工资劳动力	养老保险	6.28	39.05	16.12	75.85	32.05	81.74
	医疗保险	6.74	39.23	17.25	68.73	34.42	81.39
	失业保险	—	—	7.20	35.60	11.28	55.14
	工伤保险	—	—	13.87	31.83	17.05	44.14

注：（1）“最低工资劳动力”指工资水平低于最低工资的劳动力，“非最低工资劳动力”指工资水平高于最低工资的个体；（2）在CULS 1中，未调查个体是否有失业保险和工伤保险，以“—”表示；（3）本表数据均为百分比。

资料来源：中国城市劳动力调查（CULS），见https://www.culs.org.cn。

整体来看，尽管随着时间的推移，迁移劳动力在各种社会保险上的覆盖情况均有所好转，但被覆盖的比例仍远远低于本地劳动力。另外，迁移劳动力社会保护覆盖的好转主要是由迁移劳动力中的非最低工资劳动力贡献的，最低工资劳动力的社会保护覆盖比例仍然很低。实际上，与2005年相比，2010年迁移劳动力中的最低工资劳动力在失业保险和工伤保险上的覆盖比例甚至有所下降。

由各个城市虚拟变量的系数可以发现，与上海相比，大部分城市的最低工资覆盖情况均稍差于上海。较高的最低工资覆盖比例一方面可能反映了劳动监察部门在最低工资执行方面的努力，另一方面由于最低工资与当地的物价水平相关，一个看起来比较高的最低工资标准并不一定反映了政府对劳动力市场较强的干预，因而最低工资制度的执行难度与名义最低工资水平并没有直接的关系。以 CULS 涉及的 5 个城市为例，如果观察名义最低工资标准，无论是月最低工资标准还是小时最低工资标准，上海市均为最高（见表 3.1）。但如果我们使用 Brandt 和 Holz（2006）提出的空间价格指数（Spatial Price Indices，SPI）对名义最低工资进行调整，从而计算一个在各个城市之间可以进行比较的最低工资标准，则上海市的最低工资标准不再为最高，如表 7.7 所示。以 2010 年为例，沈阳和武汉具有较高的最低工资标准，因而最低工资的执行难度较大，覆盖情况也较差。

表 7.7　　CULS 三轮调查期间的最低工资标准（调整后）

城市	月最低工资（元/月）			小时最低工资（元/小时）		
	2001	2005	2010	2001	2005	2010
上海	490	665	952	4.00	5.78	7.65
武汉	346	560	959	—	6.09	9.59
沈阳	501	572	1008	—	5.09	9.52
福州	466	545	825	—	5.27	8.77
西安	420	626	821	—	—	8.21

注：（1）“月最低工资”适用于全日制用工，“小时最低工资”适用于非全日制用工；（2）“—”表示该城市在该年份尚未实施小时最低工资；（3）本表数据使用 Brandt 和 Holz（2006）提出的 SPI 进行了调整，以 2001 年上海为基准。

资料来源：中国最低工资数据库（CMWD），见 https://www.chinaminimumwage.org。

分行业来看，与制造业相比，由于生产性服务业包含金融业、信息产业和科学研究等高端服务业，因此最低工资的覆盖情况也稍好；而生活性服务业大多是劳动密集型行业，工资水平稍低，因此最低工资的覆盖情况也稍差。与公共部门相比，私有部门在2001年的最低工资覆盖情况稍好于公共部门，但在2005年和2010年的覆盖情况有所恶化。这一方面说明了私有部门的工资水平稍低于公共部门，另一方面也说明了最低工资在私有部门的执行难度要大于公共部门。为了进一步检验行业和所有制类型对于最低工资覆盖产生的影响，我们加入了城市、行业和所有制类型交叉项，发现在2010年的样本与此前的数据有明显的不同，城市虚拟变量不再显著。这意味着最低工资的执行在早期存在着较为明显的地域因素，因此，以上海这样最先引入最低工资制度的城市为参照，其他城市的执行效果更差。但随着时间的推移，一旦我们考虑特定行业和所有制等因素，地方政府执行的差异就已经不复存在。这也就意味着各个地方经济发展阶段和经济结构是决定最低工资执行差异的主要原因。

第三节　最低工资执行效果的变化及其分解

我们还使用Blinder-Oaxaca方法（Blinder，1973；Oaxaca，1973）对2001—2005年以及2005—2010年的最低工资覆盖变化情况进行了分解，如表7.8所示。由“差别”一行可以发现，2001—2005年，最低工资的覆盖范围有所恶化，而在2005—2010年则有所好转。我们将这种最低工资覆盖的变化分解为三种效应：禀赋效应、回报效应以及二者之间的交互效应，其中“禀赋效应”是指由于不同年份的样本特征差异所导致的最低工资覆盖变化；“回报效应”则反映了由于不同年份的系数变化导致的最低工资覆盖变化，这实际上是反映了劳动力市场的动态变化以及个体特征、家庭、区域和企业特征在工资回报方面的变化；而“交互效应”则是指个体特征与系数同时变化导致的最低工资覆盖变化。

由表7.8可以发现，在各种设定下，各时间段的禀赋效应均为正，回报效应均为负，而交互效应则较小。禀赋效应为正说明更优的个体、区域和企业特征使得最低工资标准的覆盖范围趋于增加，而回报效应为负则说明特征的回报在降低，而这趋于减小最低工资的覆盖范围。具体来说，在2001—2005年，回报效应大于禀赋效应，因而最低工资的覆盖状况恶化，而在2005—2010年，禀赋效应大于回报效应，因而最低工资的覆盖状况好转。

表7.8 **最低工资覆盖变动的分解**

分解		设定（1）		设定（2）		设定（3）	
		2001—2005年	2005—2010年	2001—2005年	2005—2010年	2001—2005年	2005—2010年
设定	城市	是	是	否	否	是	是
	行业	是	是	否	否	是	是
	所有制	是	是	否	否	是	是
	交叉项	否	否	是	是	是	是
总体	第一组	0.0925	0.1422	0.0915	0.1430	0.0925	0.1422
	第二组	0.1422	0.1139	0.1430	0.1144	0.1422	0.1139
	差别	-0.0497	0.0284	-0.0515	0.0287	-0.0497	0.0284
	禀赋效应	0.0414	0.0342	0.0250	0.0327	0.0270	0.0326
	回报效应	-0.0699	-0.0070	-0.0732	-0.0141	-0.0722	-0.0150
	交互效应	-0.0211	0.0012	-0.0033	0.0101	-0.0044	0.0108
禀赋效应	人力资本	0.0469	0.0297	0.0422	0.0292	0.0428	0.0287
	家庭约束	0.0023	-0.0008	0.0027	-0.0010	0.0030	-0.0010
	区域企业	-0.0079	0.0053	-0.0199	0.0045	-0.0188	0.0049
回报效应	人力资本	0.0938	0.0935	0.0795	0.1049	0.0771	0.0829
	家庭约束	0.0436	-0.0410	0.0344	-0.0362	0.0356	-0.0407
	区域企业	-0.2073	-0.0595	-0.1870	-0.0827	-0.1849	-0.0573
交互效应	人力资本	-0.0264	-0.0001	-0.0217	-0.0012	-0.0214	-0.0003
	家庭约束	-0.0064	0.0007	-0.0067	0.0007	-0.0069	0.0007
	区域企业	0.0117	0.0006	0.0251	0.0105	0.0238	0.0104

资料来源：中国城市劳动力调查（CULS），见 https://www.culs.org.cn。

在禀赋效应中，人力资本的贡献最大，而家庭约束和区域企业特征的贡献很小甚至为负。在回报效应中，尽管总体的回报效应为负，但人力资本的回报仍然在增加，负的回报效应主要是由于区域企业特征回报的下降导致的。这说明，随着时间的推移，由于户籍、区域、行业分割和所有制差别所导致的工资水平以及最低工资覆盖的差异在降低。

由以上的分析可以发现，个体人力资本因素无论是从特征还是回报方面均倾向于增加最低工资的覆盖。因此，政府通过增加教育、培训和医疗卫生服务方面的投资，工人可以在劳动力市场上获得更高的回报，也能有效减轻政府最低工资制度的执行压力。

第四节　结论及政策含义

利用不同来源的资料，本章系统分析了中国最低工资制度的标准以及最低工资制度的执行情况。我们的研究结果表明，在我们 2010 年的调查样本中，有 13% 的工人的工资收入，没有达到当地最低工资标准所规定的水平。这一结果虽然低于大部分发达国家的执行水平，但好于很多中等收入国家。

最低工资标准的执行效果不仅取决于政府的执法努力程度，也与很多其他因素有紧密的关联。在劳动力需求相对旺盛，劳动供给由于受人口结构因素影响而受到越来越明显的制约的情况下，普通工人的工资开始进入快速增长的时期。在这种情况下，执行最低工资标准的难度由于市场的自发力量而有所减小。同时，《劳动合同法》以及其他一系列劳动力市场规制措施的出台，也有利于最低工资制度的实施。

利用微观资料，我们仔细分析了最低工资覆盖的人群特征。描述性统计和回归结果均表明：执行最低工资制度时要注重瞄准目标人群，女性和低教育程度的劳动者最低工资的覆盖程度最低，是城市劳动力市场上最低工资制度覆盖所应该关注的主要人群。同时，人力资本回报的显著差异也表明，执行最低工资制度标准不仅仅是一个简单的劳动执法问题，从长期看提高低收入群体的就业能力，并提升其就业质量，是更为根本的手段。

我们的分析还表明，最低工资的执行效果差异并不可简单地归结为各地劳动监管部门努力程度的不同。在控制了个人特征后，我们的确观察到在早期，更早使用最低工资制度的沿海城市较之其他地区有着更为积极的执行力度。但新近的样本则显示，如果对所有制类型和经济结构更仔细地识别，则区域差异已经不复存在。这就意味着，一如世界各国由于不同的经济发展阶段，而在最低工资制度执行上存在差异，在中国的各个地区之间，由于存在着发展阶段和经济结构的差异，也可以导致最低工资执行的差别。因此，最低工资的执行也是发展中的问题。

第八章　最低工资的就业效应

最低工资提升的就业效应不仅是最低工资制度评价的主要内容，而且是分析最低工资提升的其他经济效应（如人力资本效应和收入分配效应）的基础。根据劳动经济学理论，在一个完全竞争的劳动力市场中，最低工资提升会对就业产生消极影响；但在一个买方垄断的劳动力市场中，如果初始最低工资标准较低，则最低工资提升通常会对就业产生积极影响（Cahuc 和 Zylberberg，2004）。由于现实经济中的劳动力市场通常处于完全竞争和买方垄断之间，因而在理论上无法准确地识别最低工资提升对就业的真实影响，而必须通过经验研究加以解答。

国外学者针对最低工资提升的就业效应进行了大量的经验研究，但迄今为止，相关经验研究结果却存在明显的差异，一些研究发现最低工资标准提升不会对就业产生消极影响（Card 和 Krueger，1994，2000；Dickens 等，1999；Machin 等，2003），而另一些研究则发现最低工资标准提升会对就业产生消极影响（Burkhauser 等，2000；Neumark 和 Wascher，1992）。Neumark 和 Wascher（2008）通过对相关研究结果的综合分析指出，研究结果出现差异的原因主要包括：（1）研究方法存在差异，早期研究通常采用以宏观经济数据为基础的时间序列模型，而近年来通常采用以微观数据为基础的面板数据模型和自然实验方法；（2）样本选择存在差异，一些针对特定行业的研究通常得到正面的就业效应，而针对所有行业的研究通常得到负面的就业效应。同时，Neumark 和 Wascher（2008）还指出，大量的实证研究结果表明：在西方主要国家，最低工资提升对就业的影响，无论是积极的还是消极的，均比较弱。

近年来，中国各地方政府多次提高最低工资标准，为研究最低工资标准提升的就业效应提供了丰富的数据基础。国内一些学者陆续开始针对中国最低工资提升的就业效应展开研究，目前主要的工作分为两类：（1）依据宏观经济数据，应用时间系列模型分析最低工资提升对农民工就业的影响（罗小兰，2007a，2007b，2007c），这类研究存在的问题是无法考虑个体异质性对就业的影响；（2）依据微观横截面数据，应用微观经济计量方法分析最低工资提升对农民工和城镇居民就业的影响（丁守海，2009，2010；张世伟等，2009），这类研究存在的问题是无法考虑经济环境变化和个体之间的相互作用。总体来看，目前关于中国最低工资提升就业效应的研究存在研究内容相对单薄和研究方法相对滞后的问题，进而导致对中国最低工资提升的作用机理和效果缺乏全面和深刻的理解。

基于上述分析，本章拟将最低工资标准提升作为自然实验，[①] 应用就业方程控制个体异质性，应用差中差方法（Difference in Differences，DID）分析最低工资标准提升对低技能劳动力就业的影响。本章第一节将论述分析方法，第二节给出数据的统计描述，第三节对回归结果进行分析，第四节给出研究结论。

第一节　自然实验与差中差方法

由于自然实验方法能够有效解决政策评价过程中的内部和外部有效性问题，因此近年来在公共政策评价中得到了广泛应用（Angrist 和 Pischke，2009；Imbens 和 Wooldridge，2009）。本章将最低工资提升视为一项自然实验，并将样本分为两组——实验组和对照组。实验组由提升最低工资标准省份的个体组成，而对照组则由未提升最低工资标准省份的个体组成。任意一个个体 i 均具备一个组属性 $g_i \in \{0, 1\}$（其中 1 代表

① 自然实验法能够有效地解决估计结果的内部和外部有效性问题（如经济环境变化和个体之间相互作用等），目前已经成为公共政策分析的有力工具（Angrist 和 Pischke，2009）。

实验组，0 代表对照组）和时间属性 $t_i \in \{0, 1\}$（其中 1 代表最低工资提升后，0 代表最低工资提升前）。对于来自总体的一个随机抽样 $i=1, \cdots, N$，个体 i 的组属性 g_i 和时间属性 t_i 可以被认为是随机变量。记观测到的结果变量为 y_i（在本章中为就业状态），因此观测到的数据为（y_i，g_i，t_i）。使用 Rubin（1974，1978）提出的潜在结果框架（Potential Outcome Framework），记 y_i^0 为个体未受到处理效应（即最低工资提升）影响情形下的潜在结果，记 y_i^1 为个体受到处理效应影响情形下的潜在结果，记 d_i 为个体是否受到处理效应影响的虚拟变量，则实际观测到的个体 i 的结果变量 y_i 可以表示为，

$$y_i = y_i^0 (1-d_i) + y_i^1 d_i = y_i^0 + (y_i^1 - y_i^0) d_i \tag{8.1}$$

其中，$d_i = g_i t_i$。

假设个体 i 在未受到处理效应影响情形下的结果变量 y_i^0 满足以下线性方程，

$$y_i^0 = \alpha + \beta t_i + \gamma g_i + \varepsilon_i \tag{8.2}$$

其中，系数 β 代表不随组属性 g_i 变化的时间效应，系数 γ 代表不随时间属性 t_i 变化的组效应，ε_i 为影响 y_i^0 但未观测到的个体特征或其他因素，且满足 $\varepsilon_i \perp (g_i, t_i)$，$E[\varepsilon_i]=0$。处理效应的差中差估计可以表示为，

$$\tau^{DID} = \{E[y_i \mid g_i=1, t_i=1] - E[y_i \mid g_i=1, t_i=0]\} - \{E[y_i \mid g_i=0, t_i=1] - E[y_i \mid g_i=0, t_i=0]\} \tag{8.3}$$

式（8.3）表明，为了去除与处理效应无关的时间趋势，需要在实验组（$g_i=1$）的总体平均差异中去除对照组（$g_i=0$）的总体平均差异。

假设处理效应在不同个体间是相同的，即 $y_i^1 - y_i^0 = \tau$。与式（8.2）相结合可以得出一个可估计的模型，

$$y_i = \alpha + \beta t_i + \gamma g_i + \tau d_i + \varepsilon_i \tag{8.4}$$

为了控制其他可能影响结果变量的因素，需要在式（8.4）中加入解释变量向量 x_i 形成回归调整的差中差模型（Angrist 和 Pischke，2009），

$$y_i = \alpha + \beta t_i + \gamma g_i + \tau d_i + \delta x_i + \varepsilon_i \qquad (8.5)$$

考虑到就业状态 y_i 为二元被解释变量，因此本章将就业方程设定为，

$$\Pr(y_i = 1) = \Phi(\alpha + \beta t_i + \gamma g_i + \tau d_i + \delta x_i) \qquad (8.6)$$

在式（8.6）中，个体就业状态随时间的变化会在 t_i 的系数 β 上得到反映，实验组和对照组个体就业状态的任何差异会在 g_i 的系数 γ 上得到反映，最低工资提升对就业的影响将会反映在 d_i 的系数 τ 上。①

为了控制个体特征对就业的影响，x_i 应该尽可能多地包含代表个体特征的变量。根据生命周期理论，个体在生命不同阶段的市场生产率和家庭生产率是不同的，因此其就业倾向会随着年龄而变化。根据人力资本理论，受教育年限和身体健康状况反映了个体的人力资本积累情况以及人力资本积累发挥作用的效率情况，具有较高受教育程度和较好身体状况的个体通常也具有较高的劳动生产率，这会对其就业偏好产生影响。根据家庭联合劳动供给理论，已婚个体的就业选择行为通常不同于未婚个体，家庭人口数量通常也会影响个体的就业选择。综上所述，本章将年龄、年龄平方、受教育年限、身体健康状况（离散变量，取值为1—5，分别代表非常差至非常好）、婚姻状况（虚拟变量，1为已婚，0为未婚）、家庭人口数作为就业方程和工作时间方程的解释变量。

第二节　最低工资对就业影响的统计描述

本章使用的微观数据来自中国人民大学社会学系和香港科技大学社会科学部于2005年和2006年进行的中国综合社会调查（China General Social Survey，CGSS），调查覆盖了除西藏、青海、宁夏以及港澳台以外的中国28个省（区、市），调查内容涉及个体的人口统计学信息和劳动就业信息等。本章使用的关于最低工资标准调整的数据来自中国最低工

① 当然，根据Probit模型的性质，这里的各个系数代表的不是各变量对就业的边际影响。各变量对就业的边际影响可在样本均值处进行计算。

资数据库（CMWD）。由于最低工资标准的提升更容易对受教育程度较低的低技能劳动力就业产生影响，而对受教育程度较高的高技能劳动力就业影响很小，同时年龄较大或较小的劳动力就业状态变动幅度较小，因此本章将样本限制为受教育程度为初中及以下且年龄处于20—50岁的劳动年龄人口。

2005年中国综合社会调查在当年的9—11月进行，2006年中国综合社会调查在当年的9—12月进行。因此，本章将在此期间最低工资提升作为自然实验，选择在2005年调查开始日期和2006年调查结束日期之间没有上调最低工资标准的省（区、市）作为对照组，选择在2005年调查结束日期和2006年调查开始日期之间至少有一次最低工资标准上调的省（区、市）作为实验组，最终确定河南、湖北、江西、内蒙古和山西作为对照组，其他23个省（区、市）作为实验组。

表8.1给出了实验组的23个省（区、市）在2005年和2006年两次中国综合社会调查之间的月最低工资标准调整情况，可以发现，上海、天津和北京的最低工资标准在调整前后都位于全国的前列，但此次调整的幅度并不是太大。除河北、上海、广西和陕西以外，其他省（区、市）的最低工资平均调整幅度均在10%以上，一些省（区、市）如吉林、黑龙江、重庆和贵州等的平均调整幅度达近40%或更高。同时，不同省（区、市）之间的最低工资标准也有较大的差别。以调整后的最低工资标准为例，最低工资标准最高的上海与最低工资标准最低的甘肃相差近一倍。这种最低工资标准的差别反映了中国各地经济社会发展水平的巨大差异。

表8.1　**实验组省（区、市）月最低工资调整情况**　单位：元

省（区、市）	调整前	调整后	省（区、市）	调整前	调整后	省（区、市）	调整前	调整后
北京	580	640	浙江	533	645	重庆	365	500
天津	580	660	安徽	347	443	四川	368	485

续表

省（区、市）	调整前	调整后	省（区、市）	调整前	调整后	省（区、市）	调整前	调整后
河北	470	510	福建	450	542	贵州	360	500
辽宁	400	497	山东	430	490	云南	408	480
吉林	330	460	湖南	412	475	陕西	445	480
黑龙江	306	476	广东	477	604	甘肃	320	378
上海	690	750	广西	385	418	新疆	370	433
江苏	480	530	海南	417	497	—	—	—

资料来源：中国最低工资数据库（CMWD），见 https://www.chinaminimumwage.org。

由于个体就业不仅取决于工资水平，而且取决于个体特征（尤其是人力资本水平），因此有必要对可能影响就业的个体特征进行考察。另外，由于最低工资可能对不同年龄段劳动力就业的作用效果存在差异，[①] 因此本章按年龄将个体分为青年（20—35 岁）和中年（36—50 岁）两个年龄段。表 8.2 给出了对照组和实验组青年和中年个体特征的主要统计指标。由表 8.2 可以发现无论是实验组还是对照组，各年龄段的男性就业率均明显高于女性，这主要是由男性和女性家庭传统分工模式所决定的；同时，男性的受教育年限也稍高于女性，男性的身体健康状况普遍好于女性，而教育和健康作为人力资本的重要组成，通常有助于个体就业概率的上升；处于已婚状态的女性比例稍高于男性，同时女性的平均家庭人口数较男性也稍高，这些因素可能会降低女性劳动就业倾向。从表 8.2 可以看出，从 2005 年到 2006 年，对照组青年和中年女性的就业率有所上升，但中年女性就业率上升的幅度明显高于青年女性；同时，中年女性的年龄、受教育年限、已婚率和身体健康状况均呈上升趋势，而青年女性的年龄、受教育年限、已婚率和身体健康状况均呈下降趋势。对照组青年男性的就业率呈上升趋势，而中年男性的就业率呈下降趋势；同时，青年男性受教育年限和身体健康状况呈下降趋势，而中年男性受

① 国外经验研究结果表明，最低工资主要会对青年就业产生影响。

教育年限和身体健康状况呈上升趋势。从 2005 年到 2006 年，实验组青年和中年女性的就业率均有所下降；同时，青年女性的年龄呈下降趋势，而中年女性年龄呈上升趋势。实验组青年和中年男性的就业率均呈上升趋势；同时青年和中年男性个体特征变动趋势也基本一致。由于青年人和中年人在 2005—2006 年就业率变动和个体特征变动存在差异，说明对其分别进行分析是必要的。

表 8.2　**对照组和实验组青年和中年个体特征的主要统计指标**

年龄段	统计指标	对照组				实验组			
		女性		男性		女性		男性	
		2005 年	2006 年	2005 年	2006 年	2005 年	2006 年	2005 年	2006 年
20—35 岁	观测数	59	50	30	30	323	321	200	204
	就业率（%）	49.20	50.00	83.30	86.70	59.10	54.50	80.50	86.30
	年龄（岁）	30.66	29.54	30.07	30.10	29.79	29.27	29.09	28.78
	教育（年）	8.02	7.88	8.20	8.00	8.05	8.07	8.07	8.20
	已婚（%）	91.50	86.00	86.70	73.30	84.50	85.00	71.00	71.60
	健康	4.17	4.15	4.57	4.00	4.22	4.15	4.35	4.15
	人口数	5.356	4.38	4.967	4.033	5.124	4.682	4.91	4.461
36—50 岁	观测数	91	129	69	77	475	522	375	398
	就业率（%）	36.30	52.70	88.40	77.90	48.60	43.70	70.10	75.40
	年龄（岁）	42.40	43.50	41.54	42.20	42.77	42.84	43.38	42.73
	教育（年）	7.03	7.50	7.41	7.92	7.09	7.87	8.01	8.10
	已婚（%）	93.40	95.30	94.20	93.50	93.10	92.50	90.70	87.20
	健康	3.64	3.77	4.03	4.09	3.90	3.63	4.01	3.96
	人口数	5.571	3.922	5.29	3.506	5.493	4.408	5.277	4.475

注：就业率和已婚均为百分比；健康为离散变量（取值 1—5，分别代表非常差至非常好）。

资料来源：中国综合社会调查（CGSS），见 http://cgss.ruc.edu.cn。

除了工资水平和个体特征会对个体就业产生影响外，经济环境和个体间的相互作用也会对个体就业产生一定影响，而应用差中差方法则可以有效地解决模型的内部和外部有效性问题。表 8.3 给出了最低工资提升对就业影响的差中差统计结果，可以发现，对照组青年和中年女性在最低工资调整后的就业率均有所上升，但中年女性就业率的上升幅度较大；同时实验组青年和中年女性在最低工资调整后的就业率均有所下降。这意味着最低工资提升可能会对女性特别是中年女性就业产生消极影响。对照组和实验组青年男性的就业率在最低工资标准调整后均有所上升，但实验组上升的幅度更大；对照组中年男性的就业率在最低工资标准调整后有所下降，但实验组的就业率却有所上升。这意味着最低工资标准提升非但对男性就业没有负面影响，反而能促进男性就业。由以上的分析还可以看出中年人就业率变动的幅度要远大于青年人，这说明中年人就业对工资变动反应较敏感。

表 8.3　　2005—2006 年实验组和对照组就业率变动情况　　单位：%

组别	女性				男性			
	2005 年	2006 年	差	差中差	2005 年	2006 年	差	差中差
对照组（20—35 岁）	49.20	50.00	0.80	—	83.30	86.70	3.40	—
实验组（20—35 岁）	59.10	54.50	-4.60	-5.40	80.50	86.30	5.80	2.40
对照组（36—50 岁）	36.30	52.70	16.40	—	88.40	77.90	-10.50	—
实验组（36—50 岁）	48.60	43.70	-4.90	-21.30	70.10	75.40	5.30	15.80

注："差"一列为 2006 年与 2005 年之差，"差中差"一列为实验组和对照组的"差"一列数据之差。

资料来源：中国综合社会调查（CGSS），见 http://cgss.ruc.edu.cn。

从以上的分析可以发现，实验组和对照组个体特征存在差异。对于对照组来说，中年女性就业率的大幅上升可能还源自 2005—2006 年中年女性受教育年限的提升和身体健康状况的改善，而中年男性就业率的大幅下降可能还源自两年间中年男性年龄的上升和身体健康状况的下滑；对于实验组来说，青年和中年女性就业率的下降可能还源于两年间女性年龄的上升和身体健康状况的下滑，而男性就业率的上升可能还源于两年间男性受教育年限的提升和年龄的下降。当然，究竟是哪些因素起主要作用需要根据就业方程的回归结果来确定。

第三节　最低工资对就业影响的回归分析

本章应用就业方程控制个体特征的异质性，应用差中差方法控制经济环境和个体间的相互作用，分析最低工资提升的就业效应。表 8.4 给出了控制个体特征异质性情境下的最低工资标准提升就业效应的差中差估计结果。由表 8.4 可以看出，中年男性和女性的就业概率随着年龄的增加明显减小，而年龄增加对青年男性和女性的就业概率没有明显的影响，这符合劳动供给生命周期理论预期；身体健康状况对中年男性和中年女性的就业均有较显著的积极影响，这符合人力资本理论预期；受教育年限对各年龄段的男性和女性没有明显的影响；婚姻降低了青年女性的就业概率，但却增加了青年和中年男性的就业概率，这符合家庭联合劳动供给理论预期；中年女性交叉项系数显著为负，说明最低工资标准提升对中年女性就业存在消极影响；青年女性和各年龄段男性交叉项系数不显著，说明最低工资标准提升对青年女性和各年龄段男性就业没有显著影响。

表 8.4　　**最低工资就业效应的差中差估计结果**

解释变量	女性		男性	
	20—35 岁	36—50 岁	20—35 岁	36—50 岁
实验组	0.23	0.33 **	0.02	-0.61 ***
实验年份	0.23	0.50 **	-0.10	-0.30
交叉项	-0.32	-0.57 **	0.30	0.49
年龄	0.01	-0.05 ***	-0.03	-0.05 ***
受教育年限	0.04	0.03	0.06	-0.01
已婚	-0.61 ***	-0.26	0.66 ***	0.60 ***
身体健康状况	-0.00	0.09 **	0.14	0.25 ***
家庭人口数	0.04	0.04	-0.01	0.03
常数项	-0.33	1.24 **	0.09	1.52 **

续表

解释变量	女性		男性	
	20—35 岁	36—50 岁	20—35 岁	36—50 岁
伪 R^2	0.02	0.04	0.06	0.10
ln$L$	-360.70	-532.80	-137.80	-319.90
观测数	539	804	308	616

注："实验组"和"实验年份"均为虚拟变量；"交叉项"为"实验组"和"实验年份"的交叉项；*、**、***分别表示系数在10%、5%、1%统计水平下显著。

资料来源：中国综合社会调查（CGSS），见 http://cgss.ruc.edu.cn。

由于中国幅员辽阔，不同地区地理环境、经济发展水平、人力资本存量和劳动力市场发育程度均存在较大差异。本章选择的对照组5个省份均在中部地区，而实验组却遍布东中西部地区。为了更加准确地度量最低工资标准提升的就业效应，本章进一步将实验组限制在中部地区的省份。表8.5给出了中部地区最低工资提升就业效应的差中差估计结果，可以发现对于中部地区城镇居民来说，个体年龄与中年男性和女性就业概率负相关，身体健康和婚姻有助于中年男性的就业，这些与全国的变动趋势是一致的。与全国趋势的差异之处在于，教育有助于中年女性的就业，身体健康有助于青年（而非中年）女性的就业，家庭人口也会对中年女性就业起到促进作用。中年女性交叉项系数仍显著为负，且绝对值大于全国水平，说明最低工资标准提升对中部地区中年女性就业的消极影响较大。男性交叉项系数仍不显著，说明最低工资标准提升对男性就业没有显著影响。

表8.5　**中部地区最低工资就业效应的差中差估计结果**

解释变量	女性		男性	
	20—35 岁	36—50 岁	20—35 岁	36—50 岁
实验组	0.12	0.18	-0.12	-0.74***
实验年份	0.36	0.67***	-0.02	-0.17

续表

解释变量	女性		男性	
	20—35 岁	36—50 岁	20—35 岁	36—50 岁
交叉项	-0.64	-0.60*	0.07	0.65
年龄	0.02	-0.06***	-0.05	-0.07***
受教育年限	0.06	0.09***	0.07	-0.02
已婚	-0.33	-0.32	0.14	0.56*
身体健康状况	0.16*	0.03	0.28	0.29***
家庭人口数	0.06	0.13**	0.03	0.15
常数项	-1.92*	0.88	0.28	1.82
伪 R^2	0.03	0.07	0.04	0.19
ln$L$	-134.60	-186.30	-46.50	-111.70
观测数	201	295	100	238

注：*、**、***分别表示系数在 10%、5%、1% 统计水平下显著。

资料来源：中国综合社会调查（CGSS），见 http://cgss.ruc.edu.cn。

由于各省（区、市）最低工资标准提升幅度存在明显差异，本章拟进一步考察在最低工资调整幅度较大的省（区、市）中，最低工资标准提升的就业效应会有什么变化。表 8.6 给出了将实验组的样本限制为最低工资平均调整幅度为 20% 及以上的省（区、市）后，最低工资标准提升就业效应的差中差估计结果。对比表 8.4 和表 8.6 可以发现，大多数解释变量回归系数的显著性是一致的。其中，中年女性交叉项系数为 -0.69，说明在最低工资标准提升幅度较大的省（区、市），中年女性就业受到较大的负面影响。

根据上述回归结果可知，最低工资提升会对低技能中年女性就业产生显著的消极影响。单就低技能中年女性而言，2005—2006 年，实验组最低工资标准平均提升幅度为 19.86%，实验组中年女性就业率下降 21.3%，说明低技能中年女性就业对最低工资标准变动的比较敏感。然而，从总体来看，低技能中年女性仅占 20—50 岁人口的 14.59%，则最低工资标准提升导致总体就业率下降 3% 左右，即就业的最低工资弹性

约为 -0.16，说明总体上最低工资的负面就业效应较小。

最低工资提升为何仅对中年女性就业产生显著的负面影响？表 8.7 给出了实验组中工资水平低于新最低工资标准的就业人员比例，可以发现在 2005 年和 2006 年，女性工资低于新最低工资标准的比例高于男性，而中年人工资低于新最低工资标准的比例高于青年人，说明中年女性最易受到最低工资标准提升的影响。当最低工资标准提升后，最低工资对于低技能青年人覆盖率超过 90%，而对低技能中年人覆盖率超过 80%，一方面说明最低工资标准截断效应和溢出效应在发挥作用，使得低技能工人工资水平得以明显提升；另一方面暗示着低技能中年人（尤其是女性）在就业和工资获得方面存在劣势，最低工资标准提升可能导致一部分低技能中年女性面临失业和低工资的抉择，进而导致中年女性就业率的明显降低。

表 8.6　**最低工资就业效应的差中差估计结果（调整幅度 20% 以上）**

解释变量	女性		男性	
	20—35 岁	36—50 岁	20—35 岁	36—50 岁
实验组	0.18	0.22	-0.13	-0.52**
实验年份	0.26	0.58**	-0.02	-0.16
交叉项	-0.47	-0.69**	0.14	0.43
年龄	0.01	-0.05***	-0.04	-0.06***
受教育年限	0.06	0.03	0.09	-0.06
已婚	-0.67***	-0.12	0.45	0.60**
身体健康状况	0.01	0.08	0.07	0.27***
家庭人口数	0.08	0.10**	0.05	0.10
常数项	-0.59	0.67	0.42	2.07**
伪 R^2	0.03	0.05	0.04	0.14
ln$L$	-210.40	-280.40	-77.80	-153.40
观测数	314	431	159	331

注：*、**、***分别表示系数在 10%、5%、1% 统计水平下显著。

资料来源：中国综合社会调查（CGSS），见 http://cgss.ruc.edu.cn。

表 8.7　实验组工资水平低于新最低工资的就业人员比例　单位:%

年龄段	女性		男性	
	2005 年	2006 年	2005 年	2006 年
20—35 岁	49.54	9.66	29.50	4.41
36—50 岁	53.47	19.35	34.40	12.06

资料来源：中国综合社会调查（CGSS），见 http://cgss.ruc.edu.cn。

第四节　结论及政策含义

本章将最低工资标准提升作为自然实验，将中国综合社会调查 2005 年和 2006 年的微观数据作为实验结果，应用就业方程和差中差方法分析了最低工资标准提升对低技能劳动力就业的影响。研究结果表明，提升最低工资标准没有对低技能男性和青年女性的就业产生显著的积极或消极影响，意味着提高最低工资标准将有助于低技能男性和青年女性工资水平的提高。但最低工资标准提升会对低技能中年女性的就业产生显著的消极影响，且最低工资标准提升幅度越大，其对中年女性就业的消极影响就越大，意味着最低工资标准提升将导致部分中年女性工资水平提高，同时导致部分中年女性失业。

本章的发现与国外关于最低工资就业效应的大量研究结论不同。国外研究表明，如果最低工资标准提升对就业有任何影响的话，那么受影响的将是低技能青年群体（Neumark 和 Wascher，2008）。然而本章研究表明，最低工资标准提升对低技能中年女性就业存在显著的负面影响，可能主要源于她们在青少年时期由于“文化大革命”而没有受到良好的教育，在城市经济体制改革中下岗失业，在城镇劳动力市场中的议价能力较低，仅仅依靠市场解决其就业问题存在相当的困难。因此，针对低技能中年女性，政府一方面应通过职业培训提升其就业能力，另一方面应通过设置公共就业岗位帮助其就业，在保证其就业的基础上，通过提高最低工资标准保证其分享经济增长的成果。

最后，由于教育和健康有助于低技能劳动力的就业，因此政府应加大教育、培训和医疗卫生方面的投入，提升低技能劳动力的就业能力，将会有效地缓解城镇就业的压力。同时，由于还有相当一部分低技能中年劳动力没有被最低工资覆盖，说明最低工资标准在某些部门（主要是非正规就业部门）没有得到贯彻，政府一方面要对劳动力市场进行规制，要求用工单位贯彻执行最低工资标准，保证低技能劳动力的合法权利；另一方面要给予能够大量吸纳低技能劳动力就业的行业（如服务业等）财政支持，通过降低企业用工成本帮助低技能劳动力就业，将不仅有助于提高城镇劳动力市场的就业水平，而且有助于提高低技能劳动力工资水平和抑制居民收入差距的持续扩大。

第九章　最低工资的劳动供给效应

根据 Heckman（1993）的观点，劳动供给包括“广度”和“深度”两个维度。“广度”指的是劳动参与（或就业），而“深度”则是指就业条件下的工作时间。[①] 尽管西方经济学界针对最低工资的就业效应进行了大量的理论和经验研究，但迄今为止，经济学家对就业效应的方向尚未达成共识（Neumark 和 Wascher，2008）。一些研究发现最低工资提升不会对就业产生负面影响（Card 和 Krueger，1994，2000；Dickens 等，1999；Machin 等，2003），而另外一些研究则发现最低工资提升会对就业产生负面影响（Burkhauser 等，2000；Neumark 和 Wascher，1992）。

此外，在关于最低工资就业效应的大部分文献中通常没有考虑工作时间的调整，因此也就忽略了对最低工资劳动供给效应的考察。长期来看，厂商对就业人数和工作时间组合的选择依赖于雇用的固定成本和生产技术等因素（Stewart 和 Swaffield，2008）。但短期来看，工作时间的调整要比就业人数的调整更快（Hamermesh，1993）。因此，如果在关于最低工资就业效应的研究中忽略对工作时间的考察则可能导致对最低工资影响的低估（Couch 和 Wittenburg，2001）。Michl（2000）指出 Card 和 Krueger（1994，2000）与 Neumark 和 Wascher（2000）得到不同结论的一个重要原因可能是他们在处理工作时间上的差异。Linneman（1982）和 Neumark 等（2004）都指出要全面衡量最低工资提升对低收入群体的

---

① 为了使劳动供给的表述更为清晰，本章根据 Eissa（1995）的观点，使用就业代替劳动参与作为劳动供给广度的度量。

影响，则必须考察其对工作时间可能产生的影响。然而，西方经济学界对最低工资工作时间效应的方向同样未达成共识。在关于最低工资工作时间效应的理论研究中，经济学家一般认为最低工资对工作时间的影响具有不确定性（Bhaskar 和 To，1999；Strobl 和 Walsh，2007；Walsh，2003）。Brown（1999）、Couch 和 Wittenburg（2001）、Michl（2000）、Neumark 等（2004）及 Stewart 和 Swaffield（2008）发现最低工资上调对个体工作时间存在负面影响，而 Zavodny（2000）则发现最低工资上调对个体工作时间存在正面影响。

Neumark 和 Wascher（2008）指出，关于最低工资劳动供给效应的研究结论之所以存在较大差异，一方面可能源于数据选取的不同，另一方面可能源于经验研究方法的欠缺。目前，关于最低工资劳动力市场效应的经验研究方法主要分为三类：（1）基于宏观数据的时间序列模型和面板数据分析方法，这类方法存在的问题是通常无法考虑个体特征对劳动供给行为的影响；（2）基于截面微观数据的结构模型方法，这类方法存在的问题是忽略了宏观经济环境和个体之间的相互作用；（3）基于微观面板数据的自然实验方法，这类方法存在的问题是假定实验组和对照组的结果变量在缺乏政策影响的情况下具有相同的变动趋势，但这一假设是否成立通常无法进行直接检验（Angrist 和 Pischke，2009）。

Thistlethwaite 和 Campbell（1960）提出的回归间断设计（Regression Discontinuity Design，RDD）方法为克服上述方法存在的问题提供了有益的思路，[①] 在回归间断设计中，政策影响在一个已知的点处存在间断，即在间断点一侧的观测受到政策变动的影响，而间断点另一侧的观测不受政策变动的影响。通过在间断点两侧选择合适的模型形式进行估计并对回归系数进行比较就可以得到政策影响的因果效应。近年来，回归间断设计的准实验特征使其在教育、劳动力市场、医疗卫生和环境科学等

① 回归间断设计分为两种：截断回归间断设计（Sharp RDD）和模糊回归间断设计（Fuzzy RDD）（Angrist 和 Pischke，2009；Lee 和 Lemieux，2010）。在截断回归间断设计中，处理状态（是否受到政策的直接影响）是分配变量（或推动变量，即决定处理状态的变量）的确定性的非连续函数，而在模糊回归间断设计中，处理状态和分配变量之间的关系则是非确定性的。

领域的政策评价中得到了广泛的应用（Imbens 和 Lemieux，2008），但迄今为止，尚无学者使用这一方法研究最低工资的劳动供给效应。

国内已有一些关于城镇居民劳动供给行为的文献（杜凤莲，2008；姚先国和谭岚，2005；于洪，2004；余显才，2006；张世伟等，2008；张世伟等，2011a；张世伟等，2011b；张世伟和郭凤鸣，2010；张世伟和贾朋，2011；张世伟和周闯，2008，2009，2010；Li 和 Zax，2003），但由于微观数据的匮乏，关于中国最低工资劳动力市场效应的研究还相对较少，已有的研究主要集中于就业效应方面（丁守海，2009，2010；罗小兰，2007a，2007b；张世伟等，2009），使用的方法主要是基于宏观经济时间序列与面板数据和微观经济截面数据的计量经济学方法。此外，尚无学者就中国最低工资对工作时间可能产生的影响进行考察。①

近年来，中国各地方政府多次提高最低工资标准，为研究最低工资的劳动供给效应提供了丰富的数据支持。因此，本章拟以中国健康与营养调查 1997—2009 年的微观数据和各省市历年最低工资标准的调整数据为基础，应用微观经济计量方法控制个体异质性，应用回归间断设计方法研究最低工资提升的劳动供给效应。本章第一节介绍截断回归间断设计方法，第二节给出数据的处理过程和统计描述，第三节给出回归模型设定，第四节对估计结果进行分析，第五节给出研究结论。

第一节　截断回归间断设计方法

由于个体是否受到最低工资提升的影响为个体工资是否低于最低工资的确定性函数，因此本章应用截断回归间断设计方法进行研究。假设处理状态 D_i 为代表个体 i 是否受到最低工资提升影响的虚拟变量（受到影响为 1，否则为 0），分配变量 x_i 为个体的相对工资水平（个体工资与最低工资之比）。D_i 和 x_i 有如下关系存在，

① 马双等（2017）研究了最低工资对已婚女性劳动参与的影响，发现最低工资标准上涨 10%，16—55 岁已婚女性中就业个体的占比显著增加 2 个百分点。

$$D_i=\begin{cases}1 & \text{if} \quad x_i \leqslant x_0 \\ 0 & \text{if} \quad x_i > x_0\end{cases} \tag{9.1}$$

其中，x_0 为相对工资的一个间断点（在本章中为 1.0）。使用 Rubin（1974，1978）提出的潜在结果框架（Potential Outcome Framework，POF），令个体 i 在受到和未受到最低工资提升影响情形下的潜在就业状态分别为 Y_{1i} 和 Y_{0i}。[①] 假设潜在就业状态可以由一个线性常效应模型表示，

$$\begin{aligned} \mathrm{E}[Y_{0i} \mid x_i] &= \alpha+\beta x_i \\ Y_{1i} &= Y_{0i}+\rho \end{aligned} \tag{9.2}$$

因此，实际观测到的个体 i 的就业状态 Y_i（1 为就业，0 为非就业）可以表示为，

$$Y_i=\alpha+\beta x_i+\rho D_i+\eta_i \tag{9.3}$$

其中，ρ 即为最低工资提升对就业的影响，η_i 为随机扰动项。另外，就业状态和相对工资之间的关系可能是非线性的，间断点两侧就业状态和相对工资之间的关系可能也不尽相同，因此有必要对式（9.3）进行扩展以允许非线性关系及 $\mathrm{E}[Y_{0i} \mid x_i]$ 和 $\mathrm{E}[Y_{1i} \mid x_i]$ 之间不同的函数形式的存在。本章使用 p 阶多项式构造非线性关系，未受到和受到最低工资提升影响情形下的就业条件期望方程可以表示为，

$$\begin{aligned} \mathrm{E}[Y_{0i} \mid x_i] &= \alpha+\beta_{01}\tilde{x}_i+\beta_{02}\tilde{x}_i^2+\cdots+\beta_{0p}\tilde{x}_i^p \\ \mathrm{E}[Y_{1i} \mid x_i] &= \alpha+\rho+\beta_{11}\tilde{x}_i+\beta_{12}\tilde{x}_i^2+\cdots+\beta_{1p}\tilde{x}_i^p \end{aligned} \tag{9.4}$$

其中，$\tilde{x}_i=x_i-x_0$。[②] 由于 D_i 是 x_i 的确定性函数，则，

$$\mathrm{E}[Y_i \mid x_i]=\mathrm{E}[Y_{0i} \mid x_i]+(\mathrm{E}[Y_{1i} \mid x_i]-\mathrm{E}[Y_{0i} \mid x_i])D_i \tag{9.5}$$

将式（9.5）中的条件期望替换为多项式形式即可得到一个可估计的模型，

① 限于篇幅，此处仅以就业效应为例论述回归间断设计方法，研究思路同样适用于对工作时间和劳动供给的考察。

② 这样可以保证在包含交叉项的回归模型中 d_i 的系数即为最低工资的影响。

$$Y_i = \alpha + \beta_{01}\tilde{x}_i + \beta_{02}\tilde{x}_i^2 + \cdots + \beta_{0p}\tilde{x}_i^p + \rho D_i + \beta_1^* D_i\tilde{x}_i + \beta_2^* D_i\tilde{x}_i^2 + \cdots \beta_p^* D_i\tilde{x}_i^p + \eta_i \tag{9.6}$$

其中，$\beta_i^* = \beta_{11} - \beta_{01}$，$\beta_2^* = \beta_{12} - \beta_{02}$，$\beta_p^* = \beta_{1p} - \beta_{0p}$。在式（9.6）中，在 $x_0 - x_i = c > 0$ 处最低工资的就业效应为 $\rho + \beta_1^* c + \beta_2^* c^2 + \cdots + \beta_p^* c^p$，因此在 x_0 处的就业效应即为 ρ。式（9.6）中回归间断设计对最低工资就业效应估计的有效性依赖于多项式模型是否准确刻画了潜在就业条件期望方程。如果不能，则表面来看由于最低工资提升所带来的就业变动可能仅仅是由于在潜在就业条件期望方程中未考虑非线性所导致的。为了减少出现这种错误的可能性，可以仅使用在间断点左右的数据进行估计，即仅仅考察［$x_0 - \Delta$，$x_0 + \Delta$］区间内的数据，其中 Δ 为一个较小的正数。因此有，

$$\begin{aligned} &E[Y_i \mid x_0 < x_i < x_0 + \Delta] \approx E[Y_{0i} \mid x_i = x_0] \\ &E[Y_i \mid x_0 - \Delta < x_i \leqslant x_0] \approx E[Y_{1i} \mid x_i = x_0] \end{aligned} \tag{9.7}$$

进而，

$$\begin{aligned} &\lim_{\Delta \to 0} \quad E[Y_i \mid x_0 - \Delta < x_i \leqslant x_0] - E[Y_i \mid x_0 < x_i < x_0 + \Delta] \\ &= \quad E[Y_{1i} - Y_{0i} \mid x_i = x_0] \end{aligned} \tag{9.8}$$

即在间断点 x_0 左右一个非常小的邻域内考察就业状态的均值即可以得到就业效应的估计。这种方法未对潜在就业条件期望方程的模型形式进行过多限制，而且也不需要常效应假设 $Y_{1i} - Y_{0i} = \rho$。但这种非参数方法需要在 x_0 左右两侧一个很小的区间内对 Y_i 的均值进行估计，而通常来讲，得到这样的估计是很困难的。第一，在间断点一个较小的区间内进行估计意味着数据量少；第二，在一个间断点邻域内得到是条件期望方程的有偏估计。解决这一问题的一个方法是使用局部线性回归和多项式回归（Hahn 等，2001）。当然，Lee 和 Lemieux（2010）也指出，如果能正确的设定模型形式，使用离间断点较远处的数据也可以得到就业效应的无偏估计。

第二节　最低工资对劳动供给影响的统计描述

本章所使用的微观数据来自中国健康与营养调查（China Health and Nutrition Survey，CHNS），该项调查是由美国北卡罗来纳大学人口研究中心和中国疾病预防控制中心合作进行的国际调查项目。调查覆盖中国内地的辽宁、黑龙江、江苏、山东、河南、湖北、湖南、广西和贵州等9个省（区、市），调查内容涉及个体的人口学特征、就业和工资信息等。中国健康与营养调查在1989—2009年总共进行了八轮调查，但由于中国内地的大部分省（区、市）在1995年左右才正式确立了最低工资制度，在中国健康与营养调查的前三次调查中，中国尚未实行最低工资制度。因此，本章仅使用了1997—2009年的五次调查数据。

表9.1给出了各省（区、市）在不同调查区间内最低工资标准变动情况。整体来看，各省（区、市）在各调查区间内的最低工资标准均有一定幅度的提高，平均调整幅度达37.63%。分调查区间来看，2006—2009年的最低工资增长幅度为最高，2004—2006年的最低工资增长幅度为最低；分省份来看，江苏省最低工资平均增长幅度最高，广西壮族自治区最低工资平均增长幅度最低。

表9.1　1997—2009年各省（区、市）最低工资标准变动情况　单位:%

省（区、市）	1997—2000年	2000—2004年	2004—2006年	2006—2009年
辽宁	—	14.15	42.86	48.33
黑龙江	57.46	13.14	—	71.33
江苏	47.08	56.69	25.53	46.07
山东	37.22	48.33	24.28	45.74
河南	29.51	16.64	28.58	66.57
湖北	6.11	74.07	13.35	43.18
湖南	22.86	55.83	19.63	34.94
广西	5.63	72.67	18.92	33.10

续表

省（区、市）	1997—2000 年	2000—2004 年	2004—2006 年	2006—2009 年
贵州	22.32	55.84	18.03	66.67
整体	31.62	45.08	24.86	50.60

注：辽宁省未参加 1997 年中国健康与营养调查，黑龙江省 2003—2005 年未上调最低工资。

资料来源：中国最低工资数据库（CMWD），见 https://www.chinaminimumwage.org。

本章将研究对象限定为城镇地区的劳动年龄人口。为了确定分配变量和处理状态变量，第一，根据中国健康与营养调查提供的纵列数据通过匹配得到了个体在前后两次调查中的就业和工资信息，第二，对于在最低工资调整前就业的个体根据其工资和个体所在省份调整后的最低工资标准计算了个体的相对工资。因此，分配变量即为相对工资。如果个体的相对工资未超过 1.0，则认为个体受到最低工资提升的影响（实验组），处理状态变量取为 1；反之，则认为个体就业未受到最低工资提升的影响（对照组），处理状态变量取为 0。一般认为，最低工资提升对工资水平较高个体的就业影响不大，故本章仅使用在间断点左右一个较小区间内的数据进行估计，将样本限制为相对工资在 0.5—1.5 的观测，即所选取的个体都具有较低的工资水平。

表 9.2 给出了相对工资不同位置上个体就业、工作时间和劳动供给情况。整体来看，男性的就业率明显高于女性，但男性和女性的周工作时间没有明显差别，因此男性的劳动供给也稍高于女性。在相对工资的大部分点上，男性的就业率和劳动供给也均稍高于女性，而男性和女性之间的工作时间则没有明显差别。观察各个指标随着相对工资的变动情况可以发现，各指标随相对工资的提升没有表现出明显的一直上升或下降的趋势。由表 9.2 还可以发现，对于男性而言，实验组（间断点左侧）与对照组（间断点右侧）的就业率和工作时间均没有明显差异，尤其是在间断点处没有明显变化，说明最低工资调整可能对男性劳动供给没有明显影响；对于女性而言，实验组就业率明显低于对照组，尤其是在间断点处有明显变化，但工作时间的变化不明显。这意味着最低工资

标准提升可能对女性劳动供给造成了一定的负面影响。

表 9.2　　相对工资不同位置上的劳动供给

相对工资	男性				女性			
	观测数	就业率（%）	工作时间（小时/周）	劳动供给（小时/周）	观测数	就业率（%）	工作时间（小时/周）	劳动供给（小时/周）
整体	1511	82.00	44.68	31.91	1450	75.17	44.80	30.16
0.5	18	66.67	41.33	27.56	16	62.50	49.33	27.75
0.6	78	79.49	42.66	30.63	118	70.34	43.34	29.02
0.7	67	85.07	39.63	30.76	86	74.42	43.53	29.86
0.8	114	81.58	46.79	34.47	163	79.75	44.34	32.91
0.9	138	78.99	44.14	28.14	129	71.32	46.28	28.70
1.0	182	85.71	45.50	33.75	176	71.59	45.06	28.93
间断点左侧	597	81.91	44.27	31.66	688	73.40	44.67	29.93
间断点右侧	914	82.06	44.95	32.07	762	76.77	44.92	30.36
1.1	174	83.91	45.73	32.33	144	77.78	45.28	32.70
1.2	188	75.00	45.58	28.61	175	74.86	45.60	29.45
1.3	212	83.96	43.37	31.71	181	76.80	44.27	28.86
1.4	212	85.85	46.57	36.03	184	76.63	45.10	30.39
1.5	128	80.47	42.87	30.81	78	79.49	43.84	31.47

注：就业率为百分比，工作时间和劳动供给的单位均为周小时。

资料来源：中国健康与营养调查（CHNS），见 https://www.cpc.unc.edu/projects/china。

个体就业和工作时间不仅取决于最低工资水平，还取决于个体特征（尤其是人力资本水平）。表 9.3 给出了相对工资不同位置可能影响个体劳动供给的个体特征均值（或百分比）。整体来看，男性和女性受教育年限均在 9 年左右（初中毕业），明显低于社会平均受教育水平，这是其收入较低的最重要原因。男性和女性平均年龄均为 40 岁左右（“4050”人员），主要缘于其中很多人早期由于“文化大革命”没有受到良好的教育，成年后由于企业改制下岗或失业。① 男性户主的比例远高于女性，而处于已婚状态和有学龄前儿童的女性比例均高于男性，这都符合中国社会现实。实验组平均受教育年限略低于对照组，由于教育有助于个体的就业和工资获取，教育水平较高可能是对照组就业率和工资水平较高的重要原因。同时，实验组个体的平均年龄和有学龄前儿童的比例略高于对照组，而已婚个体的比例略低于对照组，这可能是造成实验组就业率较低的原因。以上特征可能会对个体劳动供给产生影响，需要应用回归模型加以控制。

除最低工资以外，影响就业和工作时间的其他因素在间断点处平滑变化是使用回归间断设计方法的前提。观察可能影响就业和工作时间的个体特征可以发现，随着相对工资的提升，个体特征没有表现出明显的一直上升或下降的趋势。通过统计检验发现，个体特征在间断点处的变化不显著，说明应用回归间断设计方法是合适的。②

表 9.3　　对工资不同位置上的个体特征

相对工资	男性					女性				
	年龄	教育（年）	已婚（%）	户主（%）	有儿童（%）	年龄	教育（年）	已婚（%）	户主（%）	有儿童（%）
整体	40.61	9.18	83.88	64.33	10.26	37.76	9.07	89.44	10.28	15.03
0.5	43.06	9.06	83.33	61.11	22.22	46.06	8.38	100.00	6.25	12.50
0.6	40.91	9.09	76.39	65.38	11.54	38.55	8.36	87.83	11.02	19.49
0.7	42.46	8.84	87.88	70.15	10.45	37.13	8.82	87.95	6.98	22.09
0.8	42.00	8.90	85.45	71.93	14.91	39.36	8.53	92.86	9.20	15.95
0.9	40.36	8.93	77.61	65.94	7.97	36.89	9.31	86.29	10.08	10.85
1.0	39.93	8.89	81.82	57.14	12.64	37.28	8.65	88.55	9.66	19.89
间断点左侧	40.93	8.93	81.60	64.66	11.89	38.10	8.71	89.21	9.45	17.30
间断点右侧	40.40	9.35	85.36	64.11	9.19	37.45	9.40	89.65	11.02	12.99

① 在西方发达国家中，受最低工资影响的群体主要为受教育水平较低的年轻人（25 岁以下）。

② 限于篇幅，这里未给出统计检验结果，感兴趣的读者可以联系作者索取。

续表

相对工资	男性					女性				
	年龄	教育（年）	已婚（%）	户主（%）	有儿童（%）	年龄	教育（年）	已婚（%）	户主（%）	有儿童（%）
1.1	40.70	9.07	88.82	72.99	10.34	37.77	9.80	89.78	13.19	11.81
1.2	40.82	8.95	83.61	65.43	9.57	38.07	9.17	89.22	13.71	12.00
1.3	39.53	9.48	83.33	60.38	11.32	36.82	9.03	90.96	8.29	14.92
1.4	40.90	9.55	87.56	58.49	8.49	37.06	9.56	90.00	9.78	14.67
1.5	40.02	9.77	82.79	65.63	4.69	37.83	9.66	86.30	10.26	8.97

注：“已婚”、“户主”和“有儿童”均为虚拟变量。

资料来源：中国健康与营养调查（CHNS），见 https://www.cpc.unc.edu/projects/china。

第三节　最低工资对劳动供给影响的模型设定

通过运用回归分析方法对个体特征加以控制，可以较准确地度量最低工资提升对劳动供给产生的影响。由于劳动供给变化包括就业变化和就业条件下工作时间的变化，因此需要分别对就业方程和工作时间方程进行估计。首先，个体就业方程可以表示为，

$$e_i^* = \alpha_0 + \alpha_1 z_i^e + \varepsilon_i^e$$

$$e_i = \begin{cases} 1 & \text{if} \quad e_i^* > 0 \\ 0 & \text{if} \quad e_i^* \leqslant 0 \end{cases} \tag{9.9}$$

其中，e_i^* 为决定个体 i 是否就业的潜变量，e_i 为个体 i 的就业状态（0 为非就业，1 为就业），z_i^e 为影响个体就业的因素向量，$\varepsilon_i^e \sim N$（0，1）为随机误差项。个体 i 的就业概率可以表示为，

$$\Pr(e_i = 1) = \Phi(\alpha_0 + \alpha_1 z_i^e) \tag{9.10}$$

其中，Φ（·）表示标准正态分布的累积分布函数。与就业方程类似，可将就业条件下个体 i 的工作时间方程表示为，

$$h_i = \gamma_0 + \gamma_1 z_i^h + \varepsilon_i^h \tag{9.11}$$

其中，h_i 为个体 i 的周工作时间，z_i^h 为影响个体工作时间的因素向

量，$\varepsilon_i^h \sim N(0, \sigma)$ 为随机误差项。如果 $\rho(\varepsilon_i^e, \varepsilon_i^h) \neq 0$，则式（9.9）和式（9.11）构成了样本选择模型（Heckman，1979）。如果式（9.9）和式（9.11）中的误差项满足 $(\varepsilon_i^e, \varepsilon_i^h) \sim N(0, 0, 1, \sigma, \rho)$，则个体在就业条件下的工作时间期望可以表示为，

$$E[h_i \mid e_i = 1] = \gamma_0 + \gamma_1 z_i^h + \rho\sigma\lambda_i \tag{9.12}$$

其中，λ_i 下式计算得到，

$$\lambda_i = \frac{\varphi(\alpha_0 + \alpha_1 z_i^e)}{\Phi(\alpha_0 + \alpha_1 z_i^e)} \tag{9.13}$$

其中，$\varphi(\cdot)$ 函数。因此，个体 i 的劳动供给期望为，

$$E(h_i) = \Phi(\alpha_0 + \alpha_1 z_i^e)(\gamma_0 + \gamma_1 z_i^h + \rho\sigma\lambda_i) \tag{9.14}$$

如果 $\rho(\varepsilon_i^e, \varepsilon_i^h) = 0$，则式（9.9）和式（9.11）构成了两部分模型（Wooldridge，2010）。由于只有在个体就业条件下才能观测到工作时间，因此工作时间的概率密度为截断正态，即式（9.11）为截断正态模型。在这种情况下，个体在就业条件下的工作时间期望为，

$$E[h_i \mid e_i = 1] = \gamma_0 + \gamma_1 z_i^h + \sigma\lambda_i^* \tag{9.15}$$

其中，逆米尔斯比 λ_i^* 可以由下式计算得到，

$$\lambda_i^* = \frac{\varphi[(\gamma_0 + \gamma_1 z_i^h)/\sigma]}{\Phi[(\gamma_0 + \gamma_1 z_i^h)/\sigma]} \tag{9.16}$$

因此，个体 i 的劳动供给期望为，

$$E(h_i) = \Phi(\alpha_0 + \alpha_1 z_i^e)(\gamma_0 + \gamma_1 z_i^h + \sigma\lambda_i^*) \tag{9.17}$$

考虑到最低工资对就业和工作时间的影响并借鉴本章第一节介绍的回归间断设计方法，可以将就业方程和工作时间方程分别设定为，

$$\begin{aligned} Pr(e_i = 1) = \Phi(&\alpha_0 + \alpha_1 z_i^e + \alpha_2 rw_i^1 + \cdots + \alpha_{p+1} rw_i^p + \\ &\alpha_{p+2} d_i + \alpha_{p+3} drw_i^1 + \cdots + \alpha_{2p+2} drw_i^p) \end{aligned} \tag{9.18}$$

$$\begin{aligned} h_i = &\gamma_0 + \gamma_1 z_i^h + \gamma_2 rw_i^1 + \cdots + \gamma_{p+1} rw_i^p + \gamma_{p+2} d_i + \\ &\gamma_{p+3} drw_i^1 + \cdots + \gamma_{2p+2} drw_i^p + \varepsilon_i^h \end{aligned} \tag{9.19}$$

其中，rw_i 为个体 i 的相对工资（个体 i 的工资与其所在省份最低工资之比），d_i 为代表个体 i 的相对工资 rw_i 是否小于或等于 1.0 的虚拟变量，drw_i 为 rw_i 与 d_i 交叉项，上标中的 1 至 p 分别表示 1 次方和 p 次方。

根据本章第一节介绍的回归间断设计方法，最低工资标准提升对就业和工作时间的影响将反映在 d_i 的系数（α_{p+2}和 γ_{p+2}）上。

为了控制个体因素对就业和工作时间的可能影响，z_i^e 和 z_i^h 应尽可能多的包含代表个体特征的变量。依据劳动供给的生命周期理论，由于个体在一生不同阶段的生产率有明显差异。因此，个体就业倾向和工作时间显然会随年龄变化。依据人力资本理论，受教育程度是个体人力资本积累的重要指标，受教育程度较高的个体一般也具有较高的生产率，这同样会对个体就业和工作时间产生影响。依据家庭联合劳动供给理论，已婚个体的就业和工作时间选择行为通常不同于未婚个体，户主身份和家庭中有学龄前儿童通常也会影响个体的就业和工作时间选择。综上所述，本章将年龄、年龄平方、受教育年限、婚姻状况（虚拟变量，1 为已婚，0 为未婚）、户主（虚拟变量，1 为户主，0 为非户主）、家庭中是否有学龄前儿童（虚拟变量，1 为有，0 为无）等作为就业方程和工作时间方程的解释变量。此外，在中国，个体的工作时间通常和工作单位的性质有关，因此本章在对工作时间的考察中也把工作单位类型作为解释变量加入模型中（工作单位类型为离散变量，“大型集体企业”“小型集体企业”“私营、三资企业”均为虚拟变量，基准组为“政府机关和国有企事业”）。

在上述个体特征变量中，存在一些同时影响个体就业和工作时间的因素，因此本章拟采用 Heckman（1979）两步骤法对就业和工作时间方程组成的二元样本选择模型进行偏差修正。如果就业和工作时间方程的误差项不相关，即逆米尔斯比的系数不显著，则对就业方程和工作时间方程分别进行估计。

第四节　最低工资对劳动供给影响的回归分析

使用中国健康与营养调查 1997—2009 年的微观调查数据和各省市历年最低工资调整数据，本章使用 Heckman 两步骤法对不同性别个体的就业和工作时间方程进行了估计。估计结果显示，男性和女性工作时间方程中的逆米尔斯比均不显著，这说明男性和女性就业方程和工作时间方程的随机误差项不相关。①

表9.4给出了就业方程和工作时间方程的估计结果。由表9.4就业方程的估计结果可以看出，除“户主”以外，其他解释变量对男性和女性的就业均具有相同的影响方向。年龄对男性和女性就业概率的影响均呈现出倒“U”形的趋势，即随着年龄的增长，个体就业概率逐渐增加，但当年龄增加到一定程度（男性44岁、女性38岁）以后，个体就业概率开始下降，这符合劳动供给生命周期理论的预期。受教育年限对个体就业具有显著的积极影响，这符合人力资本理论的预期。户主和已婚身份显著增加了男性就业概率，但对女性就业没有明显影响，这说明男性户主通常承担着更大的家庭责任，就业倾向较强。需要照看学龄前儿童并未明显降低男性和女性的就业概率，可能源于在职男性和女性主要在工作之余照顾学龄前儿童。最低工资提升虽对男性就业未产生明显影响，但对女性就业产生了显著的消极影响。实验组女性工资水平越高，失业概率越大，主要源于在部分未执行最低工资标准的企业中，② 女性工资水平较低，调整最低工资标准对其工资水平影响较小，进而对其就业的消极影响较小；而在执行最低工资标准的企业中，女性工资水平较高，调整最低工资标准对其工资水平影响较大，进而对其就业的消极影响越大，这与国内相关研究的结论类似（丁守海，2010）。

表9.4　**就业方程和工作时间方程的估计结果**

解释变量	男性		女性	
	就业方程	工作时间方程	就业方程	工作时间方程
年龄	0.05*	0.41	0.08**	1.14
年龄平方/100	-0.11***	-0.59	-0.15***	-1.82
受教育年限	0.03**	-0.10	0.02*	0.16

① 由于逆米尔斯比的系数不显著，本章重新使用两部分模型进行了估计，限于篇幅，这里未给出重新估计的结果，对这些结果感兴趣的读者可以联系作者索取。

② 数据统计结果表明，女性工资水平低于最低工资标准的比例达12.31%。

续表

解释变量	男性		女性	
	就业方程	工作时间方程	就业方程	工作时间方程
户主	0.18*	-1.20	-0.01	-2.21
已婚	0.39**	1.36	0.10	-0.60
有儿童	-0.18	-3.10	-0.06	-1.33
大型集体企业	—	3.85**	—	3.06**
小型集体企业	—	4.85**	—	3.96***
私营、三资企业	—	5.76***	—	8.14***
最低工资	-3.77	-1.90	-26.95**	-1.94
相对工资	-0.34	-0.24	-0.19	-0.26
相对工资平方	0.01	—	0.01	—
交叉项	0.41	0.47	0.36	0.05
交叉项平方	-0.02	—	-0.02**	—
逆米尔斯比	—	7.15	—	35.86
常数项	2.70	37.06	1.08	13.54
R^2	0.10	0.04	0.07	0.06
观测数	1436	924	1373	865

注：*、**、***分别表示系数在10%、5%、1%统计水平下显著。

资料来源：中国健康与营养调查（CHNS），见 https://www.cpc.unc.edu/projects/china。

由表9.4工作时间方程的估计结果可以发现，除代表工作单位类型的虚拟变量以外，包括最低工资在内的其他解释变量对男性和女性的周工作时间均未产生显著的影响，说明在中国当前实行的劳动力市场制度下，大部分工作单位仍实行相对固定的周工作时间制度，工作时间主要是由需求因素决定，个体特征通常无法对其施加影响。由工作单位类型变量的系数可以发现，在其他单位工作的个体均比在政府机关和国有企事业单位工作的个体的周工作时间要长；随着工作单位市场化程度的提高，个体的周工作时间也随之延长；在私营和三资企业工作的个体工作时间最长。

回归间断设计能够以图形形式直观地呈现结果变量在间断点处的变

动情况。本章把相对工资处于0.5—1.5区间的所有观测等区间分为20组，按照相对工资从小到大分别排列为-10—9，第0组观测的相对工资正好介于1.00—1.05之间（间断点）。使用局部多项式拟合方法（Hahn等，2001），本章研究了在间断点左右两侧个体就业、工作时间和劳动供给随相对工资的变动情况。图9.1和图9.2分别给出了最低工资提升对男性和女性就业的影响。由图9.1可以发现，对于男性而言，随着相对工资的提升，实验组就业率大体呈现出上升的趋势，主要源于相对工资越高，最低工资调整对其工资变动影响越小，进而对其就业率影响越小，符合经济理论预期。在间断点处，男性就业率并未表现出明显的变动。相反，间断点左侧的男性就业率比间断点右侧的男性就业率稍高一些，说明最低工资提升对于男性就业不会产生显著的负面影响。由图9.2可以发现，对于女性而言，实验组就业率随相对工资的变动呈现先上升后下降的倒"U"形趋势，主要取决于企业执行最低工资标准的情况。女性就业率在间断点处有着明显的变动，说明最低工资提升可能对女性就业产生了一定的负面影响。[①]

图9.3和图9.4分别给出了最低工资提升对男性和女性工作时间的影响，可以发现，在间断点的左右两侧，各使用一条直线就能很好地将周工作时间与相对工资之间的趋势关系拟合出来。在间断点左侧，实验组男性和女性的工作时间均随着相对工资的提升而增加，主要源于在其他情况相同的条件下，工作时间与工资水平正相关。同时，相对工资体现了个体工资与最低工资的差距，最低工资标准提升越高，企业为加班付出的成本越高，导致工作时间降幅越大。在间断点右侧，对照组男性和女性的工作时间均随着相对工资的提升而下降。在间断点两侧，尽管实验组和对照组工作时间表现出不同的变动趋势，且在间断点处表现出一定的间断，但这种间断非常小，说明最低工资调整未对实验组工作时间产生显著影响。

---

① 为了检验结果的稳健性，本章还在间断点附近的其他点处考察了女性就业率的变动情况。结果表明，就业率仅在间断点处出现了明显的变动，而在间断点附近的其他点处均没有表现出明显的变动，这进一步验证了最低工资提升对女性就业的负面影响。

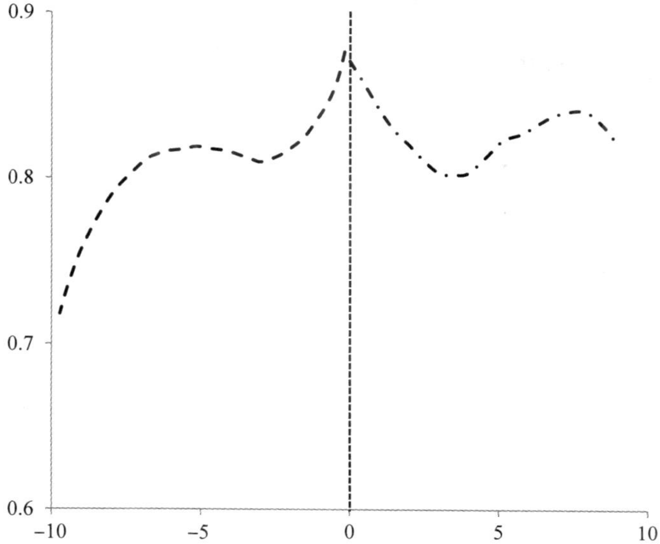

图 9.1　最低工资提升对男性就业的影响

资料来源：中国健康与营养调查（CHNS），见 https://www.cpc.unc.edu/projects/china。

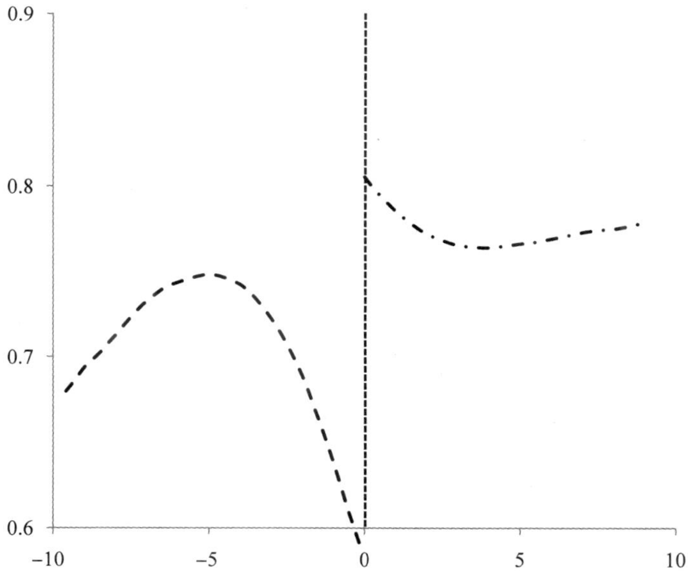

图 9.2　最低工资提升对女性就业的影响

资料来源：中国健康与营养调查（CHNS），见 https://www.cpc.unc.edu/projects/china。

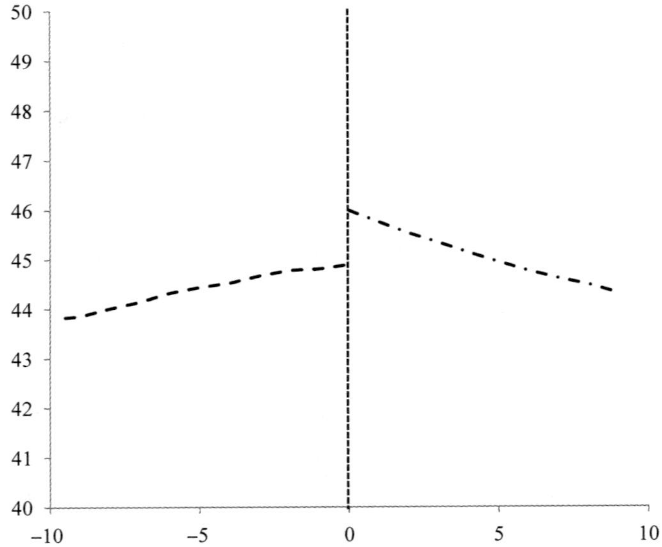

图 9.3 最低工资提升对男性工作时间的影响

资料来源：中国健康与营养调查（CHNS），见 https://www.cpc.unc.edu/projects/china。

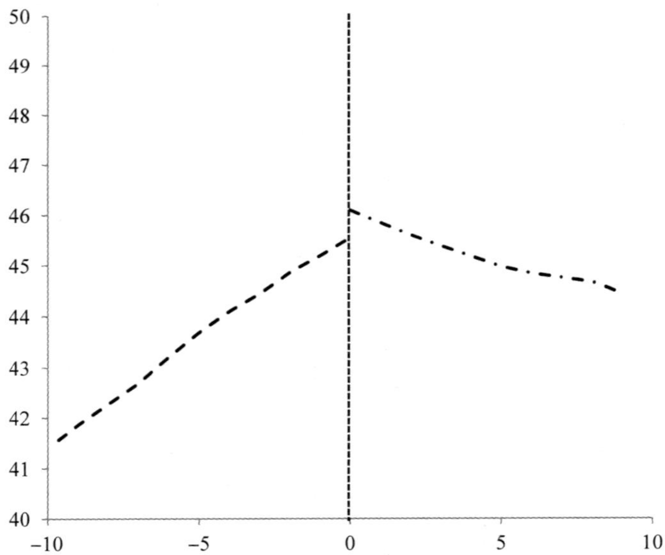

图 9.4 最低工资提升对女性工作时间的影响

资料来源：中国健康与营养调查（CHNS），见 https://www.cpc.unc.edu/projects/china。

图9.1至图9.4分别以图形的形式考察了最低工资提升对于不同性别个体就业和工作时间的影响。为了更加准确地度量最低工资的作用效果，表9.5给出了最低工资对就业和工作时间影响的RDD估计结果，可以发现在不同的带宽选择下，最低工资标准提升对女性就业都造成了负面影响，而对男性就业的影响不显著。在以“100”表示的最优带宽下，女性就业下降了26.95%，这一比例非常大且在5%的显著性水平下显著，这与图9.2中表现出的女性在间断点处的就业率变动是一致的。[①]最低工资提升对男性和女性就业影响的巨大差异可能反映出不同性别劳动力在工作场所扮演角色的不同。在工作场所中，更多的男性扮演着核心的、不可替代的角色，因而最低工资提升对其就业并不会产生较大影响；而大部分女性在工作场所中的角色更容易被男性所代替，因此其就业也就更容易受到最低工资提升的影响。在表9.5中考察最低工资对于工作时间的影响可以发现，在不同的带宽选择下，最低工资提升对于工作时间的影响均不显著，这与图9.3和图9.4中男性和女性在间断点处较小的周工作时间变动是一致的。

表9.5 最低工资对就业和工作时间影响的RDD估计

带宽选择	男性		女性	
	就业（%）	工作时间（小时/周）	就业（%）	工作时间（小时/周）
100	-3.77	-1.90	-26.95**	-1.94
50	-0.98	-2.67	-18.18***	-4.50
200	1.07	-0.55	-22.35***	-1.10

注：（1）考察选择不同带宽情况下RDD估计结果的差异是回归间断设计方法的一个标准程序，表中的“100”为根据Imbens和Kalyanaraman（2009）计算得到的标准带宽，而“50”和“200”分别为该带宽的一半及两倍；（2）*、**、***分别表示系数在10%、5%、1%统计水平下显著。

资料来源：中国健康与营养调查（CHNS），见https://www.cpc.unc.edu/projects/china。

① 需要注意的是，这里的女性就业下降26.95%并不是指劳动力市场中的所有女性，而是指直接受到最低工资提升影响的女性，在本章中特指相对工资在1.0左右的女性。

由以上分析发现，最低工资提升的影响主要表现在对女性劳动供给“广度”的负面影响上，而对男性劳动供给“广度”以及男性和女性劳动供给“深度”没有显著影响。下面对就业和工作时间进行综合以考察最低工资提升对劳动供给的影响。图9.5和图9.6分别给出了最低工资提升对男性和女性劳动供给影响的图示。由图9.5和图9.6可以发现，对于男性而言，在间断点的左侧，男性劳动供给随相对工资的提升呈现缓慢上升的趋势，这是由于在间断点的左侧男性就业率和工作时间随相对工资整体上均呈现上升的趋势；而在间断点的右侧，男性就业率随相对工资呈现先下降后上升再下降的趋势，而工作时间却一直在缓慢下降，因此综合作用的效果是劳动供给与相对工资呈现“U”形。在间断点左右，男性劳动供给出现了一定的间断，但这种间断比较小，仅为3小时左右。对于女性而言，在间断点的左侧，由于女性就业有大幅下降但同时工作

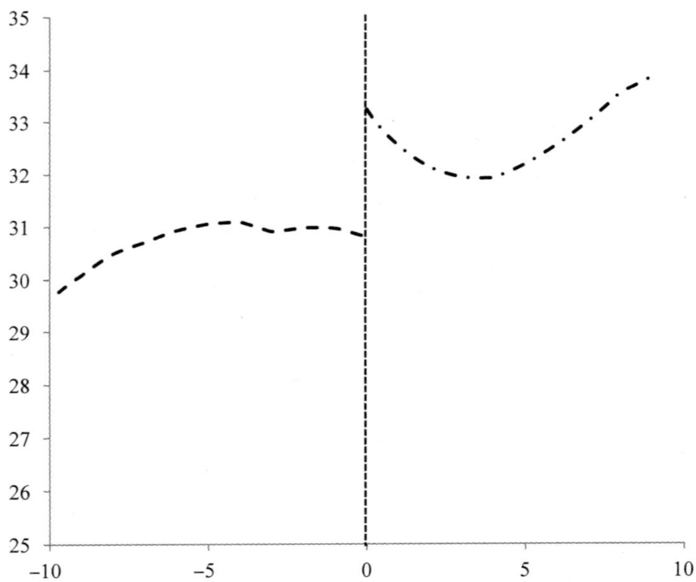

图9.5　最低工资提升对男性劳动供给的影响

资料来源：中国健康与营养调查（CHNS），见 https://www.cpc.unc.edu/projects/china。

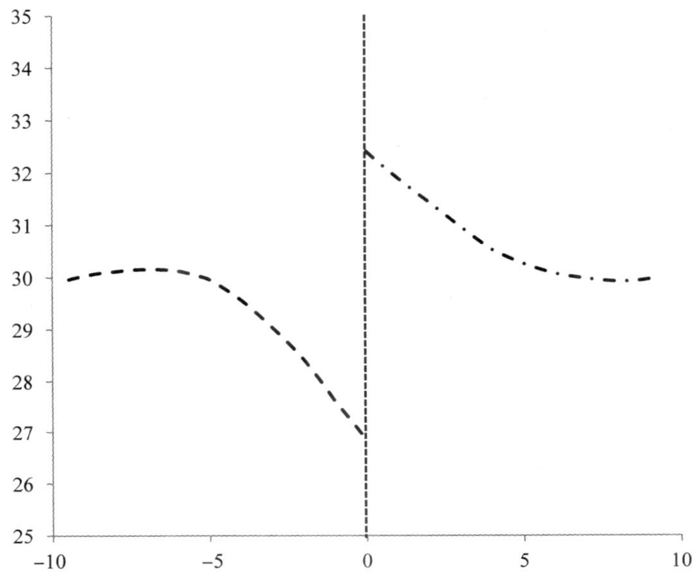

图 9.6　最低工资提升对女性劳动供给的影响

资料来源：中国健康与营养调查（CHNS），见 https://www.cpc.unc.edu/projects/china。

时间的增加幅度较小，因此女性劳动供给随相对工资提升呈现出下降的趋势；在间断点的右侧，由于女性就业率整体上保持不变，而周工作时间却缓慢下降，因此劳动供给也呈现一直下降的趋势。在间断点左右，女性劳动供给出现了非常明显的间断，这意味着女性的劳动供给可能受到了最低工资提升的负面影响。

为了更加准确的度量最低工资提升的劳动供给效应，本章还在最优带宽（表 9.5 中的 100）下计算了最低工资对劳动供给的影响，其中最低工资提升使得男性劳动供给下降了 2.43 小时，但这一系数在统计上并不显著；最低工资提升使得女性劳动供给下降了 5.58 小时，这一系数在 5% 的显著性水平下显著。因此，女性劳动供给更容易受到最低工资提升的影响，这与图 9.5 和图 9.6 中是吻合的。

第五节 结论及政策含义

本章以中国健康与营养调查1997—2009年的微观数据和相应省份历年最低工资标准的调整数据为基础，应用就业方程和工作时间方程控制个体的异质性，应用回归间断设计方法分析了最低工资提升对低收入群体劳动供给的影响。研究结果表明，最低工资标准提升对男性就业和工作时间均未产生显著影响，因此男性劳动供给未发生明显变化；尽管最低工资提升未对女性工作时间产生显著影响，但却对女性就业产生了显著的消极影响，导致女性劳动供给明显下降。相对工资体现了个体工资水平与最低工资标准的差距。随着相对工资水平的上升，男性就业、男性工作时间和女性工作时间均呈现上升趋势，暗示着随着最低工资标准提升幅度的加大，其对男性就业、男性和女性工作时间的消极影响将逐渐显露出来。

中国低收入群体的人力资本特征主要表现为受教育程度较低，这与西方发达国家是类似的；中国低收入群体的年龄特征主要表现为“4050”人员，这与西方发达国家主要表现为25岁以下青少年存在明显差异。教育和培训能够提高劳动力的知识水平和劳动技能，促进个体劳动生产率的提高，不仅有助于个体工资水平的提升，而且有助于个体就业率的提高。因此，从长期来看，政府发展教育能够有效地解决低收入群体就业和收入问题，防止贫困的代际传递；从短期来看，政府发展职业培训，提供就业扶持，是解决低收入群体就业和收入问题的有效途径。

同时，需要引起我们注意的是，部分企业并未严格执行最低工资标准，尤其是针对部分女职工。由于低技能女性通常是劳动力市场的弱势群体，她们在就业压力较大的环境下有时不得不接受较低的工资。因此，政府部门要加强对最低工资标准执行的监督力度，保护低技能女性的合法权益，使她们能够真正在最低工资标准提升中受益。

近年来，中国最低工资占比呈不断下降趋势，最低工资调控收入分配的能力在弱化。因此，提升最低工资标准有助于低收入群体工资水平的提升，进而有助于抑制居民收入差距的不断扩大。但中国是一个劳动力丰富的发展中国家，参与国际竞争的比较优势是劳动密集型产业。由于劳动密集型产业利润较低，员工劳动强度较大但工资水平较低，在提升员工工资水平的同时，有时不得不承担部分员工失业的代价。因此，政府应循序渐进地提升最低工资标准，使得企业有一个适应的过程，并通过税收减免和就业补贴等财税政策缓解企业用工成本上升的压力，尽量使得在提升低收入群体工资水平的同时，不会对其劳动供给产生较大的消极影响，达到低收入群体整体工资水平得到明显提升的政策目标。

第十章　最低工资的溢出效应

根据劳动经济学理论，最低工资提升会在工资分布的最低工资点处产生截断效应，即对于工资水平低于最低工资但就业未受到影响的个体而言，上调最低工资会提升他们的工资水平。然而，提升最低工资不仅会对工资水平低于最低工资的就业人员产生影响，而且可能对工资水平本就高于最低工资标准的就业人员产生影响，① 这种影响被称为“涟漪效应”或“溢出效应”。② Neumark 和 Wascher（2008）以及 Stewart（2011）对最低工资可能会产生溢出效应的原因进行了分析，他们认为最低工资之所以会产生溢出效应可能有以下几个原因：第一，最低工资的提升提高了低技能劳动力的相对价格，这可能会使得厂商对高技能劳动力的需求增加（增加的幅度依赖于低技能劳动力和高技能劳动力之间的替代弹性），因此可能会提高高技能劳动力的工资和就业；第二，最低工资提升可能会使得厂商重新调整不同类型劳动力的组合以使得适用最低工资劳动力的边际产品等于新的最低工资；第三，为了保持工资的行为激励效应，厂商可能会刻意在不同类型劳动力之间维持一定的工资差距，因此最低工资提升在提高低技能劳动力工资水平的同时，还可能

① 这些影响包括但不限于对工资和就业的影响。

② 与就业效应相比，最低工资的溢出效应是一个更应受到关注的问题。这是因为，受到最低工资法律保护的就业人员由于个体人力资本水平的限制，他们极有可能在长时间内一直赚取最低工资，他们的工资水平也会随着最低工资的上调而相应增长；而工资水平稍高于最低工资的就业人员可能处于个人职业生涯的早期，他们的工资增长不会直接受到最低工资上调的影响。考察这部分就业人员的工资和就业如何随最低工资的上调而变化对于理解工资结构以及最低工资的作用机理具有一定的意义。

对高技能劳动力的工资水平产生影响；第四，最低工资提升可能会提高正在寻找工作劳动力的保留工资，因此厂商招聘新的员工需要支付更高的工资。[①]

是否会发生溢出效应以及如果有溢出效应，这种效应有多大，这一问题之所以重要，可能有以下几个原因。第一，研究溢出效应对于评估整体工资分布的变化以及工资作为重要组成部分的家庭收入和福利的变化具有一定意义；第二，研究溢出效应对于考察最低工资对工资不平等的影响具有一定意义；第三，忽略溢出效应可能会导致对最低工资整体效应的低估，并进一步导致对于最低工资对产品价格以及厂商利润影响的低估；第四，溢出效应的存在对于检验使用差中差方法研究最低工资各种效应文献中的核心假设是否成立非常重要。

关于最低工资溢出效应的大部分研究针对的是美、英等西方发达国家。Lee（1999）考察了美国不同州最低工资的相对变化并发现在工资分布的一些特定百分位点上有相当大的溢出效应。Card 和 Krueger（1995a）也给出了溢出效应的证据，但溢出效应的范围有所缩小。他们发现联邦最低工资提升对于工资分布第 5 个和第 10 个百分位点有显著的正的溢出效应，但这种溢出效应没有达到工资分布上第 25 个百分位点。但是，Neumark 和 Wascher（2008）指出，Card 和 Krueger（1995a）的研究并不一定识别出了溢出效应，因为处于第 5 个百分位点（在一些低工资的州，甚至是第 10 个百分位点）的就业人员所获得的仍可能是最低工资。DiNardo 等（1996）也发现了最低工资的溢出效应。Neumark 等（2004）直接考察了最低工资提升对于个体工资变动的影响，并发现了显著的溢出效应。但 Autor 等（2010）使用与 Neumark 等（2004）类似的方法没有发现明显的溢出效应并强调了数据中可能存在的度量误差问题。Dickens 和 Manning（2004a，2004b）并未发现 1999 年英国引入最低工资存在溢出效应的证据。

---

① Falk 等（2006）通过人工主体实验证明最低工资提升可能会影响个体的公平感并进而提高个体的保留工资。Flinn（2006，2011）的研究表明，在一个具备工资讨价还价的搜寻与匹配模型中，最低工资提升会影响劳动力的保留工资。

一些学者针对发展中国家的研究发现，最低工资对处于工资分布较高位置上的个体工资也有较明显的溢出效应。Lemos 等（2004）的研究表明最低工资在工资分布的第 50 个百分位点处仍有显著的正的溢出效应。她随后分正规部门和非正规部门的研究表明，最低工资的溢出效应可以延伸到正规部门工资分布的第 50 个百分位点以及非正规部门工资分布的第 90 个百分位点（Lemos，2009）。Fajnzylber（2001）使用与 Neumark 等（2004）相同的方法得出了更大的溢出效应。Neumark 和 Wascher（2008）认为这一结果并不可信，因为如此大的溢出效应可能是由通货膨胀引起的，因而与传统意义上的溢出效应并不相同。

研究最低工资溢出效应的方法主要有三种。第一，分析工资分布上最低工资点以上多个分位点处的工资变化情况（Card 和 Krueger，1995a）。这种方法的缺点是不能区分截断效应与溢出效应。第二，估计一个反事实的分布，并将观测到的工资分布与这一反事实分布进行比较以分析溢出效应（Athey 和 Imbens，2006；Dickens 和 Manning，2004a，2004b；Lee，1999；Manning，2003）。这种方法的缺点是构建反事实分布需要依赖一些非常强的假设。Neumark 和 Wascher（2008）指出，使用这种方法不能区分溢出效应与负面的就业效应。如果低工资劳动力由于最低工资提升而失业，那么即使就业劳动力的工资均不发生变化，在工资分布高端任意分位点处的工资水平均会有所提高。因此，使用这种方法估计得到的结果应该被视为溢出效应的上限。第三，直接估计最低工资提升对于工资分布上最低工资点以上劳动力工资的影响。使用这种方法可以在控制最低工资的当期效应和滞后效应的同时，估计最低工资对工资分布多个点处工资和就业的影响（Neumark 等，2004）。

关于中国最低工资作用效果的研究主要集中于就业效应（丁守海，2010；罗小兰和丛树海，2009；张世伟等，2009），而关于溢出效应的研究较少。罗小兰和丛树海（2009）研究表明，最低工资提升对高工资行业工资水平增长具有推动作用，而对低工资行业工资水平增长的推动作用具有滞后性。邸俊鹏和韩清（2015）发现，最低工资每提高 1%，工资收入平均就提高 0.6%，最低工资对收入的影响主要集中在低收入人群，而对于高收入群体是否存在溢出效应是不确定的。

在中国的城镇劳动力市场中，最低工资提升是否存在溢出效应？如果存在溢出效应，溢出效应范围和程度如何？关于这些问题的解答，不仅有助于我们加深对劳动力市场工资决定机制的理解，而且有助于考察最低工资对工资不平等和收入分配的影响。本章拟借鉴 Neumark 等（2004）的有益思想，依据中国健康与营养调查（CHNS）数据分析最低工资标准提升对低收入群体工资获得和就业的影响。本章的第一节介绍模型设定方法，第二节给出溢出效应及其可能影响因素的统计描述，第三节考察最低工资提升对工资分布不同位置上个体工资和就业的影响，第四节给出结论。

第一节　最低工资溢出效应的模型设定

本章借鉴 Neumark 等（2004）的研究，估计最低工资对于工资分布不同位置上个体工资和就业的溢出效应。这里首先以最低工资对工资的溢出效应说明模型设定方法。个体 i 工资率的变动可以表示为，

$$\frac{w_{ip}^2 - w_{ip}^1}{w_{ip}^1} = \alpha + \sum_j \beta_j \frac{MW_p^2 - MW_p^1}{MW_p^1} \cdot R_j(w_{ip}^1, MW_p^1) + \sum_j \gamma_j R_j(w_{ip}^1, MW_p^1) + \sum_j \varphi_j R_j(w_{ip}^1, MW_p^1) \cdot \frac{w_{ip}^1}{MW_p^1} + X_{ip}^1 \delta + P_p \lambda + \varepsilon_{ip} \tag{10.1}$$

其中，上标 1 和 2 分别代表最低工资提升前后的年份，p 代表省份，w 为个体工资水平，MW 为最低工资标准，X 表示个体的性别、受教育程度、经验、经验平方和工作单位类型等可能影响工资变动的特征向量，P 为省份虚拟变量，$\varepsilon \sim N(0, \sigma^2)$ 为随机误差项。R_j 表示个体最低工资标准提升前个体工资水平与最低工资标准相对程度（以下简称相对工资）的虚拟变量，表 10.1 给出了 R_j 的详细构建方法。

表 10.1　　相对工资区间虚拟变量的构建

R_j	含义	R_j	含义
R_1	$0.00 \leqslant w/MW \leqslant 1.00$	R_5	$1.76 \leqslant w/MW \leqslant 2.00$
R_2	$1.01 \leqslant w/MW \leqslant 1.25$	R_6	$2.01 \leqslant w/MW \leqslant 2.35$
R_3	$1.26 \leqslant w/MW \leqslant 1.50$	R_7	$2.36 \leqslant w/MW \leqslant 2.75$
R_4	$1.51 \leqslant w/MW \leqslant 1.75$	R_8	$2.76 \leqslant w/MW \leqslant 3.50$

注：这里的 MW 为历次最低工资标准调整的最高值。

在式（10.1）中，模型右侧第二项为最低工资变化率与每个相对工资区间虚拟变量的交叉项，回归系数 β_j 刻画了最低工资提升对于由 R_j 所定义的工资分布不同位置上个体的溢出效应。由于该解释变量和被解释变量均为变化率，因此 β_j 可以理解为工资变动的最低工资弹性。模型右侧第三项为相对工资区间虚拟变量，通过这些虚拟变量可以控制与最低工资变化无关但却能影响工资分布不同位置处工资变化的因素（如工资的度量误差等）。模型右侧第四项为每个相对工资区间与个体相对工资的交叉项，这些交叉项可以使得工资变化在由 R_j 所定义的区间中有所不同（Neumark 等，2004）。

考察最低工资对就业的溢出效应较对工资的溢出效应稍复杂。这是因为最低工资标准提升可能对就业产生两方面的影响。第一，对于在最低工资提升前就业的个体而言，最低工资提升可能会使得部分低技能就业人员失业，部分高技能劳动力的保留工资也可能会有较大提升而退出劳动力市场；第二，对于在最低工资提升前失业的劳动力或非劳动参与人员，最低工资提升可能会吸引他们更加努力地寻找工作或者变为劳动参与者，因此在最低工资提升后可能变为就业。所以，本章在考察最低工资对就业的溢出效应时拟采用两种途径：第一种途径采用与最低工资对工资溢出效应类似的设定，即以提升前的最低工资和个体工资为基础，

$$e_{ip}^{2*} = \alpha + \sum_j \beta_j \frac{MW_p^2 - MW_p^1}{MW_p^1} \cdot R_j(w_{ip}^1, MW_p^1) + \sum_j \gamma_j R_j(w_{ip}^1, MW_p^1) + \sum_j \varphi_j R_j(w_{ip}^1, MW_p^1) \cdot \frac{w_{ip}^1}{MW_p^1} + X_{ip}^1 \delta + P_p \lambda + \varepsilon_{ip} \tag{10.2}$$

$$e_{ip}^2 = \begin{cases} 1 & \text{if} \quad e_{ip}^{2*} > 0 \\ 0 & \text{if} \quad e_{ip}^{2*} \leqslant 0 \end{cases} \tag{10.3}$$

其中，e_{ip}^2为个体在最低工资提升后的就业状态，个体就业为1，失业或退出劳动力市场为0；e_{ip}^{2*}为决定个体i就业状态e_{ip}^2的潜变量。式（10.2）中的X与式（10.1）不同，它包含可能影响个体就业的年龄、受教育程度、婚姻状况、户主身份和是否有学龄前儿童等变量。式（10.2）中其他变量的解释与式（10.1）类似。如果进一步假设ε服从正态分布，则可以使用一个Probit模型对式（10.2）和式（10.3）进行估计。

考察就业效应的第二种途径以提升后的最低工资和个体工资为基础，

$$e_{ip}^{1*} = \alpha + \sum_j \beta_j \frac{MW_p^2 - MW_p^1}{MW_p^1} \cdot R_j(w_{ip}^2, MW_p^2) + \sum_j \gamma_j R_j(w_{ip}^2, MW_p^2) + \sum_j \varphi_j R_j(w_{ip}^2, MW_p^2) \cdot \frac{w_{ip}^2}{MW_p^2} + X_{ip}^2 \delta + P_p \lambda + \varepsilon_{ip} \tag{10.4}$$

$$e_{ip}^1 = \begin{cases} 1 & \text{if} \quad e_{ip}^{1*} > 0 \\ 0 & \text{if} \quad e_{ip}^{1*} \leqslant 0 \end{cases} \tag{10.5}$$

其中，e_{ip}^1为个体在最低工资提升前的就业状态，个体就业为1，失业或退出劳动力市场为0；e_{ip}^{1*}为决定个体i就业状态e_{ip}^1的变量。与式（10.2）类似的是，X同样包含可能影响个体就业的年龄、受教育程度、婚姻状况、户主身份和是否有学龄前儿童等变量，与式（10.2）不同的是，式（10.4）中所有关于最低工资和个体工资的变量均使用最低工资提升后的信息，即在模型（10.4）中所考虑的个体在最低工资提升后均为就业状态。式（10.4）中其他变量与式（10.1）类似。

第二节　最低工资溢出效应的统计描述

本章所使用的微观数据来自中国健康与营养调查。由于中国内地的大部分省份在1995年前后才正式确立了最低工资制度，因此在中国健康与营养调查的前三次调查中，中国尚未实行最低工资制度。所以，本章仅使用了1997—2009年的五次调查数据。

本章研究最低工资在工资分布上的溢出效应，包括对工资和就业的影响。这其中，对工资的溢出效应最为重要，因此本章首先根据中国健康与营养调查提供的纵列数据，通过匹配计算得到了个体在前后两次调查之间的工资变动情况。表10.2分性别给出了1997—2009年9省（自治区）个体月平均工资变动百分比。整体来看，各省（自治区）在各调查区间内的工资均有较大幅度的提高，平均增长幅度为83.20%，其中男性为87.70%，女性为76.22%，男性的工资增长稍高于女性。分调查区间来看，男性工资增长的平均幅度也高于女性；2006—2009年的工资增长幅度最大，2004—2006年的工资增长幅度最小。[①] 分省（自治区）来看，黑龙江和贵州在各调查时间段内均有较高的工资增长，而江苏和山东的工资增长幅度则较低。对比表10.2和表9.1可以发现，在最低工资标准调整幅度较高的省（自治区）和调查区间，通常也具有较高的工资增长幅度。

按照表10.1中关于相对工资的分组，表10.3分性别给出了各调查区间在工资分布不同位置上的工资变动情况。整体来看，随着相对工资区间的逐渐升高，工资增长幅度呈现逐渐下降的趋势。分调查区间来看，男性和女性的工资增长幅度随相对工资区间的升高均基本呈现下降的趋势。由表10.3还可以看出，在大部分相对工资区间内，男性的工资增长

① 考虑到各调查区间的年份间隔不同，本章还计算了各调查区间的年平均工资增长幅度，其中2006—2009年的年平均工资增长幅度最高，为40.25%；2004—2006年的年平均工资增长幅度最低，为21.81%。

幅度均大于女性。① 这说明，最低工资溢出效应在工资分布上可能随位置上升而下降，且溢出效应在男性和女性之间所有差别。

表 10.2　　1997—2009 年工资水平变动情况　　单位：%

	1997—2000 年		2000—2004 年		2004—2006 年		2006—2009 年	
	女性	男性	女性	男性	女性	男性	女性	男性
辽宁	—	—	83.66	91.35	38.75	55.70	89.55	72.31
黑龙江	110.60	99.52	176.62	148.19	—	—	176.59	139.91
江苏	50.46	72.92	74.16	68.44	28.00	30.99	62.84	118.88
山东	93.95	93.65	24.47	68.24	24.26	47.13	85.64	94.60
河南	63.32	99.87	58.38	44.00	28.15	79.91	139.18	75.48
湖北	78.55	58.58	59.75	114.57	23.56	64.19	76.08	133.29
湖南	52.57	91.10	63.58	58.76	31.78	61.21	158.61	129.10
广西	83.23	45.55	87.81	58.46	18.63	41.73	179.04	204.41
贵州	100.69	120.57	97.55	152.18	44.48	75.42	100.37	238.65
整体	78.21	82.20	84.73	90.50	29.23	52.81	109.39	128.23

注：辽宁在 1997 年退出了中国健康与营养调查，黑龙江 2003—2005 年没有上调最低工资标准。

资料来源：中国健康与营养调查（CHNS），见 https://www.cpc.unc.edu/projects/china。

表 10.3　　工资分布上的工资水平变动情况　　单位：%

相对工资区间	1997—2000 年		2000—2004 年		2004—2006 年		2006—2009 年		整体
	女性	男性	女性	男性	女性	男性	女性	男性	
[0.00, 1.00]	191.75	198.58	151.76	290.52	51.94	66.24	186.10	249.13	173.43
[1.01, 1.25]	129.93	162.76	127.63	111.32	27.31	51.01	129.49	87.29	107.79
[1.26, 1.50]	55.86	94.70	85.64	105.26	24.10	46.99	119.31	122.97	85.86
[1.51, 1.75]	46.62	69.76	70.26	65.06	22.90	37.63	62.55	136.95	66.64

① 在全部 32 组男性和女性工资增长的比较中，女性工资增长幅度大于男性的情形仅出现了 6 次。

续表

相对工资区间	1997—2000 年		2000—2004 年		2004—2006 年		2006—2009 年		整体
	女性	男性	女性	男性	女性	男性	女性	男性	
[1.76, 2.00]	57.19	55.57	45.31	79.83	21.81	73.34	72.65	132.42	68.47
[2.01, 2.35]	44.14	45.04	44.53	68.13	22.32	28.06	86.02	59.81	47.75
[2.36, 2.75]	13.13	47.64	35.06	44.94	23.72	50.19	67.30	96.60	49.58
[2.76, 3.50]	2.75	41.24	63.62	26.52	15.56	60.39	66.19	187.67	62.59

注：最低工资提升对高收入个体的工资影响较小，因此本章去除相对工资大于 3.50 的观测；本表还将观测限制为在最低工资调整前后均有工资的个体。

资料来源：中国健康与营养调查（CHNS），见 https://www.cpc.unc.edu/projects/china。

本章考察最低工资提升对工资和就业的溢出效应，而溢出效应的有无以及大小可能随着年龄、性别以及受教育程度的不同而有所差别。为了考察工资分布不同位置上的个体特征差异，表 10.4 给出了工资分布上各特征组所占的比例。由表 10.4 可以看出，相对工资各区间内的观测所占比例没有较大的差别。[①] 分年龄段来看，36—45 岁年龄段的观测最多，占 35.81%，其次为 26—35 岁年龄段，而 16—25 岁年龄段的观测最少，仅占 10.60%；在工资分布上，相对工资在 0.00—1.00 区间的观测有近三分之一处于 26—35 岁和 36—45 岁年龄段；在相对工资的各区间内，处于 36—45 岁年龄段的观测均占有较高的比例；随着相对工资的增加，处于 16—25 岁和 26—35 岁年龄段的观测比例逐渐降低，而处于 36—45 岁和 46 岁以上年龄段的观测逐渐增加。这说明随着年龄的增长，工资收入呈现上升的趋势。分性别来看，男性观测所占的比例远高于女性，达到了 60.75%；在工资分布上，除了 0.00—1.00 区间外，在其他区间内男性比例均高于女性；随相对工资的增加，女性所占比例逐渐减少而男性所占比例逐渐增加。这可能说明最低工资的溢出效应可能会因性别而有所不同。分受教育程度来看，在相对工资的各个区间内，受教育程度为初高中的观测所占比例均为最高，平均比例达到了 75.02%；随着相

① 这一方面是因为在分组的时候即考虑了要使各组内的观测数不致相差太大。

对工资的增加，受教育程度为小学以下和初高中的观测所占比例逐渐下降，而受教育程度为大学及以上的观测所占比例逐渐升高。这说明随着受教育程度的增加，个体的工资收入也相应增加。

表 10.4 工资分布上各特征组所占比例 单位:%

相对工资区间	比例	年龄				性别		受教育程度		
		16—25	26—35	36—45	46 +	女性	男性	小学以下	初高中	大学以上
[0.00, 1.00]	13.03	14.42	31.50	31.31	22.77	54.46	45.54	17.73	74.18	8.09
[1.01, 1.25]	12.43	14.91	27.04	35.19	22.86	45.53	54.47	15.20	75.80	9.00
[1.26, 1.50]	11.67	10.17	30.30	39.41	20.13	41.74	58.26	13.43	77.83	8.74
[1.51, 1.75]	12.63	13.11	28.57	36.99	21.33	44.23	55.77	12.23	79.88	7.89
[1.76, 2.00]	12.73	10.10	32.23	32.04	25.63	37.28	62.72	11.33	77.93	10.74
[2.01, 2.35]	12.06	6.97	26.84	36.07	30.12	33.40	66.60	10.72	72.37	16.91
[2.36, 2.75]	12.56	7.48	24.21	36.81	31.50	28.74	71.26	9.34	74.16	16.50
[2.76, 3.50]	12.90	7.47	22.99	39.08	30.46	28.35	71.65	8.14	68.22	23.64
整体	100.00	10.60	27.95	35.81	25.63	39.25	60.75	12.27	75.02	12.72

注：本表及本章剩余部分的分析中将样本限制为劳动年龄人口；本表还将样本限制为最低工资提升前后均有工资收入的个体。

资料来源：中国健康与营养调查（CHNS），见 https://www.cpc.unc.edu/projects/china。

从以上的分析可以看出，最低工资变动幅度和工资变动幅度基本呈现相同的趋势，这说明了溢出效应存在的可能性；随着相对工资的上升，工资增长幅度呈现逐渐下降的趋势，这说明在工资分布不同位置上溢出效应可能有所差别；相对工资不同区间内观测的年龄、性别和受教育程度等特征有所差别，这说明在溢出效应的研究中应对上述因素加以控制。

第三节 最低工资在工资分布上的影响

依据中国健康与营养调查 1997—2009 年的数据和各省（区、市）历年最低工资标准的调整数据，本章使用经济计量分析方法考察了最低工资标准提升对工资和就业的溢出效应。

最低工资提升的溢出效应首先表现在对工资的影响上（如表10.5所示）。在估计过程中，将样本限制为在最低工资提升前后均有工资收入的观测。整体来看，受教育年限对于男性和女性的工资增长均具有显著的积极影响。在其他条件不变的情况下，增加1年的受教育年限大约可使男性工资增长7%，可使女性的工资增长约5%。工作经验对于男性的工资增长也具有较显著的积极影响。在保持其他条件不变的情况下，增加1年的工作经验可使男性工资增长约6%，但工作经验对女性工资增长的影响不显著。男性“经验平方”一项的系数显著为负，这说明男性工资增长幅度和工作经验之间呈现一种倒“U”形的关系，即随着工作经验的增加，工资增长率逐渐上升，而当工作经验达到一定程度以后，工资增长率开始下降。对于女性而言，这种倒“U”形的关系并不存在。观察表10.5中代表相对工资区间和最低工资变动百分比交叉项的系数可以看出，最低工资提升对于相对工资处于0.00—1.50区间的男性和相对工资处于0.00—1.25区间的女性具有显著的溢出效应，而且这种溢出效应随着相对工资区间的上升呈现逐渐下降的趋势。最低工资对处于上述区间以外个体的工资增长影响不显著。最低工资提升对处于0.00—1.00区间个体的工资增长影响最大，最低工资提升1%可使处于这一区间的男性和女性工资分别增长4.73%和2.44%，即工资对最低工资的弹性分别为4.73和2.44。对男性和女性的溢出效应进行比较可以发现，在各区间内，最低工资对男性的溢出效应均高于女性。这说明男性和女性因最低工资提升所获得的收益有明显不同。

表10.5　**最低工资提升对工资的溢出效应**

解释变量	男性	女性	解释变量	男性	女性
[0.00，1.00]	4.73**	2.44***	[2.76，3.50]	0.21	−0.49
[1.01，1.25]	1.66***	1.08**	受教育年限	0.07***	0.05**
[1.26，1.50]	0.95*	0.34	经验	0.06***	−0.01

续表

解释变量	男性	女性	解释变量	男性	女性
[1.51, 1.75]	0.52	0.03	经验平方	-0.11***	0.01
[1.76, 2.00]	0.67	-0.13	常数项	-0.95***	0.00
[2.01, 2.35]	-0.14	-0.21	调整的 R^2	0.044	0.053
[2.36, 2.75]	-0.06	-0.73*	观测数	2301	1487

注：(1) 被解释变量为工资变化率；(2) 经验为计算得到，为年龄减去受教育年限再减去6；(3) 解释变量还包括代表工资分布不同位置的虚拟变量、代表工资分布不同位置与相对工资交叉项的变量、省（自治区）虚拟变量和工作单位类型虚拟变量；(4) *、**、***分别表示系数在10%、5%、1%统计水平下显著。

资料来源：中国健康与营养调查（CHNS），见 https://www.cpc.unc.edu/projects/china。

除了对工资的溢出效应以外，最低工资提升对于就业的溢出效应也是一个令人感兴趣的问题。这是因为，关于溢出效应的理论和经验研究表明，最低工资提升提高了低技能劳动力的相对价格，同时也降低了高技能劳动力的相对价格。因此，追求利润最大化的厂商可能重新安排生产技术以减少对低技能劳动力的雇用并增加对高技能劳动力的雇用数量。同时，最低工资标准的提升还可能会提高部分就业人员的保留工资水平，因此保留工资高于市场工资的个体将选择退出劳动力市场，从而对就业和劳动参与造成不利影响。另外，最低工资提升还可能吸引失业人员更加努力地寻找工作或使得非劳动参与人员进入劳动力市场寻找工作，从而对就业和劳动参与产生积极影响。基于以上考虑，本章在研究过程中从两个方面对最低工资对就业效应进行考察，即分别考察最低工资的失业效应和就业效应，最后对最低工资对就业的综合效应进行评价。

首先考察最低工资的失业效应。表10.6给出了最低工资提升对于就业人员失业的影响。在估计过程中，样本被限制为在最低工资提升前处于就业状态的个体，个体在最低工资提升后的就业状态可能为失业或就业或非劳动参与。整体来看，随着年龄的增长，男性和女性能够成功保持其就业状态的概率都在逐渐降低；较高的受教育年限能增加个体在第二年继续保留工作的概率；已婚男性和女性的工作通常更加稳定，因而其保留工作的概率也较高；具有“户主”身份的男性通常更容易保持其就业状态，但这一特征对于女性就业没有显著的影响，一种可能的原因是具有“户主”身份的女性观测较少；“照看孩子”这一特征显著降低了男性和女性保留工作的概率。

表 10.6　**最低工资提升对就业人员失业的溢出效应**

解释变量	男性	女性	解释变量	男性	女性
[0.00，1.00]	-0.72	-0.63 *	年龄	-0.06 ***	-0.05 ***
[1.01，1.25]	-0.42	-0.52	受教育年限	0.04 ***	0.04 ***
[1.26，1.50]	-0.73	-0.60 *	婚姻状况	0.88 ***	0.47 ***
[1.51，1.75]	-0.48	-0.29	是否户主	0.16 ***	0.07
[1.76，2.00]	-0.15	-0.27	照看孩子	-0.34 ***	-0.32 ***
[2.01，2.35]	0.02	-0.19	常数项	2.31 ***	1.79 ***
[2.36，2.75]	0.12	-0.36	伪 R^2	0.15	0.11
[2.76，3.50]	-0.08	0.02	观测数	3263	2212

注：（1）被解释变量为虚拟变量，如果个体最低工资提升后继续工作则为1，失去工作或退出劳动力市场则为0；（2）“婚姻状况”、“是否户主”和“照看孩子”等均为虚拟变量；（3）*、**、***分别表示系数在10%、5%、1%统计水平下显著。

资料来源：中国健康与营养调查（CHNS），见 https://www.cpc.unc.edu/projects/china。

从表10.6可以看出，最低工资提升对于直接受最低工资调整影响（处于相对工资区间0.00—1.00）的男性就业没有显著的负面影响，但其对女性就业产生了一定的负面影响；对于工资水平稍高于最低工资标准（处于相对工资区间1.01—1.50）的个体而言，最低工资提升对男性就业没有明显的溢出效应，但对处于相对工资区间1.26—1.50的女性就业产生了一定的负面影响；对处于较高相对工资区间的个体而言，最低工资对就业个体失业的溢出效应均不明显。与表10.5最低工资对工资的溢出效应相结合，可以对表10.6所反映出的现象进行解释。由表10.5可以看出，最低工资标准提升后，为了保持工资的行为激励效应，厂商对于工资本就高于最低工资的个体工资也进行了较大幅度的调整。这种调整可能提高了个体的保留工资，因此在提升后的工资水平下，部分女性个体的保留工资还是超过了市场提供的工资水平，因此个体选择退出劳动力市场。

为了考察最低工资对就业产生的积极影响，表10.7给出了最低工资对于失业人员或非劳动参与人员就业的溢出效应。在估计过程中，将样本限制为了在最低工资提升后处于就业状态的个体，而个体在最低工资提升前的状态可能是就业、失业或非劳动参与；如果个体的就业状态由失业或非劳动参与变为就业，则解释变量取值为1，反之则取为0。由表10.7可以看出，年龄对于男性和女性的就业没有显著的积极影响，即在最低工资提升前处于就业状态和非就业状态的个体在年龄方面没有明显的差别；受教育年限显著降低了男性和女性改变工作状态的概率，这说明受教育程度较高的个体在最低工资提升前大部分处于就业状态，而新增的大部分就业人员受教育水平较低；“已婚”状态也显著降低了男性和女性改变其就业状态的概率，这说明大部分处于“已婚”状态的个体在最低工资提升前处于就业状态，而新增的大部分就业人员处于“未婚”状态；“户主”身份也降低了男性个体改变其就业状态的概率但对女性的影响不明显，这说明大部分男性户主在最低工资提升前处于就业状态，而女性户主处于就业和非就业状态的比例没有明显的差别；“照看孩子”对于男性和女性就业状态的改变均没有明显的影响，说明具备这一特征的个体在最低工资提升前处于就业和非就业状态的比例间没有明显差别。

表10.7　**最低工资提升对失业人员就业的溢出效应**

解释变量	男性	女性	解释变量	男性	女性
[0.00, 1.00]	0.72***	0.74***	年龄	0.00	-0.01
[1.01, 1.25]	0.48***	0.56***	受教育年限	-0.04***	-0.05***
[1.26, 1.50]	0.61***	0.62*	婚姻状况	-0.94***	-0.93***
[1.51, 1.75]	-0.19	0.02	是否户主	-0.23***	-0.11
[1.76, 2.00]	0.11	0.26	照看孩子	0.12	0.02

续表

解释变量	男性	女性	解释变量	男性	女性
[2.01, 2.35]	0.26	-0.05	常数项	0.01	0.89***
[2.36, 2.75]	-0.26	-0.57	伪 R^2	0.13	0.13
[2.76, 3.50]	-0.36***	-0.73	观测数	3504	2287

注：(1) 被解释变量为虚拟变量，如果个体在最低工资提升前的就业状态为失业或非劳动参与则为1，反之则为0；(2) 用于计算相对工资区间的工资水平和最低工资水平均以最低工资提升后的数据为依据；(3) *、**、***分别表示系数在10%、5%、1%统计水平下显著。

资料来源：中国健康与营养调查（CHNS），见 https://www.cpc.unc.edu/projects/china。

由表10.7可以看出，最低工资标准的提升对非就业人员的就业具有显著、积极的溢出效应，且对于男性和女性都能达到最低工资的1.50倍左右；但对工资水平在最低工资1.50倍以上个体就业的溢出效应不明显。这说明，因最低工资标准提升新增的就业人员所赚取的工资大部分不高于最低工资的1.50倍。

表10.6和表10.7分别从就业人员失业和非就业人员就业两个角度考察了最低工资提升对就业的溢出效应。这是一个问题的两个方面，有必要对这一问题进行综合考察。表10.8给出了最低工资提升对就业产生的综合影响。在表10.8中，“整体”四列表示处于该相对工资区间的个体在所有男性或女性观测中所占的比例，“就业”或“失业”四列表示新增的就业或失业人员在所有男性或女性观测中所占的比例。结合表10.6和表10.7中关于估计结果显著性的信息可以发现，最低工资标准提升对于已就业男性没有明显的失业效应，但却可使得11.36%的男性由失业或非劳动参与状态变为就业状态，因此最低工资提升对男性就业的净效应为11.36%；同时，最低工资标准提升可使得8.55%的已就业女性失业或退出劳动力市场，但却有21.90%的女性因最低工资标准提升而就业，最低工资标准提升对女性就业的净效应达到了13.35%。因此，总体来看，最低工资对男性和女性就业均有积极的正面影响，对女性的影响稍大于男性。

表 10.8　**最低工资提升对就业的综合影响**　单位：%

相对工资区间	失业效应				就业效应			
	男性		女性		男性		女性	
	整体	失业	整体	失业	整体	就业	整体	就业
[0.00, 1.00]	10.80	2.32	20.45	5.81	10.83	4.09	21.69	10.23
[1.01, 1.25]	9.73	1.55	15.26	3.94	10.03	3.54	15.42	6.77
[1.26, 1.50]	10.02	1.66	11.98	2.74	10.14	3.73	11.81	4.90
[1.51, 1.75]	10.66	1.82	11.50	1.93	10.38	3.31	10.92	4.68
[1.76, 2.00]	11.14	1.59	10.37	1.94	11.18	3.77	9.02	3.72
[2.01, 2.35]	10.68	1.34	8.87	1.57	10.74	3.80	8.70	3.51
[2.36, 2.75]	11.87	1.55	7.67	1.72	11.00	3.38	7.04	2.60
[2.76, 3.50]	12.60	1.80	7.59	1.35	12.91	4.01	8.38	2.78

资料来源：中国健康与营养调查（CHNS），见 https://www.cpc.unc.edu/projects/china。

为了进一步考察哪些群体更容易受到最低工资提升的影响，表 10.9 给出了受最低工资影响新增失业和就业人员的特征分组，可以看出，因最低工资标准提升而失业的人员大部分处于 46 岁以上的年龄段，这一发现与国外关于最低工资就业效应的研究发现不同。在美国，经济学家一般认为如果最低工资对就业有负面影响的话，那么这种影响仅局限于青少年。本章的研究发现最低工资提升对中年女性的就业有负面影响。进一步观察其他特征分组可以发现，在因最低工资提升而失业的女性中，受教育程度为“初高中”的人员最多，其次为“小学以下”，“大学以上”的比例很小。总体来看，失业人员的受教育程度比较低。分“单位类型”来看，在“私营、三资企业”中工作的人员失业人数最多，比例达到了近 50%。分“职业类型”来看，“农民工”群体因最低工资提升而失业的比例最高。因最低工资提升而新增的女性就业人员在各年龄组有较均匀的分布，但男性就业人员处于 46 岁以上年龄段的比例达到了近三分之一；从“受教育程度”来看，90% 以上新增就业人员的受教育程度为“初高中”和“小学以下”，这一特征在男性和女性之间没有明显的差别；新增的就业人员大部分被“私营、三资企业”和“国有企事业”所吸收；从“职业类型”来看，男性和女性中新增的就业人员有近40%为农民工。从以上的分析可以看出，受教育程度较低的个体和农民工群体较易受到最低工资标准提升的影响，“私营、三资企业”在吸收新增就业人员中发挥了重要作用，但其人员失业也较易受最低工资提升的影响。

表 10.9　**受最低工资影响新增失业和就业人员的主要特征**　单位：%

分组变量		新增失业	新增就业	
			男性	女性
年龄	16—25	8.78	25.06	25.24
	26—35	18.24	19.04	23.73
	36—45	30.41	22.65	28.44
	46 +	42.57	33.25	22.60
受教育教育	小学以下	32.67	16.79	17.51
	初高中	66.00	77.70	74.58
	大学以上	1.33	5.52	7.91
单位类型	国有企事业	24.79	25.76	25.38
	小型集体企业	11.97	6.93	6.94
	大型集体企业	10.26	4.71	7.16
	私营、三资企业	52.99	62.60	60.52
职业类型	高级专业技术	2.80	5.56	5.75
	一般专业技术	16.78	13.53	10.15
	一般管理人员	17.48	14.49	11.49
	办事人员	22.38	21.01	29.31
	农民工	34.27	41.55	39.85
	技术工人	3.50	0.97	1.72
	非技术工人	—	—	0.19
	军官与警官	2.80	2.90	1.15
	士兵与警察	—	—	0.38

注：由于最低工资对男性失业没有显著影响，因此“新增失业”一栏特指女性。

资料来源：中国健康与营养调查（CHNS），见 https://www.cpc.unc.edu/projects/china。

第四节　结论及政策含义

本章以中国健康与营养调查1997—2009年的微观数据和各省历年最低工资标准的调整数据为基础，考察了最低工资提升对不同性别个体工资和就业的溢出效应。通过最低工资对工资溢出效应的分析可以发现，最低工资提升对于男性和女性的工资均具有较明显的溢出效应，而且对男性和女性的溢出效应可以分别达到最低工资的1.50倍和1.25倍左右；随着相对工资区间的升高，溢出效应呈现逐渐下降的趋势；最低工资在各区间内对男性工资的溢出效应均高于女性，这种差异反映出男性和女性在劳动力市场的工资谈判中议价能力的差别，也反映出女性所遭受的歧视性待遇。

通过最低工资对就业溢出效应的分析可以发现，最低工资提升对部分工资水平较低的已就业女性的就业（比例约为8.55%）造成了一定的负面影响，但对已就业男性没有显著的影响；最低工资标准的提升还对相当大比例的非就业男性（11.36%）和女性（21.90%）的就业产生了积极的影响。因此，综合来看，最低工资对就业有显著、积极的净效应，对女性的影响稍高于男性。从对受最低工资影响的个体的分析来看，受教育程度较低的个体和农民工群体较易受到最低工资标准提升的影响，“私营、三资企业”在吸收新增就业人员中发挥了重要作用，但其人员失业也较易受最低工资标准提升的影响。

第十一章　最低工资的工资不平等效应

20 世纪 90 年代以来，中国城镇劳动力市场的一个突出特点是劳动力工资收入与工资不平等的同步增长。① 国内学术界直到近几年才开始关注这一现象并尝试从多个角度对工资不平等的变化进行解释。② 与此同时，尽管中国名义最低工资标准和实际最低工资标准均持续上升，但其与城镇单位就业人员平均工资的比重却呈现逐年下降的趋势（如图 11. 1 所示）。③ 最低工资占比下降意味着最低工资调节工资分布能力的下降，这会使得工资分布更加分散，因此可能是造成中国工资不平等上升的重要原因。

工资不平等的持续上升也是美国 20 世纪 80 年代劳动力市场的重要特征。④ 早期的大部分研究通常认为劳动力市场供给和需求因素变动是工资不平等上升的主要原因（Bound 和 Johnson，1992；Juhn 等，1993；

---

① 姚先国和李晓华（2007）就指出工资分布上第 90 个百分位点与第 10 个百分位点处的工资比值由 1988 年的 3. 00 迅速上升到了 2001 年的 6. 80。

② 关于我国工资不平等上升的原因，一些学者将工资不平等的增长归因为人力资本效应（刘泽云，2009；王弟海和龚六堂，2009），一些学者尝试从劳动力市场的需求方面（如全球化、国际贸易和技能偏向型的技术进步等）解释工资不平等的变动（潘士远，2008；邵敏和刘重力，2010；徐晓红，2009；许志成和闫佳，2011；杨继军和张二震，2009），还有部分学者从劳动力市场的供给方面（如农村劳动力迁移、高技能劳动力供给增加的速度减慢等）对工资不平等的增长进行解释（张卓妮和吴晓刚，2010）。

③ 自 1995 年以来，OECD 国家的最低工资占比一直稳定维持在 35% 以上，但由图 11. 1 可以发现，中国的最低工资占比却从 1995 年的 40% 左右下降到了 2009 年的 20% 左右。

④ 根据不同数据来源计算的多种度量指标（如对数工资的方差和基尼系数等）均表明美国在 20 世纪 80 年代的总体工资不平等有较大幅度的上升（Blackburn 等，1989；Bound 和 Johnson，1992；Juhn 等，1993；Katz 和 Murphy，1992；Levy 和 Murnane，1992）。

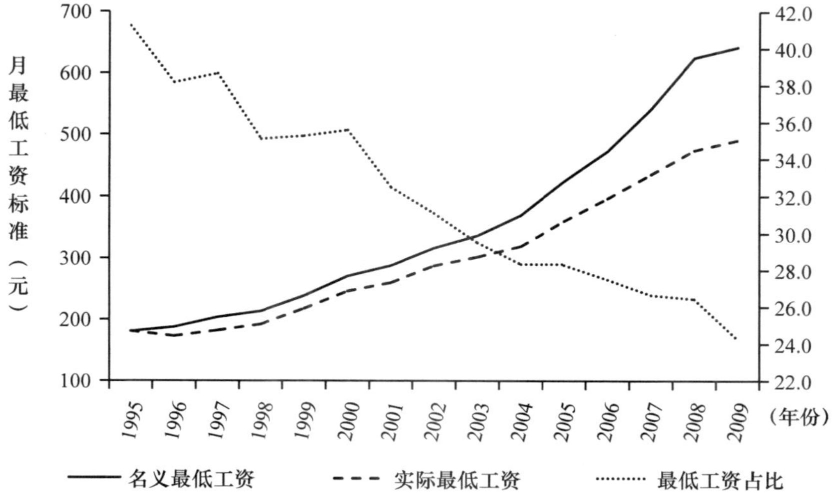

图 11.1　1995—2009 **年最低工资变动情况**

注：由于缺乏 2009 年之前的城镇私营单位平均工资数据，因此这里在计算最低工资占比时使用了城镇单位就业人员平均工资，与表 6.1 中最低工资占比的计算口径不同。

资料来源：中国最低工资数据库（CMWD），见 https://www.chinaminimumwage.org。

Katz 和 Murphy，1992；Murphy 和 Welch，1992；Teulings，2003；Wood，1995）。[①] 随着研究的深入，经济学家逐渐发现劳动力市场供需因素对工资不平等上升的解释能力有限，因此部分学者开始从制度因素（如工会和最低工资等）方面寻找工资不平等变动的原因。这其中，一些学者开始研究实际最低工资下降对工资不平等的影响。[②] DiNardo 等（1996）使用非参数核密度方法将组间和组内工资不平等的变化分解为最低工资、

---

① 研究表明，美国工资结构变化主要是由劳动力市场对高技能工人相对需求的增加所导致的（Juhn 等，1993），而国际贸易（Murphy 和 Welch，1992）和技能偏向型的技术进步（Bound 和 Johnson，1992）是劳动力市场对高技能工人相对需求增加的主要原因。而 Katz 和 Murphy（1992）则认为除了对高技能工人相对需求的增加以外，高技能工人供给增加的速度减慢也是工资结构变化的重要原因。然而，Wood（1995）却指出，全球化和国际贸易仅能解释工资不平等变动的很小一部分，而技术进步在实证模型中均是以残差项的形式得到反映的，因此技术进步对工资不平等影响的可信度值得商榷（Teulings，2003）。

② Card（1996）的研究表明美国 20 世纪 80 年代的“去工会化”趋势解释了这一时期男性工资不平等上升的 20% 左右。

工会、个体属性、供给和需求因素的变化以及未能由上述因素所解释的残差项。DiNardo 等（1996）的研究表明实际最低工资的不断下降是 20 世纪 80 年代工资不平等特别是女性工资不平等上升的主要原因。但他们的研究忽略了最低工资的溢出效应，因此可能低估了最低工资对工资不平等的贡献。同时，他们的研究也忽略了最低工资对就业的负面影响，因此不能对最低工资的经济福利性（分配效应）进行任何的推断。

Lee（1999）注意到了 DiNardo 等（1996）研究的缺陷，他在考虑最低工资地区差异的基础上，将工资不平等的一种度量指标（工资分布上第 10 个百分位点与第 50 个百分位点的工资差异）与“有效最低工资”（最低工资与工资分布上第 50 个百分位点的工资差异）建立了理论关系，这一理论关系同时考虑了最低工资的截断效应、就业效应和溢出效应。Lee（1999）尝试将工资不平等的变动分解为潜在工资不平等的变动（不存在最低工资或实际最低工资不变情形下的工资不平等变动）和最低工资的影响。他的研究表明实际最低工资的下降可以解释工资不平等上升的大部分。近期的一些研究如 Card 和 DiNardo（2002）、Angel-Urdinola（2008）与 Bosch 和 Manacorda（2010）则进一步强调了最低工资对工资不平等的贡献，但也有部分研究如 Autor 等（2006）和 Autor 等（2010）则认为最低工资对于工资不平等的影响被夸大了。他们认为最低工资与一些宏观经济冲击相关，而这些冲击导致了工资不平等的上升。

尽管最低工资占比下降是中国城镇劳动力市场的一个重要特点，但这一制度性的因素在现有的研究中国工资不平等增长的文献中却一直被忽略。本章将借鉴 Lee（1999）和 Autor 等（2010）的研究，尝试把潜在工资不平等的变化与最低工资效应进行分离，以得到最低工资对工资不平等的真实影响。本章的结构如下：第一节给出工资不平等与最低工资的理论关系，第二节给出模型的设定，第三节介绍数据的处理过程，并给出相关指标的统计描述，第四节对估计结果进行分析，第五节给出结论。

第一节　最低工资和不平等的理论关系

研究工资不平等和最低工资的关系，首先要确定工资不平等和最低工资的度量标准。参照已有的研究文献（Autor 等，2010；Lee，1999），本章使用对数工资分布上不同百分位点处的工资差异来度量工资不平等（一般为第 10 个百分位点与第 50 个百分位点间的工资之差），使用对数最低工资与度量对数工资分布集中度的指标（一般为对数工资分布的中位数）之差作为最低工资的度量，称为“有效最低工资”。[①] “有效最低工资”代表了最低工资与典型个体工资水平的差异，是一种最低工资约束力的度量指标。

分别记 w_j^{p*} 和 w_j^p 为第 j 个省份的潜在对数工资分布[②]和实际对数工资分布上第 j 个百分位点处的工资，记对数最低工资为 $minwage$。这里使用实际对数工资分布的中位数即 w_j^{50} 作为工资分布集中度的度量指标，即有效最低工资可以表示为（$minwage - w_j^{50}$）。假设在所有省（区、市）潜在对数工资分布的形状都是相同的，即对于任意的 j 和 k 都有 $w_j^{p*} - w_j^{50*} = w_k^{p*} - w_k^{50*}$ 成立。下面本章将在三种情形下研究这两个数量之间的关系。

情形 1：不存在溢出效应和负面的就业效应。在这种极端的情形下，最低工资的唯一作用就是将那些原本赚取低于最低工资的个体工资水平提高到最低工资水平，即有下面的关系成立，

$$w_j^{10} - w_j^{50} = \begin{cases} w_j^{10*} - w_j^{50*} & \text{if} \quad minwage - w_j^{50} < w_j^{10*} - w_j^{50*} \\ minwage - w_j^{50} & \text{otherwise} \end{cases} \tag{11.1}$$

即如果有效最低工资低于潜在工资分布上第 10 个百分位点与第 50 个百分位点处的工资差异（以下简称 10—50 百分位点工资差异），则实

---

① 如果平均工资可以作为工资中位数一个替代变量，那么最低工资占比的对数也可以作为“有效最低工资”的一个替代。

② 定义潜在对数工资分布为不存在最低工资或有效最低工资不发生变化情形下的对数工资分布，以下有时也省略“对数”，直接称为潜在工资分布。

际工资分布上10—50百分位点工资差异与有效最低工资无关；如果有效最低工资不低于潜在对数工资分布上10—50百分位点工资差异，则实际对数工资分布上10—50百分位点工资差异就等于有效最低工资。式（11.1）实际上假设了最低工资不高于潜在工资分布上第50个百分位点处的工资，即如果不存在溢出效应和负面就业效应，应该有 $w_j^{50}=w_j^{50*}$ 成立，即式（11.1）中的两种情形可以以最低工资是否高于潜在工资分布上第10个百分位点处的取值作为判断标准。

情形2：存在溢出效应，但没有负面的就业效应。在这种情形下，尽管有（$minwage-w_j^{50}$）<（$w_j^{p*}-w_j^{50*}$），即最低工资低于潜在工资分布上第 p 个百分位点处的取值，但由于溢出效应的存在，最低工资仍可能对实际工资分布上第 p 个百分位点处的工资产生影响。① 在这种情形下，10—50百分位点工资差异满足，

$$w_j^{10}-w_j^{50}=g\ (minwage-w_j^{50}) \tag{11.2}$$

Lee（1999）证明了如果溢出效应满足Neumark等（2004）中的递减趋势，则 g（·）是一个单调递增函数。

情形3：没有溢出效应，但存在负面的就业效应。在这种情形下，潜在工资高于最低工资的个体不会受到影响，但潜在工资低于最低工资的个体将会失业，因此在调查中不会观测到后者的工资水平（潜在工资分布在最低工资左侧的部分被截断，但由于不存在溢出效应，在最低工资的右侧，实际工资分布和潜在工资分布的形状是相同的）。样本的丢失使得观测到的工资分布分位点产生变化。若对省份 j 有（$minwage=w_j^{p*}$）成立，其中 $p<50$，则在调查中不会观测到潜在工资等于或低于 w_j^{p*} 的个体工资。因此，观测到的 w_j^p 不等于 w_j^{p*}，而是等于潜在工资分布的第（$p+(100-p)\ p/100$）个百分位点处的工资。Lee（1999）证明了在关于潜在工资分布形状的一些额外假设下，（$w_j^{10}-w_j^{50}$）是（$minwage-w_j^{50}$）的单调递增函数。

由以上的分析可以看出，在上述三种情形下，工资不平等与有效最

① 这里实际上隐含的假设了最低工资的溢出效应不能达到实际工资分布的第50个百分位点。本书第十章的研究表明，最低工资对男性和女性工资的溢出效应可以分别达到最低工资的1.50倍和1.25倍，而最低工资的1.50倍低于工资分布第50个百分位点的取值。

低工资之间均存在一种非线性的关系。在情形 1 下，如果有效最低工资较高，则工资不平等与有效最低工资之间的关系是一条 45 度线；如果有效最低工资无限制地减小（近似劳动力市场中没有最低工资），那么代表二者关系的曲线将会向左移动并渐进成为一条直线，此时工资不平等与有效最低工资无关。然而，现实的劳动力市场往往是情形 2 和情形 3 的某种组合，即同时存在失业效应和溢出效应。在情形 2 和情形 3 下，（$w_j^{10}-w_j^{50}$）与（$minwage-w_j^{50}$）之间均存在一种非线性的正向关系。

图 11.2 给出了 1995 年和 2008 年工资不平等与最低工资之间的关系。图 11.2 中的横坐标是有效最低工资，为名义最低工资与工资分布中位数之差；纵坐标代表了工资不平等，是工资分布第 10 个百分位点与第 50 个百分位点处的工资差异。由图 11.2 可以看出，在 1995 年和 2008 年，10—50 百分位点工资差异与有效最低工资之间均呈现出一种非线性

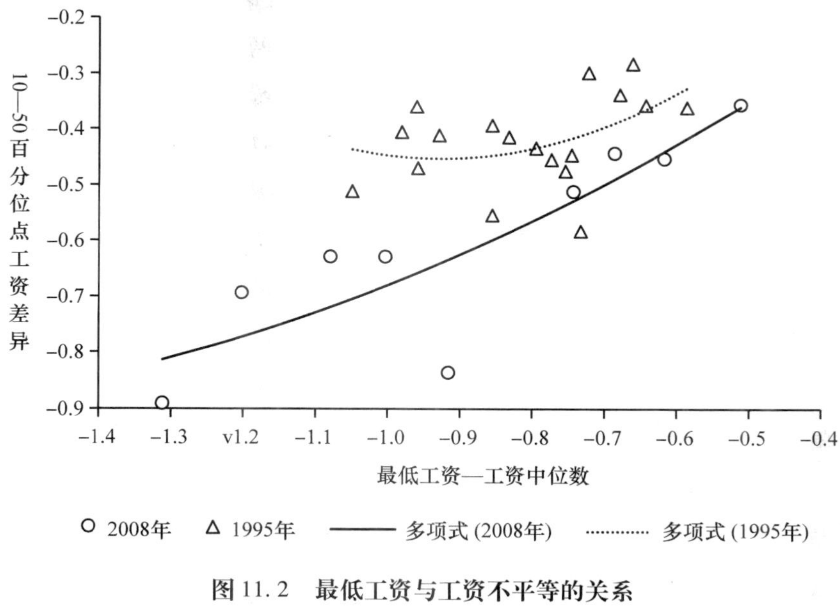

图 11.2　最低工资与工资不平等的关系

资料来源：最低工资数据来自中国最低工资数据库（CMWD），见 https://www.chinaminimumwage.org；1995 年工资数据来自中国家庭收入调查（CHIP），见 http://www.ciidbnu.org；2008 年工资数据来自中国健康与营养调查（CHNS），见 https://www.cpc.unc.edu/projects/china。

的正向关系。这种正向关系进一步验证了上述的情形 2 和情形 3。由图 11.2 还可以看出，总体上 2008 年的工资不平等较 1995 年更大；与 1995 年相比，2008 年的曲线有一个明显的向左移动的趋势，这说明有效最低工资有了显著的下降。同时，与 1995 年相比，2008 年的曲线也有一个明显的向下移动的趋势，这表明潜在工资不平等也有增加的趋势。为了在这种总体的变动趋势中分离出最低工资的影响，需要将本节所构建的理论关系参数化。

第二节　最低工资对工资不平等影响的模型设定

最低工资对工资不平等的影响程度取决于法定最低工资在潜在工资分布上的相对位置。由于潜在最低工资分布是未知的，因此无法直接观测到最低工资的约束力。Lee（1999）建议使用有效最低工资 $mw = (minwage - w^{50})$ 作为最低工资约束力的代理变量。分别记 w_{jt}^{p} 和 w_{jt}^{p*} 为省（区、市）j 在年份 t 的实际工资分布和潜在工资分布上第 p 个百分位点处的取值，假设最低工资的影响 β_1^p 和 β_2^p 可以随不同的百分位点而变化。根据本章第一节建立的工资不平等和最低工资的关系，可以将实际工资不平等按式（11.3）进行分解，

$$w_{jt}^{p} - w_{jt}^{50} = (w_{jt}^{p*} - w_{jt}^{50*}) + \beta_1^p (minwage - w_{jt}^{50}) + \beta_2^p (minwage - w_{jt}^{50})^2 + \varepsilon_{jt} \tag{11.3}$$

式（11.3）表明以实际工资分布上某个百分位点处的工资与中位数工资之差所表示的工资不平等可以分解为该百分位点处的潜在工资不平等和最低工资的影响两部分。根据本章第一节，工资不平等与最低工资之间存在一种非线性的关系，因此式（11.3）中最低工资的影响以有效最低工资的二次函数表示。由于潜在工资不平等是未知的，因此需要对潜在工资分布做一些额外的假设。

假设 1：省（区、市）j 在年份 t 的潜在工资分布可以由累计分布函数 $F_t[(w-\mu_{jt})/\sigma_{jt}]$ 表示，即同一年份不同省（区、市）的潜在工资分布的形状是相同的，其中 μ_{jt} 和 σ_{jt} 分别为潜在工资的均值和方差。因此，省

（区、市）j 在年份 t 的潜在工资分布上第 p 个百分位点处的取值可以表示为，

$$w_{jt}^{p*} = \mu_{jt} + \sigma_{jt} F_t^{-1}(p) \tag{11.4}$$

假设潜在工资的均值 μ_{jt} 可以用实际工资的中位数 w_{jt}^{50*} 所替代，即有 $F_t^{-1}(50) = 0$。

假设2：控制了年份 t 之后，不同省（区、市）间的潜在工资不平等与中位数工资不相关，

$$\sigma_{jt} \perp \mu_{jt} \mid t \tag{11.5}$$

其中，方差 σ_{jt} 代表了潜在工资分布的分散程度。σ_{jt} 越大，表明潜在工资越分散，潜在工资不平等越大。式（11.5）表明尽管不同省（区、市）间的潜在工资分散程度存在随机因素的影响，但一旦控制了年份 t，那么 σ_{jt} 与 μ_{jt} 是独立的。因此，对于任意给定的年份和潜在工资分布的分位点 p 均有，

$$\begin{aligned} &\text{Cov}\left[(w_{jt}^{p*} - w_{jt}^{50}), (minwage_t - w_{jt}^{50}) \mid t\right] = \\ &\text{Cov}\left[\sigma_{jt} \cdot F_t^{-1}(p), (minwage_t - \mu_{jt}) \mid t\right] = 0 \end{aligned} \tag{11.6}$$

在假设 1 和假设 2 下，有效最低工资与实际工资分布 10—50 百分位点工资差异的正向关系反映了最低工资与工资不平等的因果效应。而如果工资分布较高百分位点（大于 50）与第 50 个百分位点的工资差异与有效最低工资相关，则表明假设 1 和假设 2 不成立。

假设 1 和假设 2 表明潜在工资不平等仅具有时间趋势，而与中位数工资和省份无关，因此可以在式（11.3）中将潜在工资不平等替换为一系列的年份虚拟变量，即可以将式（11.3）进一步写为，

$$w_{jt}^{p} - w_{jt}^{50} = \alpha_t + \beta_1^p (minwage - w_{jt}^{50}) + \beta_2^p (minwage - w_{jt}^{50})^2 + \varepsilon_{jt} \tag{11.7}$$

式（11.7）虽然考虑了潜在工资不平等变动的平均时间趋势，但却隐含地假设潜在工资不平等在不同省份间是相同的（或者是以相同的速率变化）。Autor 等（2010）认为这一假设不合理，因此他们建议在式（11.7）的基础上加入省（区、市）虚拟变量以考虑不同省（区、市）潜在工资不平等的差异，

$$w_{jt}^{p} - w_{jt}^{50} = \alpha_j + \alpha_t + \beta_1^{p} \ (minwage - w_{jt}^{50}) \ + \beta_2^{p} \ (minwage - w_{jt}^{50})^2 + \varepsilon_{jt} \tag{11.8}$$

Autor 等（2010）还认为由于在解释变量和被解释变量中均存在对数工资中位数，因此 Lee（1999）的模型可能存在相除偏差问题（Borjas，1980）。这种情况可能会造成解释变量和被解释变量之间虚假的相关关系，并得到最低工资对工资不平等影响的过高估计。Lee（1999）注意到了这一问题，并尝试在被解释变量和解释变量中使用不同的工资分布集中度的度量指标。Lee（1999）在被解释变量中使用了对数工资中位数，而在解释变量中使用了去除上下各 30 个百分位点后的对数工资均值。Autor 等（2010）认为这种方法虽然会减小偏差，但却不能完全消除偏差。因此，Autor 等（2010）认为法定最低工资不存在抽样偏差问题，因此可以使用名义法定最低工资作为有效工资的工具变量进行估计。如果在控制了年份效应和时间趋势后，法定最低工资的变动与潜在工资不平等无关，那么这就是一个合适的工具变量。对有效最低工资的平方项也可以采用同样的方式构建工具变量。本章在估计过程中也将借鉴这种观点并进行相应的讨论。

此外，Autor 等（2010）还提供了另外一种减小相除偏差的方法。首先估计下面的模型，

$$w_{jt}^{50} = \alpha_j + \alpha_t + \ (\alpha_j \times t) \ + \varepsilon_{jt} \tag{11.9}$$

然后使用 w_{jt}^{50} 的预测值来计算有效最低工资（$minwage - \hat{w}_{jt}^{50}$）。Autor 等（2010）的研究证明了这种方法与工具变量方法得到的结果差别很小。

得到 β_1 和 β_2 的估计之后就可以计算潜在工资不平等的变动，并进一步计算最低工资对工资不平等上升的贡献。方法如下：对于数据中的每一个观测，首先计算它们属于工资分布的哪一个百分位点；然后，对所有工资进行如下的调整，

$$\Delta w_{jt}^{p} = \hat{\beta}_1^{p} \ (mw_{jt_1} - mw_{jt_2}) \ + \hat{\beta}_2^{p} \ (mw_{jt_1}^2 - mw_{jt_2}^2) \tag{11.10}$$

其中，mw_{jt_1} 和 mw_{jt_2} 分别为省（区、市）j 在年份 t_1 和 t_2 的有效最低工资，$\hat{\beta}_1^{p}$ 和 $\hat{\beta}_2^{p}$ 分别为 β_1 和 β_2 在第 p 个百分位点处的估计。如 t_1 代表

1995 年，t_2 代表 2008 年，则将 1995 年的个体工资去除 Δw_{jt}^{p} 后就可以得到 2008 年的潜在工资分布，进而可以计算潜在工资不平等的变动，并计算最低工资对工资不平等变动的贡献。

第三节　最低工资和工资不平等的变动趋势

为了得到关于工资不平等的尽可能长的时间序列，本章综合使用了来自中国综合社会调查（CGSS）、中国健康与营养调查（CHNS）和中国家庭收入调查（Chinese Household Income Project，CHIP）的微观数据。本书在第八章和第九章已经分别介绍了中国综合社会调查和中国健康与营养调查数据，这里分别使用中国综合社会调查 2003—2006 年的三次调查数据和中国健康与营养调查 1997—2009 年的五次调查数据。中国家庭收入调查是中国社会科学院收入分配课题组为了解中国家庭收入分配状况而进行的调查，该调查覆盖了东、中、西三大地区 12 个省市 60 多个城市的近万个家庭。迄今为止，该调查在 1988 年、1995 年、2002 年和 2007 年进行了四次调查。本章使用了该调查 1995 年和 2002 年的两次调查数据。在中国健康与营养调查中，被访问者提供的均是调查前一年的工资，而在中国家庭收入调查和中国综合社会调查中，被访问者提供的均是调查当年的工资。① 因此，本章最后得到了 1995 年、1996 年、1999 年、2002 年、2003 年、2005 年、2006 和 2008 年的工资数据。

由于本章所使用的微观数据来自三种不同的调查，为了尽量减少由于调查设计和抽样所带来的偏差以使得不同调查之间可以相互比较，本章对研究中实际使用的观测做了进一步的限制。首先，本章将所有调查的观测均限制在城镇地区；其次，根据中国的退休制度，仅考虑处于工作年龄的个体，即保留 16—60 周岁的男性观测和 16—55 周岁的女性观测；最后，为了减小异常值对研究结果的影响，本章去除了位于各省

① 1995 年和 2002 年的中国家庭收入调查分别在 1996 年和 2003 年进行调查，调查得到的是 1995 年和 2002 年的全年总收入及各分项收入；2003—2006 年的中国综合社会调查在当年的下半年进行，调查得到的是调查时上一个月的工资收入。

（区、市）各年份工资分布最高一个百分位点以上和最低一个百分位点以下的所有观测。另外，本章关注于工资的分布和工资不平等的变动，因此工资变量的准确和一致度量对于本章的研究非常重要。由于本章要考察工资不平等和最低工资之间的关系，工资变量的度量应该与中国《最低工资规定》中所确定的工资包含相同的项目，而在2004年以前，《企业最低工资规定》对最低工资是否应该包含津补贴的规定不明确；在中国健康与营养调查1997—2006年的四次调查中，调查得到的工资均未包含补助和奖金，而在2009年调查得到的工资中则包含了补助，且无法将工资与补助分离；中国家庭收入调查1995—2002年的两次调查包括了工资、奖金和补贴等单项调查项目；中国综合社会调查2003—2006年的三次调查得到的工资包括奖金和补贴，且无法得到单独的奖金和补贴项目。因此，为了使得大部分调查的工资变量一致，本章均使用包含补贴和奖金的工资收入。此外，《最低工资规定》要求“用人单位应支付给劳动者的工资在剔除延长工作时间工资后不得低于当地最低工资标准”，而在调查数据中难以准确地得到劳动者的实际工作时间，这可能使得本章工资变量的度量产生一定的偏差。

图11.3和图11.4分别给出了1996年和2008年男性和女性的对数工资分布。[①] 在图11.3和图11.4中，横坐标均为对数工资与中位数工资之差，图中的两条竖线分别为1996年和2008年的对数最低工资与中位数工资之差。由图11.3和图11.4可以看出，2008年与1996年相比，男性和女性的工资分布都更加分散；与1996年相比，2008年的男性和女性工资呈现出明显的双峰分布，赚取中间收入的个体数量减少；赚取较高收入的男性个体数量增加，而赚取较低收入的女性个体数量增加；在1995年，最低工资出现在工资分布的大幅上升阶段，最低工资对男性工资分布低端具有一定的推动作用；而到了2008年，最低工资出现在男性工资分布平缓上升的阶段，最低工资对男性工资分布的推动作用已经

① 注意到这里选用了1996年的数据与2008年进行比较，而没有选用1995年。这是因为1996年和2008年的数据来自同一调查，因而数据更具可比性。

变得非常弱；由于女性的平均工资水平较男性低，因此最低工资对女性工资分布的压缩作用更大一些。

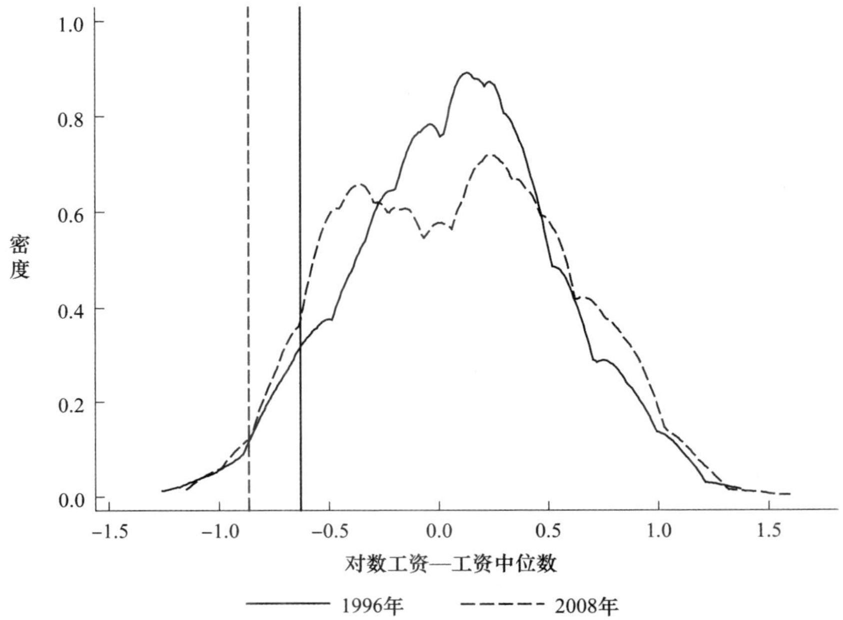

图 11.3　1996 **年和** 2008 **年男性工资分布**

资料来源：中国健康与营养调查（CHNS），见 https://www.cpc.unc.edu/projects/china。

由以上的分析可以看出，最低工资和工资不平等之间存在相关关系，但这种相关关系不能成为最低工资占比下降对工资不平等上升具有因果影响的证据。为了得到最低工资的真实效应，本章将使用回归方法将潜在工资不平等的变动与最低工资的影响进行分离。

第四节　最低工资对工资不平等的影响分析

根据本章第二节给出的模型设定，使用本章第三节介绍的微观调查数据，本章考察了最低工资对工资不平等的影响，检验了模型的核心假设是否成立，并计算了最低工资占比下降对工资不平等上升的贡献。按照劳动经济学实证研究的传统，本章对男性和女性分别进行了研究。

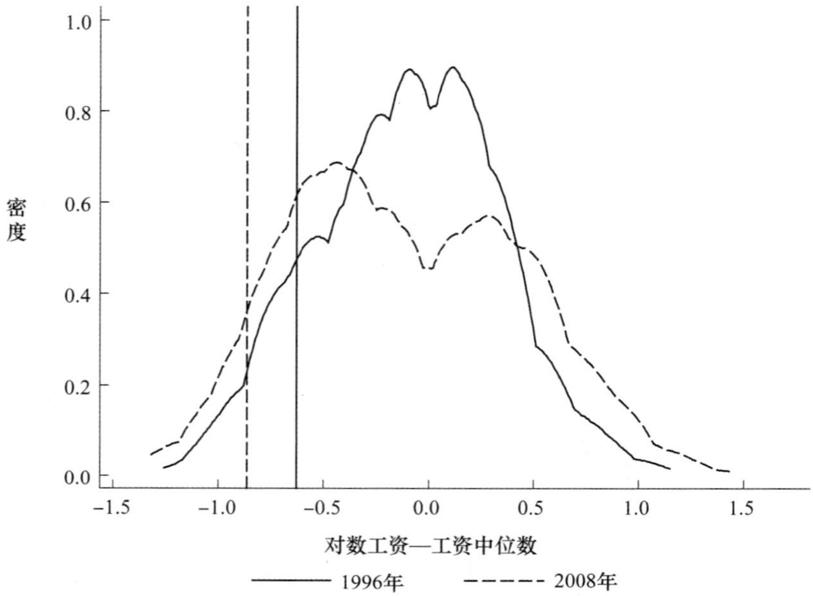

图 11.4　1996 **年和** 2008 **年女性工资分布**

资料来源：中国健康与营养调查（CHNS），见 https://www.cpc.unc.edu/projects/china。

工资分布上第 10 个百分位点与第 50 个百分位点的工资差异通常被视为工资不平等度量指标，本章将首先考察最低工资对这一指标的影响。表 11.1 给出了最低工资对 10—50 百分位点工资差异的估计结果。在回归中，被解释变量为 10—50 百分位点对数工资差异，解释变量中的有效最低工资为对数最低工资与对数中位数工资之差。为了检验模型的稳健性，本章在多个模型设定下进行了回归。在设定（1）下，模型仅包含了年份虚拟变量（以 1995 年为基准组），以考察工资不平等随时间的变动趋势；在设定（2）下，模型进一步包含了有效最低工资的一次项，以考察工资不平等和最低工资之间的线性关系；在设定（3）下，模型中同时包含了年份虚拟变量、有效最低工资的一次项和二次项，以允许工资不平等和最低工资之间的非线性关系；在设定（4）下，为了解决 Autor 等（2010）提出的遗漏变量问题，模型进一步包含了省份固定效应，然后使用基于面板数据的固定效应模型进行了估计。[①]

由表 11.1 可以发现，在设定（1）下，除 1996 年以外，男性和女性的 10—50 百分位点工资差异均有非常明显的下降，即男性和女性的工资不平等均有明显的上升趋势；在模型中加入有效最低工资的一次项以后，这些年份虚拟变量的系数仍然非常显著且仍全部为负值，这说明潜在工资不平等在 1995—2008 年呈现一直上升的趋势；同样，在模型中加入有效最低工资的二次项并考虑省（区、市）固定效应以后，这些年份虚拟变量的系数仍然显著为负，也就是说，即便最低工资占比保持 1995 年的水平，工资不平等受其他因素的影响也会呈现出上升的趋势。由表 11.1 还可以发现，加入有效最低工资变量以后，模型的拟合程度有了较大幅度的提高（R^2 由 0.2 以下提高到了接近 0.5）。观察表 11.1 中有效最低工资的系数可以发现，在设定（3）和设定（4）下，有效最低工资一次项的系数均显著为正，但二次项的系数均不显著，这说明工资不平等和有效最低工资之间的非线性关系在本章中并不重要。观察有效最低工资的系数还可以发现，在设定（2）中，相对于对数中位数工资，最低工资下降一个百分点使得男性和女性第 10 个百分位点处的工资分别下降 0.37 个和 0.46 个百分点；加入有效最低工资的二次项并考虑省（区、市）固定效应以后，最低工资对工资不平等的影响更加明显。对比男性和女性的估计结果可以发现，在设定（2）至设定（4）下，最低工资对女性工资不平等的影响均明显大于男性，这是因为女性的平均工资水平较男性更低，因而最低工资对女性工资分布的影响更大。

① 为了解决 Lee（1999）和 Autor 等（2010）提出的相除偏差问题（division bias problem），本章在回归过程中也实验了使用法定最低工资的水平值作为有效最低工资的工具变量，然而在两阶段最小二乘的估计结果中有效最低工资的一次项和二次项的系数均不显著，因此本章没有报告这一设定下的结果。对这一结果感兴趣的读者可以联系作者索取。

表 11.1　　最低工资对 10—50 百分位点工资差异的影响

解释变量	男性				女性			
	（1）	（2）	（3）	（4）	（1）	（2）	（3）	（4）
1996	-0.01	-0.01	-0.01	-0.05	0.05	0.05	0.05	0.05
1999	-0.17***	-0.14***	-0.14***	-0.19***	-0.07	-0.08*	-0.08*	-0.08*
2002	-0.11***	-0.12***	-0.12***	-0.12***	-0.10***	-0.13***	-0.13***	-0.15***
2003	-0.21***	-0.16***	-0.17***	-0.20***	-0.13***	-0.10***	-0.11***	-0.11***
2005	-0.26***	-0.27***	-0.28***	-0.30***	-0.17***	-0.24***	-0.25***	-0.26***
2006	-0.27***	-0.26***	-0.26***	-0.28***	-0.09**	-0.17***	-0.18***	-0.18***
2008	-0.19***	-0.14***	-0.14***	-0.20***	-0.23***	-0.21***	-0.22***	-0.23***
有效最低工资	—	0.37***	0.54*	0.77*	—	0.46***	0.81**	0.90**
有效最低工资平方	—	—	0.09	0.25	—	—	0.25	0.30
常数项	-0.40***	-0.09	-0.03	0.08	-0.41***	-0.07	0.06	0.09
R^2	0.26	0.42	0.42	0.45	0.17	0.46	0.47	0.50
观测数	131	131	131	131	131	131	131	131

注：*、**、***分别表示系数在 10%、5%、1%统计水平下显著。

资料来源：（1）中国健康与营养调查（CHNS），见 https://www.cpc.unc.edu/projects/china；（2）中国综合社会调查（CGSS），见 http://cgss.ruc.edu.cn；（3）中国家庭收入调查（CHIP），见 http://www.ciidbnu.org。

本章模型设定假设最低工资对工资分布低端的工资差异变动有影响，但并不影响工资分布高端的工资差异变动。为了检验这一核心假设是否成立，本章将一些主要百分位点与第 50 个百分位点处的工资差异对年份虚拟变量、有效最低工资及其平方项进行了回归。参照前文的表述，本章同时在表 11.1 的设定（2）至设定（4）下对这一问题进行了考察，如表 11.2 所示。在各种设定下，年份虚拟变量的系数均为正值，且大部分系数在统计上是显著的。这说明，工资分布高端的工资差异呈现逐年上升的趋势；与工资分布的低端相同，工资分布高端的潜在工资不平等也呈现逐年扩大的趋势。在表 11.2 中，每个百分位点工资差异的估计结果分为两行显示，其中第一行为有效最低工资的系数，第二行为有效最低工资平方的系数。由表 11.2 可以发现，若不考虑工资差异和有效最低工资之间的非线性关系以及省份固定效应，那么有效最低工资对工资分布高端的工资差异均有显著的正向影响，且百分位点越高，这种正向影响越大。考虑到工资分布高端的工资差异为正值，而有效最低工资为负值，因此相对于对数中位数工资而言，如果最低工资下降 1 个百分点，工资分布高端的各百分位点处的工资将分别有 0.08—0.22 个百分点的下降。这说明，中国近几年有效最低工资的下降似乎对工资分布的高端也具有一定的压缩作用。然而，一旦在模型考虑了工资差异和最低工资之间的非线性关系和省（区、市）固定效应，这种压缩作用就不存在了。由表 11.2 可以发现，对于男性而言，在设定（3）和设定（4）下，有效最低工资及其二次项的系数均不显著，这说明最低工资对工资分布高端男性的工资差异变动是没有影响的；对于女性而言，尽管有效最低工资下降使得 60—50 百分位点工资差异有增大的趋势，但这种关系在更高的百分位点上并不存在。对比男性和女性的结果可以发现，最低工资并未对某个特定性别群体产生更大或更小的影响。

表 11.2　**最低工资对工资分布高端工资差异的影响**

百分位点	男性			女性		
	（2）	（3）	（4）	（2）	（3）	（4）
60—50	0.09**	-0.02	0.09	0.08**	-0.32**	-0.41**
	—	-0.06	0.00	—	-0.28***	-0.35***
70—50	0.17***	0.12	-0.13	0.17***	0.12	-0.13
	—	-0.04	-0.19	—	-0.04	-0.19
80—50	0.19**	0.15	0.40	0.22***	0.05	-0.06
	—	-0.02	0.06	—	-0.12	-0.22

续表

百分位点	男性			女性		
	(2)	(3)	(4)	(2)	(3)	(4)
90—50	0.18**	-0.35	-0.65	0.18**	-0.51	-0.50
	—	-0.31	-0.49	—	-0.47*	-0.49

注：(1) 为了节约篇幅，本表没有给出年份虚拟变量的估计结果，对这部分内容感兴趣的读者可以联系作者索取；(2) *、**、***分别表示系数在10%、5%、1%统计水平下显著。

资料来源：中国健康与营养调查（CHNS），见 https://www.cpc.unc.edu/projects/china；中国综合社会调查（CGSS），见 http://cgss.ruc.edu.cn；中国家庭收入调查（CHIP），见 http://www.ciidbnu.org。

按照与表 11.2 相同的思路，表 11.3 给出了最低工资对工资分布低端工资差异影响的估计结果。由表 11.3 可以发现，若不考虑有效最低工资的二次项及省（区、市）固定效应，有效最低工资的下降使得工资分布低端各百分位点与第 50 个百分位点的工资差异有下降的趋势，因此工资分布低端的工资不平等有上升的趋势；百分位点越高，最低工资对工资差异的影响越小。考虑工资不平等和最低工资的非线性关系以及省（区、市）固定效应以后，最低工资对男性工资差异的影响仅在第 10 和第 40 个百分位点处是显著的，而在其他百分位点均不显著；对于女性而言，最低工资对各百分位点处的工资差异均有显著的影响。对比男性和女性的估计结果可以发现，最低工资对女性工资差异的影响明显大于男性。这与表 11.2 中工资分布高端的情况有较大的不同。

表 11.3　　**最低工资对工资分布低端工资差异的影响**

百分位点	男性			女性		
	(2)	(3)	(4)	(2)	(3)	(4)
10—50	0.37***	0.54*	0.77*	0.46***	0.81**	0.90**
	—	0.09	0.25	—	0.25	0.30
20—50	0.23***	0.35	0.55	0.33***	0.43	0.58*
	—	0.07	0.18	—	0.07	0.22

续表

百分位点	男性			女性		
	(2)	(3)	(4)	(2)	(3)	(4)
30—50	0.13***	0.25	0.59	0.28***	0.66***	0.88***
	—	0.07	0.25	—	0.26**	0.41**
40—50	0.09***	0.32	0.70**	0.16***	0.52***	0.73**
	—	0.13	0.29*	—	0.25**	0.38**

注：*、**、***分别表示系数在10%、5%、1%统计水平下显著。

资料来源：中国健康与营养调查（CHNS），见 https://www.cpc.unc.edu/projects/china；中国综合社会调查（CGSS），见 http://cgss.ruc.edu.cn；中国家庭收入调查（CHIP），见 http://www.ciidbnu.org。

由以上的分析可以看出，最低工资对工资分布高端的工资差异变动没有明显的影响，但对工资分布低端的工资差异变动有一定的影响，因此可以认为本章的模型假设是成立的，得到的估计结果是可信的。

为了进一步考察最低工资占比下降对工资不平等上升的贡献，按照式（11.10）给出的工资调整方法并结合表11.2和表11.3中设定（4）的估计结果，本章计算得到了在1996的有效最低工资水平下2008年的潜在工资分布，并据此计算了潜在工资不平等（以潜在工资分布10—50百分位点工资差异为度量标准），如表11.4所示。总体来看，与1996年相比，潜在工资不平等呈现上升的趋势，这与前文的估计结果是一致的。由表11.4还可以看出，潜在工资不平等的上升是实际工资不平等上升的主要原因，最低工资占比的下降仅可以解释实际工资不平等上升的23%；分性别来看，最低工资占比下降对男性和女性实际工资不平等的上升分别有19%和32%的贡献，最低工资对女性工资不平等的影响大于其对男性的影响，这与前文的估计结果是一致的。

表11.4　**工资不平等变动的分解**

分组	实际工资不平等		潜在工资不平等
	1996年	2008年	
总体	-0.47	-0.69	-0.64

续表

分组	实际工资不平等		潜在工资不平等
	1996 年	2008 年	
男性	-0.47	-0.63	-0.60
女性	-0.42	-0.61	-0.55

注："潜在工资不平等"一列为保持 1996 年有效最低工资水平下的 2008 年工资不平等。

资料来源：中国健康与营养调查（CHNS），见 https://www.cpc.unc.edu/projects/china；中国综合社会调查（CGSS），见 http://cgss.ruc.edu.cn；中国家庭收入调查（CHIP），见 http://www.ciidbnu.org。

第五节　结论及政策含义

本章综合使用中国健康与营养调查、中国综合社会调查和中国家庭收入调查的 8 次微观调查数据，研究了最低工资对工资不平等的影响。研究表明，1995—2008 年，以工资分布低端各百分位点与第 50 个百分位点处的工资差异所表示的工资不平等呈现出持续上升的趋势；在同一时期，中国的最低工资占比也呈现出非常明显的下降趋势；随着最低工资占比的下降，在工资分布上有越来越多的人落在了最低工资的左侧，最低工资对工资分布的压缩能力越来越弱；分性别研究的结果表明，最低工资对女性工资分布形状的调整能力更大。

为了研究工资不平等与最低工资之间的关系，本章从理论上将实际工资不平等的增长分解为两部分，分别是潜在工资不平等的变化以及最低工资的影响；在实证模型中，为了允许最低工资对工资不平等影响的非线性特征，在模型中加入了有效最低工资与有效最低工资的二次项；为了允许潜在工资不平等的变动在不同省（区、市）间有所不同，在时间趋势变量的基础上还考虑了省（区、市）固定效应；为了解决度量误差问题，也尝试了在模型中使用法定最低工资及其平方项作为有效最低工资及其平方项的工具变量。

实证研究的结果表明，1995—2008 年，中国的潜在工资不平等呈现出一直上升的趋势，潜在工资不平等的上升是造成中国工资不平等变动的主要原因；最低工资对工资不平等的上升也有一定的影响，且其对女性的影响大于男性；相对于中位数工资而言，最低工资下降一个百分点可以使得第 10 个百分位点处的工资有近一个百分位点的下降；最低工资仅对工资分布低端的工资差异变动有影响，而对工资分布高端的工资差异变动影响不大。

然而，需要注意的是，与美国等西方国家最低工资下降对工资不平等上升有近 90% 的贡献不同，中国的最低工资占比下降仅可以解释工资不平等上升的 20% 左右。因此，最低工资对工资不平等的调整能力有限，有效降低工资不平等需要更加宏观的收入分配制度设计。

第十二章　最低工资的收入分配效应*

根据公共经济学理论，政府通过制定和实施收入分配和再分配政策能够有效地调整居民收入差距，这已经成为各国政府的共识（Myles，1995）。然而，由于数据匮乏，关于中国最低工资制度是否实现了其调整收入分配目标的研究还非常少。①

在国内外关于最低工资的经验研究中，大部分文献关注最低工资的就业效应、劳动供给效应、溢出效应和工资不平等效应。提升最低工资标准在提高低收入群体工资水平的同时，还可能会使得部分低技能的劳动力失业。因此，单纯地从最低工资的就业效应或工资效应等某一方面进行考察无法全面衡量其对收入分配产生的影响。2010 年以来，为了有效地调整居民收入差距和促进社会公平正义，中国各级地方政府频繁上调了最低工资标准。然而，最低工资制度的设计和评价需要经济理论和经济模型的支持。在当今学术界，有两大类不同类型的模型在政策评价中得到了广泛的应用，分别是可计算一般均衡（Computable General Equilibrium，CGE）模型和微观模拟（Microsimulation）模型。

CGE 模型产生于20 世纪60 年代（Johansen，1960），Scarf 和 Hansen（1973）提出的计算经济系统均衡状态的算法使得 CGE 模型在计算机上得以实现。CGE 模型具有坚实的经济理论基础，与局部均衡模型相比，

---

* 本章部分内容节选自张世伟和贾朋（2014）。

① 在文献中，关于收入分配有两种译法，分别是“Earnings Distribution”和“Income Distribution”，其中“Earnings Distrbution”多指个人，而“Income Distribution”多指家庭。本章关注最低工资对个人收入分配的影响。

能在更广泛的范围内分析经济政策对经济系统的“一般均衡”效应（Dervis 等，1982；Shoven 和 Whalley，1992）。因此，CGE 模型在国际贸易和税收等经济政策的分析与评价中得到了广泛的应用（Hosoe 等，2010）。近期，也有一些学者开始使用 CGE 模型研究最低工资的劳动力市场效应。微观模拟模型由 Orcutt（1957）首先提出，它是指以个人、家庭或企业等微观个体作为描述和处理的对象，应用计算机模拟现实经济系统的过程。微观模拟模型可以较好地刻画个体的异质性，因此是分析公共政策收入分配效应的有效工具（张世伟等，2009；Muller 和 Steiner，2009）。

CGE 模型和微观模拟模型作为最低工资制度评价的工具各有其优势。CGE 模型关注的是宏观水平的分析，它的分析结果较局部均衡分析更能体现“一般均衡”效应。但 CGE 模型中所使用的代表性主体方法不能满足进行最低工资收入分配效应研究所要求的个体的“异质性”。而微观模拟模型则恰好关注微观水平的分析。在微观模拟模型中可以更好地描述微观个体的属性和行为，从而使其在处理收入分配问题上有着独特的优势。大多数现有的经济学模型要么仅仅关注宏观水平的分析，要么仅仅关注微观水平的分析。如果能找到一种方法将 CGE 模型和微观模拟模型连接起来，这样就能够在对个体异质性进行分析的同时，还可以考虑政策改革的宏观经济效应，这样分析的结果无疑比单纯地进行宏观分析或微观分析的结果更加具有说服力。

近期，国外学者开始尝试在宏观与微观连接的框架下分析最低工资的劳动力市场效应和收入分配效应，并得到了一些与单纯使用宏观模型或微观模型分析不同的结论。一些学者开始怀疑最低工资对收入分配的调节能力，如 Pauw 和 Leibbrandt（2012）就认为最低工资不是调整收入差距的有效政策工具。在国内，还没有学者在宏观与微观连接的框架下研究最低工资的收入分配效应，其中一个重要原因是 CGE 模型的研制较一般计量经济模型更加复杂，而微观数据的缺失进一步限制了宏观与微观连接模型的构建。

近几年，中国各地方政府频繁提高最低工资标准，关于中国城镇劳动力市场的微观数据也日渐丰富，这为研究最低工资的收入分配效应提供了数据支持。本章拟分别建立可计算一般均衡和微观模拟模型，然后使用“自顶而下/自下向上”方法将两个模型进行连接，用于分析最低工资提升对居民收入分配的影响。第一节介绍可计算一般均衡模型的构建，第二节介绍微观模拟模型的构建，第三节介绍将可计算一般均衡模型与微观模拟模型进行连接的方法，第四节在宏观与微观连接框架下对最低工资的收入分配效应进行分析，第五节给出结论。

第一节　可计算一般均衡模型

本节所构建的可计算一般均衡模型包含 6 种活动 *a*、6 种商品 *c*、1 种劳动力要素 *lab*、1 种资本要素 *cap*（劳动力要素和资本要素有时统一写为 *f*）、2 种家庭 *h*（包括城镇家庭和农村家庭）、1 个企业 *ent*、1 个政府 *gov*、2 个资本账户（包括固定资本形成和存货增加）、3 种税收（包括国内活动的生产税、国内机构账户的直接税和进口商品的关税、增值税和消费税等）和 1 个世界其他地区 *row*。

一　可计算一般均衡模型的基本结构

可计算一般均衡模型是联立方程的集合，这些方程中的一部分刻画了经济主体选择最优目标时的行为，另外一部分则是约束方程。下面从生产活动和要素市场、机构、产品市场和系统约束 4 个方面介绍模型的主要方程。①

1. 生产活动和要素市场

假设每个生产者在生产技术的约束下最大化其利润。生产活动的投入为劳动力要素、资本要素和中间产品。生产技术的顶层由总增加值投入 *QVA*② 和总中间产品投入 *QINTA* 通过一个里昂惕夫生产函数整合为总

① 限于篇幅，这里仅仅给出了部分方程。对整个方程系统感兴趣的读者可以联系作者索取。

② 在本章对可计算一般均衡模型的方程系统进行说明过程中，不致引起混淆的情况下，均省略了变量和参数的下标。

活动产出 QA，如式（12.1）和式（12.2）所示。

$$QVA_a = iva_a \cdot QA_a \tag{12.1}$$

$$QINTA_a = inta_a \cdot QA_a \tag{12.2}$$

其中，iva 和 $inta$ 分别为总增加值投入和总中间投入的投入系数。总增加值投入是各种要素投入 QF 的常替代弹性（CES）函数，如式（12.3）所示；总中间产品投入是各种中间投入 $QINT$ 的里昂惕夫函数，如式（12.4）所示。

$$QVA_a = \left(\sum_f \delta_{fa}^{va} \cdot QF_{fa}^{-\rho_a^{va}}\right)^{-\frac{1}{\rho_a^{va}}} \tag{12.3}$$

$$QINT_{ca} = ica_{ca} \cdot QINTA_a \tag{12.4}$$

其中，δ^{va} 为 CES 增加值函数中的份额参数，CES 增加值函数中资本要素和劳动力要素之间的替代弹性可以表示为 $\sigma = 1/(1+\rho^{va})$，ica 为中间投入系数。

假设所有要素投入在各个生产活动间可以自由流动，且要素供给数量外生给定。利润最大化厂商在生产活动中使用要素直到每种要素的边际产品收入与其价格 WF 相等。要素价格在不同生产活动中不同，要素价格的变化使得要素市场达到均衡，如式（12.5）所示。

$$WF_{fa} = PVA_a \cdot QVA_a \cdot \left(\sum_f \delta_{fa}^{va} \cdot QF_{fa}^{-\rho_a^{va}}\right)^{-1} \cdot \delta_{fa}^{va} \cdot QF_{fa}^{-\rho_a^{va}-1} \tag{12.5}$$

其中，PVA 为总增加值投入的价格。在本章第四节的分析中将通过对 WF 进行调整来模拟劳动力要素价格提升对劳动力需求和总收入的影响。

2. 机构

模型中的机构账户包括家庭、企业、政府以及世界其他地区。要素总收入 YF 在去除世界其他地区的要素收入 $trnsfr$（假设汇率为 EXR）后以固定的比例 $shif$ 在国内机构账户 i 中进行分配，如式（12.6）所示。

$$YIF_{if} = shif_{if} \cdot (YF_f - trnsfr_{row,f} \cdot EXR) \tag{12.6}$$

其中，YIF 为国内机构账户的要素收入。家庭和企业等国内非政府机构账户 i 的总收入 YI 构成如式（12.7）所示。

$$YI_i = \sum_f YIF_{if} + trnsfr_{i,gov} + trnsfr_{i,row} \cdot EXR + \sum_{i'} TRII_{ii'} \tag{12.7}$$

其中，*trnsfr* 为政府或世界其他地区向国内非政府机构账户的转移支付，*TRII* 为国内非政府机构账户之间的转移支付，并且满足，

$$TRII_{ii'} = shii_{ii'} \cdot (1 - MPS_{i'}) \cdot (1 - TINS_{i'}) \cdot YI_{i'} \quad (12.8)$$

其中，*TINS* 为直接税税率，*MPS* 为边际储蓄倾向。式（12.8）表明，国内非政府机构账户的总收入在缴纳直接税并进行储蓄后按照一个固定的比例 *shii* 向国内其他非政府机构账户进行转移支付。

模型中的家庭 *h* 细分为城镇家庭和农村家庭。两类家庭都是价格的接受者，并且在各自的预算约束下最大化其效用。对于城镇家庭和农村家庭均采用 Stone-Geary 效用函数，从而允许消费品之间的不完全替代。这使得居民的最终消费需求是复合商品的线性支出系统（Linear Expenditure System，LES），如式（12.9）和式（12.10）所示。

$$EH_h = (1 - \sum_i shii_{ih}) \cdot (1 - MPS_h) \cdot (1 - TINS_h) \cdot YI_h \quad (12.9)$$

$$PQ_c \cdot QH_{ch} = PQ_c \cdot \gamma_{ch}^m + \beta_{ch}^m \cdot (EH_h - \sum_c PQ_c \cdot \gamma_{ch}^m) \quad (12.10)$$

其中，*EH* 为家庭的总消费支出，*PQ* 为家庭最终消费的价格，*QH* 为家庭最终消费的数量，γ^m 为基本消费数量，β^m 为边际消费份额。

假设企业不进行消费。企业从资本投资中获得收入并将其在缴纳企业所得税、储蓄和对家庭进行转移支付之间进行分配，如式（12.7）和式（12.8）所示。政府获得收入 *YG* 的途径包括在生产和消费等领域进行征税、获得投资收益和国外其他地区的转移支付，如式（12.11）所示。政府将其收入用于消费商品、储蓄并对国内其他非政府机构进行转移支付。政府的消费支出和转移支付支出总额如式（12.12）所示。

$$\begin{aligned} YG = & \sum_i TINS_i \cdot YI_i + \sum_a ta_a \cdot PA_a \cdot QA_a + \\ & \sum_c tm_c \cdot pwm_c \cdot QM_c \cdot EXR + \\ & \sum_f YIF_{gov,f} + trnsfr_{gov,row} \cdot EXR \end{aligned} \quad (12.11)$$

$$EG = \sum_c PQ_c \cdot QG_c + \sum_i trnsfr_{i,gov} \quad (12.12)$$

其中，*ta* 为生产税税率，*PA* 为活动产出的价格，*tm* 为进口商品关税，*pwm* 为进口商品的价格，*QM* 为进口商品的数量，*EG* 为政府除储蓄

外的支出总额，QG 为政府最终消费数量。

世界其他地区从国内资本投资中获益，从国内商品进口中获得收入，从国内政府获得转移支付，并将这些收入用于进口国内商品、对包括政府在内的国内机构账户进行转移支付。

3. 商品市场

国内的活动产出 QA 在国内市场销售 QD 和出口 QE 之间进行分配，这种分配机制以一个常转换弹性函数（CET）表示，如式（12.13）所示。

$$QA_c = (\delta_c^t \cdot QE_c^{\rho_c^t} + (1-\delta_c^t) \cdot QD_c^{\rho_c^t})^{1/\rho_c^t} \tag{12.13}$$

其中，δ^t 为份额参数，ρ^t 是 CET 函数的指数。国内商品需求是对复合商品 QQ 的需求。根据 Armington 假设，复合商品是国内活动产出在国内销售的部分 QD 和进口商品 QM 通过一个常转换弹性（CES）函数得到的，如式（12.14）所示。

$$QQ_c = (\delta_c^q \cdot QM_c^{-\rho_c^q} + (1-\delta_c^q) \cdot QD_c^{-\rho_c^q})^{-1/\rho_c^q} \tag{12.14}$$

其中，δ^q 为 CES 函数中的份额参数，易知国内商品和进口商品之间的替代弹性可以表示为 $\sigma = 1/(1+\rho^q)$。

4. 系统约束

典型的 CGE 模型是有约束的均衡模型（赵永和王劲峰，2008）。单个主体不需要满足这些约束方程，但是方程系统整体需要满足这些约束条件。CGE 模型中的均衡包括政府支出均衡、国际收支平衡、要素市场均衡和产品市场均衡四部分，分别如式（12.15）至式（12.18）所示。

$$YG = EG + GSAV \tag{12.15}$$

其中，$GSAV$ 为政府储蓄。式（12.15）表明政府收入需等于政府支出。

$$\sum_c pwm_c \cdot QM_c = FSAV + \sum_c pwe_c \cdot QE_c + \sum_i trnsfr_{i,row} - \sum_f trnsfr_{row,f} \tag{12.16}$$

其中，$FSAV$ 为世界其他地区在国内的储蓄。式（12.16）表明国内从世界其他地区得到的收入和支出应该相等。

$$\sum_{a} QF_{fa} = QFS_{f} \quad (12.17)$$

其中，QFS 为要素供给。式（12.17）表明，生产活动的要素总需求应该等于要素总供给。为了方便与微观模拟模型进行连接，这里将要素供给设定为外生变量。

$$QQ_{c} = \sum_{a} QINT_{ca} + \sum_{h} QH_{ch} + QG_{c} + QINV_{c} + qdst_{c} \quad (12.18)$$

其中，$QINV$ 为投资需求，$qdst$ 为存货净增量。式（12.18）表明，国内复合商品的总供给等于总需求。

二　社会核算矩阵的编制

社会核算矩阵是确定可计算一般均衡模型参数的重要依据。本章所使用的宏观社会核算矩阵分为10个账户，分别是活动、商品、劳动力要素、资本要素、家庭、企业、政府、储蓄投资、存货变动和世界其他地区，附表1给出了宏观社会核算矩阵中各账户的含义。在社会核算矩阵中，每个单元格均表示由列账户向行账户的货币支付，同时也代表了列账户由行账户得到的商品或服务。附表2给出了未在社会核算矩阵中得到反映的政府账户和税收账户之间的关系，附表3给出了宏观社会核算矩阵中各种支付或收入的含义，附表4给出了宏观社会核算矩阵的基本结构。

本章在编制宏观社会核算矩阵的过程中遵循了以下原则：（1）自顶向下、总量控制；（2）先易后难、确定性科目优先。数据的获取遵循了以下原则：首先，从投入产出表中获取数据；其次，从中国统计年鉴和中国财政年鉴中获取数据；再次，从国家统计局或相关管理部门公布的部门年度统计资料中获得数据；最后，根据经济核算的基本原则推算得到。在选取数据来源时，对于某一项统计指标，如果以往的统计材料和较新的统计材料都有统计，一般以较新的统计材料为准。附表5给出了宏观社会核算矩阵的原始表。

在社会核算矩阵的构建过程中，数据缺失、数据来源不一致或大量估算均可能导致最终社会核算矩阵的行和与列和不相等。为了通过一种高效率、低成本的数据调整途径将各种不同来源、不同时期的信息一致地整合到社会核算矩阵中，本章使用跨熵法对附表5给出的原始矩阵进行了平衡，调平后的矩阵见附表6（Robinson等，2001）。①

宏观社会核算矩阵提供的信息有限。为了研究最低工资的收入分配效应，需要对宏观社会核算矩阵中的一些账户进行细分。根据数据可得性，本章将投入产出表中的17个部门归并为6个部门，同时将家庭账户细分为农村家庭和城镇家庭两类。细分社会核算矩阵的结构见附表7。②

三　参数校准

可计算一般均衡模型的有效性和精确性依赖于模型参数的确定。本章参考赵永和王劲峰（2008）和谢杰（2008）等相关研究确定了生产要素之间的替代弹性、贸易函数和家庭消费函数中的弹性值，如表12.1所示。

表12.1　**可计算一般均衡模型中的弹性值**

商品	要素替代弹性	贸易函数中的弹性		家庭消费函数中的弹性	
		Armington	CET	城镇家庭	农村家庭
农业	0.427	2.040	3.440	0.648	0.764
工业	1.719	3.967	4.600	0.785	1.026
建筑业	0.262	1.900	3.800	1.616	1.156
运输邮电业	0.727	1.900	2.800	0.988	0.987
零售餐饮业	0.727	1.900	2.800	0.834	0.987
其他服务业	0.727	1.900	2.800	1.426	1.211

资料来源：根据综合数据测算。

① 各种社会核算矩阵的更新和平衡方法中，最为简单和经典的方法是RAS法。此外，应用较广的方法还有跨熵以及最小二乘等方法，每种方法都有其优势和适用的情况。关于社会核算矩阵不同平衡方法的原理和比较可以参考万兴等（2010）。

② 由于篇幅限制，这里不能给出细分社会核算矩阵的原始表和平衡表。对这些数据感兴趣的读者可以联系作者索取。

模型中的其他参数主要通过校准方法得到（Dixon 和 Parmenter，1996）。表 12.2 给出了可计算一般均衡模型中的部分参数值。其中，“投入系数”两列中的数值分别与式（12.1）中的 *iva* 和式（12.2）中的 *inta* 相对应，“税率”两列与式（12.11）中的 *ta* 和 *tm* 相对应，“CES 增加值函数”两列与式（12.3）中的 δ^{va} 相对应（注意到劳动力份额与资本份额之和为 1），“贸易函数”两列与式（12.13）和式（12.14）中的 δ^{t} 和 δ^{q} 相对应。

表 12.2　**可计算一般均衡模型中的部分参数**

商品	投入系数		税率		CES 增加值函数		贸易函数	
	增加值	中间	生产税	关税	劳动力	资本	CET	CES
农业	0.581	0.416	0.106	0.003	0.998	0.002	0.768	0.179
工业	0.201	0.749	0.097	0.051	0.500	0.500	0.581	0.402
建筑业	0.222	0.744	0.188	0.034	0.698	0.302	0.800	0.051
运输邮电业	0.409	0.553	0.112	0.038	0.170	0.830	0.698	0.141
零售餐饮业	0.391	0.508	0.113	0.101	0.302	0.698	0.657	0.146
其他服务业	0.470	0.492	0.104	0.038	0.301	0.699	0.770	0.136

资料来源：根据综合数据测算。

表 12.3 给出了单位活动所需要的中间投入，与式（12.4）中的中间投入系数 *ica* 对应。

表 12.3　**单位活动需要的中间投入**

部门	农业	工业	建筑业	运输邮电业	零售餐饮业	其他服务业
农业	0.382	0.067	0.098	0.019	0.111	0.008
工业	0.445	0.776	0.701	0.601	0.478	0.508
建筑业	0.005	0.001	0.002	0.025	0.023	0.057
运输邮电业	0.055	0.055	0.100	0.190	0.091	0.107
零售餐饮业	0.052	0.050	0.050	0.056	0.093	0.111
其他服务业	0.060	0.051	0.050	0.108	0.205	0.210

资料来源：根据综合数据测算。

表 12.4 给出了国内机构账户的收入份额，其中关于劳动力与资本要素的数值与式（12.6）中的固定比例参数 *shif* 相对应。

表 12.4　　　　国内机构账户的收入份额

国内机构账户	劳动力	资本	企业
农村家庭	0.273	0.009	0.096
城镇家庭	0.727	0.013	0.904
企业	0.000	0.978	0.000

资料来源：根据综合数据测算。

第二节　微观模拟模型

借鉴 Bourguignon 等（2003）以及 Bussolo 和 Round（2006）等的研究思想，本章以中国社会科学院经济研究所“城乡居民收入分配”课题组提供的中国家庭收入调查数据为基础建立了一个行为微观模拟模型。为了保持与可计算一般均衡模型的数据相一致，本章假设人口结构等保持不变，采用时化（aging）技术对数据进行调整。具体来讲，对于随时间自然增长的年龄和工作经验等变量，均在原有基础上增加相应年份；对于工资和非劳动收入等变量，按照所在省份的工资增长幅度进行调整；对于户主身份、党员身份和性别等变量则保持不变。由于已婚个体占调查样本的绝大多数，且已婚个体与未婚个体的劳动供给行为有较大差异，因此本章仅关注样本中的已婚个体。具体的数据处理过程如下：第一，将样本范围限制为劳动年龄人口，删除个体劳动力市场状态为丧失劳动能力、离退休、在校学生、待分配和待升学的人口；第二，由于非正规就业个体与正规就业个体存在较大差异，在样本中进一步删除失业期间从事过非正规就业的个体；第三，删除信息缺失样本，得到样本总数为 8058 人。

为了刻画个体的劳动参与行为，本章在传统的算术微观模拟模型中引入了一个行为反应模块。在该模块中，每个处于工作年龄的个体 i 根据效用最大化的原则在劳动参与和非劳动参与两种劳动力市场状态之间做出选择。[①] 根据 Heckman 两步骤法，本章首先将简化式劳动参与方程设置为，

$$P_i^* = \alpha_0 + \alpha_1 Y_i + \alpha_2 Z_i' + \varepsilon_i$$

$$P_i = \begin{cases} 1 & \text{if} \quad P_i^* > 0 \\ 0 & \text{if} \quad P_i^* \leqslant 0 \end{cases} \tag{12.19}$$

其中，P_i^* 表示不可观测的决定个体 i 是否劳动参与的变量，Y_i 表示个体 i 的非劳动收入，Z_i 表示可观测的影响个体 i 劳动参与决策的个体属性（不包括工资）向量，P_i 表示个体 i 的劳动参与状态（1 表示参与，0 表示非参与），α_0、α_1 和 α_2 为回归系数，$\varepsilon_i \sim N(0, 1)$ 为随机扰动项。因此，个体的劳动参与概率可以表示为，

$$\Pr(P_i = 1) = \Phi(\alpha_0 + \alpha_1 Y_i + \alpha_2 Z_i') \tag{12.20}$$

其中，$\Phi(\cdot)$ 为标准正态分布的累积分布函数。根据简化式劳动参与方程可以得到逆米尔斯比为，

$$\lambda_i = \frac{\varphi(\alpha_0 + \alpha_1 Y_i + \alpha_2 Z_i')}{\Phi(\alpha_0 + \alpha_1 Y_i + \alpha_2 Z_i')} \tag{12.21}$$

其中，$\varphi(\cdot)$ 为标准正态分布的概率密度函数。将 λ_i 作为解释变量引入工资方程以修正样本选择偏差，则工资方程可以设定为，

$$\ln W_i = \beta_0 + \beta_1 Q_i' + \beta_2 \lambda_i + \mu_i \tag{12.22}$$

其中，$\ln W_i$ 为参与个体 i 的对数小时工资，Q_i 表示影响参与个体 i 工资收入的个体属性向量，β_0、β_1 和 β_2 为回归系数，$\mu \sim N(0, \sigma^2)$ 为随机扰动项。将个体工资作为解释变量引入劳动参与方程可得到结构式劳动参与方程，

$$P_i^* = \gamma_0 + \gamma_1 \ln \hat{W}_i + \gamma_2 Y_i + \gamma_3 Z_i' + \omega_i$$

$$P_i = \begin{cases} 1 & \text{if} \quad P_i^* > 0 \\ 0 & \text{if} \quad P_i^* \leqslant 0 \end{cases} \tag{12.23}$$

---

① 根据 Eissa（1995）的观点，在调查时点前一年中工作一小时以上可界定为劳动参与，本章将全年就业、部分时间就业和部分时间失业界定为劳动参与。对于劳动参与的个体均可以通过调查得到工资收入，因此在本章中就业与劳动参与的概念等价。

其中，$\ln \hat{W}$是对数小时工资的预测值，[①] γ_0、γ_1、γ_2 和 γ_3 为回归系数，$\omega_i \sim N(0, 1)$ 为随机扰动项。

根据劳动供给理论，个体是否劳动参与取决于其保留工资与市场工资的比较，如果市场工资高于保留工资，则个体选择劳动参与；否则，个体选择闲暇。保留工资与个体属性密切相关。由于男性和女性在劳动力市场和家庭中的生产率存在较大差别，因此在模型中应该对性别加以控制。[②] 根据劳动供给的生命周期理论，个体在一生中不同时期的劳动参与行为不尽相同，劳动参与概率通常会随着年龄的增长呈倒"U"形变动趋势。根据家庭联合劳动供给理论，家庭情况会对个体劳动参与决策产生重要影响。个体的户主身份意味着其需要承担较大的家庭责任，具有户主身份的个体倾向于增加劳动参与的概率。个体的非劳动收入（包括配偶等其他家庭成员的工资收入、资本收入、转移支付收入和其他非劳动收入）会产生收入效应，导致个体劳动参与概率下降。如果有婴幼儿，则照料婴幼儿需要个体在家庭付出更多的时间。劳动者的身体健康状况显然会对劳动者的劳动参与决策产生重要影响。根据人力资本理论，人力资本水平较高个体的劳动参与概率也较高。个体的受教育水平和政治面貌作为反映人力资本水平的重要指标，与劳动参与率之间有着密切的关系。根据区域经济理论，城市经济发展水平会对个体的劳动参与产生影响。因此，本章选择个体的年龄、户主身份（虚拟变量，以非户主作为参照组）、性别（虚拟变量，以女性为参照组）、健康状况（虚拟变量，以非健康作为参照组）、受教育年限、党员身份（虚拟变量，以非党员作为参照组）、非劳动收入、家庭人口数和省份（虚拟变量，以北京市为参照组）作为劳动参与方程的解释变量。

---

① 传统劳动参与方程的估计方法对于参与个体使用市场工资，而对于非参与个体使用预测工资。但 Blundell 和 Macurdy（1999）指出，使用传统方法将得到不一致的估计量，而对所有个体均采用预测工资则可以得到一致估计量。

② 由于个体属性对男性和女性劳动参与程度的影响存在很大差异，因此传统的劳动供给研究通常对男性和女性分别进行研究。但由于在本章第一节建立的可计算一般均衡模型中不能分别模拟对男性和女性劳动力需求的变动，因此在微观模拟模型中对男性和女性不采用分别研究的方法，而是采用在模型中加入性别虚拟变量的方法进行控制。

根据人力资本理论，个体工资的差异主要源于个体人力资本水平的差异。人力资本的主要构成为知识和技能，受教育年限是个体知识水平的重要表现，而工作经验是个体技能的重要表现。传统的明瑟（Mincer）工资方程没有考虑个人能力的异质性。党员身份、是否毕业于重点中学、中学成绩和是否通过高考上大学等均可以作为个人能力的体现（Griliches，1977）。同时，家庭教育背景会对个体知识和技能获得产生影响（Schultz，1988）。此外，城市经济发展水平会对个体工资水平产生影响。根据劳动力市场歧视理论，男性和女性的工资也有明显差别（张世伟和郭凤鸣，2009）。因此，本章选择性别（虚拟变量，以女性为参照组）、教育年限、工作经验、工作经验平方、党员身份（虚拟变量，以非党员作为参照组）、重点中学毕业（虚拟变量，以非重点中学毕业作为参照组）、中学成绩（虚拟变量，以中学成绩后60%作为参照组）、通过高考上大学（虚拟变量、以非通过高考上大学作为参照组）、父亲或母亲大学毕业（虚拟变量，以非大学毕业作为参照组）和省份（虚拟变量，以北京市为参照组）作为工资方程的解释变量。

在算数微观模拟模块中，个体的 i 主要收入来源是劳动收入 W_i、其他要素收入 K_i 和转移支付收入 T_i（包含企业的转移支付、政府的转移支付和国外的转移支付等），则个体的总收入为 $Y_i = W_i \cdot P_i + K_i + T_i$。个体需要向政府缴纳直接税，设税率为 t，则个体的可支配收入为 $D_i = (1 - t) \cdot Y_i$，税率 t 随着收入 Y_i 的变化而变化。个体将可支配收入的一定比例用于储蓄，设边际储蓄倾向为 mps_i，则个体 i 的储蓄为 $SAV_i = mps_i \cdot D_i$。家庭的商品消费预算为 $CEB_i = D_i - SAV_i$。与可计算一般均衡模型中的商品划分一致，微观模拟模型中把可供个体消费的商品分为6类，以下标 c 代表商品。个体 i 花费消费预算的一个固定比例在商品 c 上，因此个体 i 在商品 c 上的消费支出为 $CE_{ic} = \eta_{ic} \cdot CEB_i$，消费量为 $C_{ic} = CE_{ic}/P_c$。

第三节　宏观与微观连接模块

现在有三种方法可以将可计算一般均衡模型与微观模拟模型进行连

接（Colombo，2010；Decaluwe 等，1998；Decaluwe 等，1999；Savard，2003）。第一种是充分整合方法。在这种方法中，微观经济数据被直接反馈到可计算一般均衡模型中。这种方法仅仅是简单地把可计算一般均衡模型中有限的代表性主体替换为了成千上万的个体。因此，这种方法中没有一个真正的微观模拟模块。因此，采用这种方法不能对个体的劳动参与反应做出合理预测。剩下的两种方法都是分层方法，分别为自顶而下（Top-Down，简称为 TD）方法和自顶而下/自下向上（Top-Down/Bottom-Up，简称为 TD/BU 方法）。具体地说，在这两种中都需要分别建立可计算一般均衡模型和微观模拟模型，然后通过选定某些特定的参数或变量在两个模型之间传递信息来将两个模型进行连接。自顶而下方法通过一个方程系统将行为微观模拟模型与可计算一般均衡模型连接起来。这个方程系统从可计算一般均衡模型向微观模拟模型传递变量。自顶而下/自下向上方法还允许微观模拟模型向可计算一般均衡模型传递信息。

本章选用自顶而下/自下而上方法将可计算一般均衡模型与微观模拟模型进行连接。这种方法的基本困难是保持微观和宏观层次分析的一致性。为此，需要引入一个方程系统来保证两个模型之间的一致性。

（1）微观模拟模型中商品价格 P_c 的变化必须与可计算一般均衡模型中商品价格变化相一致，由式（12.24）表示。

（2）可计算一般均衡模型中劳动力要素工资率的变化要与微观模拟模型中平均工资的变化相一致，由式（12.25）表示。由于本章研究最低工资标准提升对收入分配的影响，而受到最低工资法规约束的个体仅占全体劳动力的一小部分，因此本章首先在微观模拟模型中模拟得到最低工资提升后劳动力市场平均工资的变化，然后将这种平均变化传递给可计算一般均衡模型。

（3）最低工资标准提升以后，可能会吸引部分非劳动参与人员进入劳动力市场寻找工作，还可能会使得部分低收入或低技能的劳动力失去工作。因此，在宏观与微观连接模块中，微观模拟模型将劳动力参与的变动传递给可计算一般均衡模型，如式（12.26）所示；而可计算一般均衡模型将劳动力需求的变化传递给微观模拟模型，根据微观模拟模型计算得到的就业概率来确定哪些个体就业或失业，由式（12.27）表示。

$$C_{ic} = \frac{CE_{ic}}{(1 + \Delta P_c^{CGE})} \tag{12.24}$$

$$\Delta WF_{lab}^{CGE} = \Delta W \tag{12.25}$$

$$\Delta QFS_{lab}^{CGE} = \Delta LS \tag{12.26}$$

$$\Delta \frac{\sum_{i=1}^{N} \hat{P}_i}{\sum_{i=1}^{N} WA_i} = \Delta QF_{lab}^{CGE} \tag{12.27}$$

式（12.24）至式（12.27）中不带有 CGE 上标的变量来自微观模拟模型，上方带有^记号的是参数或变量的估计值。其中，$\hat{P}_i$ 是结构式劳动参与方程估计得到的个体 i 的劳动力市场参与状态。ΔP_c^{CGE} 和 ΔWF_{lab}^{CGE} 分别代表由可计算一般均衡模拟得到的商品价格的变化以及作为可计算一般均衡模型模拟输入的工资率的变化，而 ΔQF_{lab}^{CGE} 则是由可计算一般均衡模型模拟得到的劳动需求的变动。WA_i 是一个虚拟变量，当个体 i 处于工作年龄时取值为 1，其他情况下值取 0。由式（12.27）可知，由微观模拟模型所得到的工作年龄人群中处于就业状态的个体总数变化要与 CGE 模型运行所得到的劳动力需求的变化相一致。这表示 CGE 模型决定模拟运行后经济体的总体就业水平，而微观模拟模型在失业或非劳动参与人群中选择出最有可能就业的部分个体（如果 CGE 模型的运行结果是劳动力需求提高了），或者在就业人群中选择出在政策变革之后最可能失业或变为非劳动参与的部分个体（如果 CGE 模型的运行结果是劳动力需求降低了）。

第四节　最低工资对收入分配的影响分析

以中国社会核算矩阵和中国家庭收入调查数据为基础，本章分别在 GAMS 和 Stata 中实现了可计算一般均衡模型和微观模拟模型，并且通过在两个模型之间传递工资变动和劳动力供需变动等信息将两个模型进行了连接，用于分析最低工资标准提升的收入分配效应。

本章依据中国家庭收入调查数据，应用微观经济计量分析方法对城镇居民的简化式劳动参与方程（12.19）、工资方程（12.22）和结构式劳动参与方程（12.23）进行了回归分析，结果如表12.5所示。由城镇居民简化式劳动参与方程的估计结果可以发现，年龄对于城镇居民的劳动参与决策具有负面影响，即随着年龄的增长，个体劳动参与倾向逐渐降低，符合生命周期理论预期。[①] 户主身份对城镇居民的劳动参与具有显著的正向影响，这是由于户主在家庭中需要承担较大的责任。男性较女性的劳动参与概率更大，这与国内外的大部分研究结论是一致的。身体健康对个体的劳动参与行为具有正向影响，这与劳动供给理论预期是一致的。代表个人人力资本投资和积累的受教育年限和党员身份对城镇居民的劳动参与具有正向影响，这与人力资本理论的预期相符。代表家庭状况的非劳动收入对个体的劳动参与具有负面影响。代表家庭人口状况的家庭人口数对个体劳动参与的影响不显著。

从表12.5中工资方程的估计结果可以看出，逆米尔斯比 λ 的系数在1%的显著性水平下显著，这说明对工资方程进行样本选择偏差修正是必要的。男性比女性的工资收入高。党员身份、受教育年限和工作经验对个体的工资收入均具有显著的正向影响，其中工作经验对工资的影响呈现倒"U"形的变化趋势，这与人力资本理论的预期是一致的。代表家庭教育背景的父亲大学毕业对个体工资收入有显著的正向影响，但母亲大学毕业对个体工资收入的影响不显著。代表个人能力的重点中学和中学成绩是否为良好等变量对个体工资收入也有明显的影响。是否通过高考途径被高等院校录取也是代表个人能力的一个重要因素，考上大学变量对个体的工资收入具有正向影响。

---

① 许多经验研究结果表明，对于整个经济活动人口，劳动参与概率与年龄呈现倒"U"形趋势。由于本章所使用的样本均为已婚人口，位于倒"U"形曲线的后半段，随着年龄的上升，劳动参与概率逐渐下降。

表 12.5　　劳动参与方程和工资方程的估计结果

解释变量	简化式劳动参与方程	工资方程	结构式劳动参与方程
对数小时工资	—	—	3.5244***
年龄	-0.0319***	—	-0.0635***
户主身份	0.5921***	—	0.0714
性别	0.5072***	0.0990***	0.3510***
党员	0.6315***	0.0954***	-0.1198
受教育年限	0.1161***	0.0481***	-0.2004***
健康	0.4849***	—	0.1488*
非劳动收入	-8.24e—06***	—	-1.29e—06
家庭人口数	-0.0279	—	0.0685
经验	—	0.0341***	—
经验平方	—	-0.0004***	—
重点中学	—	0.0771***	—
考上大学	—	0.1720***	—
中学成绩良好	—	0.0708***	—
父亲大学毕业	—	0.1707***	—
母亲大学毕业	—	-0.0105	—
λ	—	-0.4988***	—
常数项	1.6732***	0.7907***	-0.1241
观测数	8058	7178	8058

注：（1）表中的结果均为异方差稳健估计；（2）表中三个方程估计中均包含了省（区、市）虚拟变量，限于篇幅，这里未给出这些虚拟变量的系数；（3）*、**、***分别表示系数在10%、5%、1%统计水平下显著。

资料来源：中国家庭收入调查（CHIP），见 http://www.ciidbnu.org。

表 12.5 还给出了结构式劳动参与方程的估计结果，可以发现简化式劳动参与方程与结构式劳动参与方程的估计结果存在较大区别。由于对数小时工资的加入，原本在简化式劳动参与方程中统计上显著的一些解

释变量在结构式劳动参与方程中变得不再显著（如户主身份、党员和非劳动收入等），一些解释变量甚至作用方向相反（如受教育年限），一些解释变量对劳动参与的影响减弱了（如健康和性别等），这主要源于大多数解释变量通过小时工资发生作用。通过比较简化式劳动参与方程与结构式劳动参与方程的估计结果可以发现，工资率是影响城镇居民劳动参与决策的最主要的因素，个人人力资本投资和积累对劳动参与决策的影响在很大程度上通过工资对劳动参与的正向影响得到了反映，因为具有较高人力资本投资和积累的个体通常也具有较高的工资收入。

依据表 12.5 中结构式劳动参与方程的估计结果，本章在样本均值处计算了劳动参与的工资弹性为 0.43，即工资提高 10% 可以使得个体劳动参与概率提高 4.3%。为了模拟最低工资变动对个体劳动参与概率的影响，本章将所有个体按照工资方程预测得到的工资收入分为两组，其中一组受到最低工资提升的影响，另外一组不受最低工资提升的影响。考虑到最低工资的溢出效应并参考本书第十章的结果，这里将男性预测工资水平低于最低工资标准的 1.5 倍、女性预测工资水平低于最低工资标准的 1.25 倍的个体定义为受最低工提升影响的个体。对这两部分群体分别估计简化式劳动参与方程、工资方程和结构式劳动参与方程可以计算得到劳动参与的工资弹性，其中受最低工资标准影响个体劳动参与的工资弹性为 1.21，不受最低工资影响个体劳动参与的工资弹性为 0.30，受最低工资影响个体劳动参与的工资弹性明显大于不受最低工资影响的个体。

本章首先在行为微观模拟模型中模拟了最低工资标准提升对收入分配的影响。在模拟过程中，本章假设不受最低工资标准提升影响的个体就业状态和工资收入均不发生变化，而受最低工资标准提升影响的个体在最低工资提升后的就业状态和工资收入均发生变化，其中就业状态的变化按照结构式劳动参与方程中得到的劳动参与弹性进行测算，工资的变动则按照一个固定的比例进行提升。表 12.6 给出了微观模拟模型中最低工资分配效应的模拟结果。由表 12.6 可以看出，随着最低工资调整幅度的增加，度量收入不平等的基尼系数、泰尔指数和收入分布第 90 个百分位点与第 10 个百分位的比值 $p90/p10$ 均呈现出一直下降的趋势。由表 12.6 还可以看出，与“基准”情形相比，在最低工资标准提升较低的情况下，由于因最低工资提升而新增的劳动供给较少，且这些个体获得的工资收入较最低工资和平均工资更低，因此人均收入有所下降；但当最低工资标准提升达到 20% 以上时，人均收入开始呈现上升的趋势。由于随着最低工资标准的提升，劳动参与率逐渐上升，因此模型中所有个体的总收入呈现一直上升的趋势。

表 12.6　　微观模拟模型中最低工资的分配效应

度量指标	基准	5%	10%	15%	20%	25%	30%
基尼系数	0.3734	0.3731	0.3712	0.3696	0.3684	0.3671	0.3660
泰尔指数	0.2597	0.2591	0.2569	0.2549	0.2535	0.2518	0.2505
$p90/p10$	5.7640	5.5820	5.4920	5.4360	5.3910	5.3240	5.2920
人均收入（元）	1214.9	1201.5	1207.1	1212.9	1217.7	1223.6	1229.4
总收入（万元）	872.06	890.89	897.12	903.21	909.84	916.12	922.39

注：“基准”一列为未调整最低工资标准情形下的度量指标。

资料来源：根据综合数据测算。

本章还在可计算一般均衡模型中模拟了劳动力要素价格变动对劳动力需求的影响。在可计算一般均衡模型的劳动力要素市场闭合中，本章设定为劳动力市场存在失业且劳动力要素可在不同部门间充分流动。表 12.7 给出了劳动力要素价格变动对劳动力需求影响的模拟结果。由表 12.7 可以看出，要素价格提升对于各部门的劳动力需求均产生了负面影响，且随着劳动力成本提升幅度的增加，这种负面影响也不断增大；分部门来看，建筑业的劳动力需求受劳动力要素价格提升影响的幅度较小，而工业、运输邮电和零售餐饮等劳动密集型行业的劳动力需求受到劳动力要素价格提升的影响幅度较大。

表 12.7　可计算一般均衡模型中劳动力要素价格变动对劳动力需求的影响

部门	基准	5%	10%	15%	20%	25%	30%
农业	38.6228	-4.7787	-9.1019	-13.0209	-16.5811	-19.8224	-22.7803
工业	10.8845	-9.1811	-17.4083	-24.7851	-31.4046	-37.3501	-42.6965
建筑业	4.6283	-0.5854	-1.1377	-1.6591	-2.1517	-2.6173	-3.0578
运输邮电业	2.4775	-10.2043	-19.0238	-26.6878	-33.3828	-39.2607	-44.4461
零售餐饮业	5.9075	-9.2995	-17.5081	-24.7841	-31.2592	-37.0436	-42.2297
其他服务业	1.3304	-8.5705	-16.2410	-23.1215	-29.3072	-34.8806	-39.9131

注：（1）“基准”一列为未调整最低工资标准情形下的度量指标；（2）除“基准”一列外，其他列中的数值均为变动百分比；（3）由于可计算一般均衡模型中的价格均为相对价格，因此“基准”一列的数值没有度量单位。

资料来源：根据综合数据测算。

为了考察可计算一般均衡模型中劳动力要素价格提升对收入分配的影响，表 12.8 给出了模拟得到的要素价格变动对要素收入以及家庭总收入的影响。由表 12.8 可以看出，尽管劳动力要素的价格有所提升，但由于劳动需求的减少，经济系统中劳动力的要素总收入有所下降，而且下降的幅度随着劳动力要素价格提升幅度的增加而增大。由表 12.8 还可以看出，除了劳动力要素收入下降以外，城镇家庭和农村家庭的资本投资收入和其他转移支付收入也有所下降，因此城镇家庭和农村家庭的总收入也有所下降，且下降幅度随着要素价格提升的幅度增加而增大。由表 12.8 还可以看出，劳动力要素价格提升对城镇家庭总收入下降的影响明显大于农村家庭，这是因为城镇家庭的主要收入来源是劳动力要素收入，而农村家庭的劳动力要素收入占其总收入的比重较小，如表 12.4 所示。

表 12.8　可计算一般均衡模型中劳动力要素价格变动对收入分配的影响

度量指标	基准	5%	10%	15%	20%	25%	30%
劳动力要素收入	20.8435	-2.6499	-5.1818	-7.5877	-9.8632	-12.0074	-14.0215

续表

度量指标	基准	5%	10%	15%	20%	25%	30%
农村家庭总收入	22.6699	-3.7485	-7.3160	-10.7043	-13.9178	-16.9634	-19.8495
城镇家庭总收入	67.1073	-6.0397	-11.7756	-17.2280	-22.4180	-27.3670	-32.0975

注：(1)“基准”一列为未调整最低工资标准情形下的度量指标；(2)除“基准”一列外，其他列中的数值均为变动百分比。

资料来源：根据综合数据测算。

微观模拟模型可以考察个体劳动参与行为随最低工资调整的变化，但是无法考察劳动力市场需求对个体就业的影响，而可计算一般均衡模型则可以模拟劳动力需求的变动但却无法刻画个体的劳动参与行为。为了更加准确地度量最低工资标准提升的收入分配效应，本章通过在微观模拟模型和可计算一般均衡模型之间互相传递一些参数来将两个模型进行了连接。两个模型之间传递的部分参数见表12.9。在表12.9中，微观模拟模型将最低工资标准提升后劳动力平均工资的变动以及劳动力供给变动传递给可计算一般均衡模型，而可计算一般均衡模型则将劳动力需求的变化传递给微观模拟模型。由表12.9可以看出，与最低工资的提升幅度相比，微观模拟模型中劳动力平均工资的变动幅度较小，这是因为受最低工资标准提升影响的劳动力在劳动力市场中所占的比例非常小，因此最低工资标准提升对劳动力平均工资的变动影响较小。由表12.9还可以发现，随着最低工资标准提升幅度的增加，劳动力平均工资和劳动供给的变动幅度也呈现增加的趋势。在可计算一般均衡模型中，劳动力需求的下降幅度随着最低工资变动幅度的增加而增大。对比劳动力供给和劳动力需求的变动可以发现，在最低工资标准提升幅度为25%及以下时，劳动力供给增加的幅度大于劳动力需求下降的幅度，而当最低工资标准提升幅度为30%时，劳动力需求下降幅度超过了劳动力供给增加幅度。

表 12.9　可计算一般均衡模型和微观模拟模型之间的参数传递

参数		5%	10%	15%	20%	25%	30%
微观向宏观	劳动力价格变动（%）	0.5384	1.0709	1.5979	2.1193	2.6351	3.1456
	劳动供给变动（%）	2.3683	2.7863	3.1763	3.6500	3.9565	4.2909
宏观向微观	劳动需求变动（%）	-0.8072	-1.5951	-2.3648	-3.1166	-3.8510	-4.5689

资料来源：根据综合数据测算。

在宏观与微观连接的框架下，本章模拟得到了最低工资不同提升幅度对收入分配的影响，如表 12.10 所示。可以发现，度量收入不平等的基尼系数、泰尔指数以及收入分布第 90 与第 10 个百分位点比值均呈现出一直下降的趋势，人均收入和居民总收入呈现一直上升的趋势。这说明，最低工资标准的提升对于减小收入差距、抑制收入不平等的上升、提高居民收入具有一定的作用。同时也注意到，最低工资标准对收入分配的调节能力十分有限，如最低工资提升 30% 仅使得基尼系数、泰尔指数和 $p90/p10$ 分别下降了 0.0078、0.0097 和 0.3720。

对比表 12.6 和表 12.10 中的模拟结果可以发现，宏观与微观连接框架下的基尼系数、泰尔指数比在微观模拟模型中的相应指数下降幅度更大，宏观与微观连接框架下的人均收入变动比微观模拟模型中的人均收入变动更大。这是因为劳动力需求下降主要对部分低工资个体产生影响，这些个体在劳动力市场竞争中处于劣势，因而受劳动力需求下降影响而失业的可能性较大。在这种情况下，从统计上看，整体的收入分布曲线将向右移动，因而度量收入不平等的基尼系数和泰尔指数等指标的下降幅度更大。同时也注意到，由于就业人数下降的原因，宏观与微观连接框架下的总收入较微观模拟模型更低。

由以上的分析可以看出，在宏观与微观连接模型中，最低工资的提升对于收入不平等的下降具有一定的作用，但这种调整作用是非常小的。

同时也注意到，随着最低工资标准调整幅度的不断增加，特别是最低工资调整幅度达30%以上时，劳动需求下降的幅度超过了劳动供给增加的幅度，因此最低工资对就业的负面作用将开始呈现，而且这种负面作用将主要对低收入群体产生影响。在这种情况下，尽管基尼系数和泰尔指数等工资不平等的度量指标仍然会呈现下降的趋势，但失业的增加将使得人均收入和总收入呈现下降的趋势。

表12.10　**宏观与微观连接框架下最低工资的收入分配效应**

度量指标	基准	5%	10%	15%	20%	25%	30%
基尼系数	0.3734	0.3717	0.3701	0.3687	0.3675	0.3664	0.3656
泰尔指数	0.2597	0.2575	0.2555	0.2538	0.2524	0.2511	0.2500
$p90/p10$	5.7640	5.6960	5.6150	5.5550	5.4850	5.4170	5.3920
人均收入（元）	1214.9	1221.4	1228.0	1234.5	1241.1	1247.6	1254.1
总收入（万元）	872.06	876.75	881.45	886.14	890.83	895.53	900.22

注：（1）“基准”一列为未调整最低工资标准情形下的度量指标；（2）“基准”一列为未调整最低工资标准情形下的度量指标。

资料来源：根据综合数据测算。

第五节　结论及政策含义

本章以中国家庭收入调查数据为基础建立了一个行为微观模拟模型，以中国六部分细分社会核算矩阵为基础建立了一个可计算一般均衡模型。本章采用“自顶而下/自下而上”方法将微观模拟模型与可计算一般均衡模型进行了连接，用于分析最低工资标准提升的收入分配效应。

在行为微观模拟模型中，本章根据工资的预测值将全部样本分为受最低工资影响和不受最低工资影响的两组。对于受最低工资影响的一组，使用微观计量方法计算了在最低工资不同提升幅度下个体的劳动参与变动以及劳动力平均工资的变动，并将这两组参数传递给可计算一般均衡模型。在可计算一般均衡模型中，以劳动力要素的价格变动以及劳动供给的变动作为外生冲击，模拟得到了劳动力需求的变动，并将其传递到了微观模拟模型中。

由分析结果可以看出，单纯地使用微观模拟模型尽管可以预测个体的劳动参与反应，但无法预测劳动需求的变动，因而无法准确评估最低工资的收入分配效应；而单纯地使用可计算一般均衡模型尽管可以预测劳动力需求的变化，但却难以确定哪些个体更容易受到最低工资提升的影响。在宏观与微观连接的框架下，可以结合两个模型的优点，避免各自的缺点，因而能对最低工资的收入分配效应做出更准确的评价。

从分析结果来看，最低工资提升对于降低收入不平等起到了一定的作用，而且在本章所模拟的最低工资调整幅度下，最低工资调整幅度越高，收入不平等的下降幅度越大。但是，随着最低工资提升幅度的增大，其对就业的负面作用将开始逐渐显现，而低收入群体的就业更容易受到影响。因此表面上不断下降的收入不平等可能伴随着人均收入和总收入的下降。

参考文献

陈萍：《最低工资法、集体协议与国民收入初次分配格局》，《财经问题研究》2009 年第 8 期。

邸俊鹏、韩清：《最低工资标准提升的收入效应研究》，《数量经济技术经济研究》2015 年第 7 期。

丁守海：《提高最低工资标准对农民工离职率的影响分析——基于北京市 827 名农民工的调查》，《中国农村观察》2009 年第 4 期。

丁守海：《最低工资管制的就业效应分析——兼论〈劳动合同法〉的交互影响》，《中国社会科学》2010 年第 1 期。

都阳、王美艳：《中国最低工资制度的实施状况及其效果》，《中国社会科学院研究生院学报》2008 年第 6 期。

杜凤莲：《家庭结构、儿童看护与女性劳动参与：来自中国非农村的证据》，《世界经济文汇》2008 年第 2 期。

韩兆洲、魏章进：《我国最低工资标准实证研究》，《统计研究》2006 年第 1 期。

韩兆洲、魏章进、高培：《我国最低工资统计测算模型研究》，《统计研究》2007 年第 8 期。

黄岩、杨方：《最低工资制度的保障性程度分析——以广东省深圳市为例》，《中国人口科学》2011 年第 4 期。

贾朋、都阳：《中国的最低工资制度：标准与执行》，《劳动经济研究》2015 年第 1 期。

贾朋、张世伟：《最低工资标准提升的溢出效应》，《统计研究》2013 年第4期（2013a）。

贾朋、张世伟：《最低工资提升的劳动供给效应：一个基于自然实验的经验研究》，《南方经济》2013年第1期（2013b）。

蒋灵多、陆毅：《最低工资标准能否抑制新僵尸企业的形成》，《中国工业经济》2017年第11期。

李晓春、何平：《最低工资线的农民工就业效应——以长三角地区为例》，《江苏社会科学》2010年第4期。

刘贯春、陈登科、丰超：《最低工资标准的资源错配效应及其作用机制分析》，《中国工业经济》2017年第7期。

刘泽云：《教育与工资不平等：中国城镇地区的经验研究》，《统计研究》2009年第4期。

罗小兰：《垄断劳动市场下的最低工资减贫效应：以中国农村为例》，《中央财经大学学报》2011年第8期（2011a）。

罗小兰：《我国劳动力市场买方垄断条件下最低工资就业效应分析》，《财贸研究》2007年第4期（2007a）。

罗小兰：《我国最低工资标准农民工就业效应分析——对全国、地区及行业的实证研究》，《财经研究》2007年第11期（2007b）。

罗小兰：《向右下倾斜的非农劳动供给曲线——来自中国健康和营养调查的证据》，《中国农村经济》2007年第10期（2007c）。

罗小兰：《最低工资对农村贫困的影响：基于中国农民工的实证分析》，《经济科学》2011年第3期（2011b）。

罗小兰、丛树海：《基于攀比效应的中国企业最低工资标准对其他工资水平的影响》，《统计研究》2009年第6期。

马双、甘犁：《最低工资对企业在职培训的影响分析》，《经济学（季刊）》2014年第1期。

马双、李雪莲、蔡栋梁：《最低工资与已婚女性劳动参与》，《经济研究》2017年第6期。

马双、张劼、朱喜：《最低工资对中国就业和工资水平的影响》，《经济研究》2012年第5期。

宁光杰：《中国最低工资标准制定和调整依据的实证分析》，《中国人口科学》2011 年第 1 期。

潘士远：《最优专利制度、技术进步方向与工资不平等》，《经济研究》2008 年第 1 期。

屈曙光、彭璧玉：《国外最低工资人力资本形成效应研究述评》，《中国人口科学》2011 年第 4 期。

权衡、李凌：《上海提高最低工资标准的收入分配效应：实证与模拟》，《上海经济研究》2011 年第 4 期。

邵敏、刘重力：《出口贸易、技术进步的偏向性与我国工资不平等》，《经济评论》2010 年第 4 期。

石娟：《最低工资对广东省的就业影响研究》，《特区经济》2010 年第 7 期。

孙楚仁、田国强、章韬：《最低工资标准与中国企业的出口行为》，《经济研究》2013 年第 2 期（2013a）。

孙楚仁、张卡、章韬：《最低工资一定会减少企业的出口吗》，《世界经济》2013 年第 8 期（2013b）。

万兴、范金、胡汉辉：《社会核算矩阵不同更新方法的比较研究》，《统计研究》2010 年第 2 期。

王弟海：《垄断劳动力市场、最低工资限制和不平等》，《浙江社会科学》2008 年第 11 期。

王弟海、龚六堂：《经济发展过程中的人力资本分布与工资不平等》，《世界经济》2009 年第 8 期。

谢杰：《汇率改革、贸易开放与中国二元经济》，博士学位论文，中国农业科学院，2008 年。

徐晓红：《市场化、全球化与劳动力工资不平等增长——基于第二产业的实证研究》，《经济问题》2009 年第 3 期。

许和连、王海成：《最低工资标准对企业出口产品质量的影响研究》，《世界经济》2016 年第 7 期。

许志成、闫佳：《技能偏向型技术进步必然加剧工资不平等吗?》，《经济评论》2011 年第 3 期。
杨继军、张二震：《风险偏好、内生技术进步与工资不平等》，《经济评论》2009 年第 1 期。
姚先国、李晓华：《工资不平等的上升：结构效应与价格效应》，《中国人口科学》2007 年第 1 期。
姚先国、谭岚：《家庭收入与中国城镇已婚妇女劳动参与决策分析》，《经济研究》2005 年第 7 期。
姚先国、王光新：《最低工资对就业影响的理论研究》，《重庆大学学报》（社会科学版）2008 年第 1 期。
叶林祥、T. H. Gindling、李实、熊亮：《中国企业对最低工资政策的遵守——基于中国六省市企业与员工匹配数据的经验研究》，《经济研究》2015 年第 6 期。
于洪：《我国个人所得税税负归宿与劳动力供给的研究》，《财经研究》2004 年第 4 期。
余显才：《所得税劳动供给效应的实证研究》，《管理世界》2006 年第 11 期。
张世伟、郭凤鸣：《东北城镇居民劳动供给行为分析》，《东北亚论坛》2010 年第 4 期。
张世伟、郭凤鸣：《分位数上的性别工资歧视——基于东北城市劳动力市场的经验研究》，《中国人口科学》2009 年第 6 期。
张世伟、贾朋：《中国城镇居民劳动参与工资弹性的地区差异》，《吉林大学社会科学学报》2011 年第 1 期。
张世伟、贾朋：《最低工资标准调整的收入分配效应》，《数量经济技术经济研究》2014 年第 3 期。
张世伟、贾朋、周闯：《城市中农村迁移家庭的劳动供给行为分析》，《中国人口·资源与环境》2011 年第 8 期（2011a）。
张世伟、万相昱、曲洋：《公共政策的行为微观模拟模型及其应用》，《数量经济技术经济研究》2009 年第 8 期。
张世伟、周闯：《城市贫困群体就业扶持政策的劳动供给效应——一个基于自然实验的研究》,《经济评论》2008 年第 6 期。

张世伟、周闯:《中国城镇居民不同收入群体的劳动参与行为——基于参数模型和半参数模型的经验分析》,《管理世界》2010 年第 5 期。

张世伟、周闯:《中国城镇劳动力市场中劳动参与弹性研究》,《世界经济文汇》2009 年第 5 期。

张世伟、周闯、贾朋:《东北地区城镇家庭劳动供给行为研究——基于劳动供给离散选择模型的经验分析》,《中国人口科学》2011 年第 1 期(2011b)。

张世伟、周闯、万相昱:《个人所得税制度改革的劳动供给效应——基于自然实验的研究途径》,《吉林大学社会科学学报》2008 年第 4 期。

张智勇:《最低工资会打击农民工就业吗》,《财经科学》2007 年第 10 期。

张卓妮、吴晓刚:《农村劳动力迁移与中国工资收入不平等的地区差异:来自 2005 年全国人口抽样调查的证据》,《人口与发展》2010 年第 1 期。

赵瑞丽、孙楚仁、陈勇兵:《最低工资与企业出口持续时间》,《世界经济》2016 年第 7 期。

赵永、王劲峰:《经济分析 CGE 模型与应用》,中国经济出版社 2008 年版。

周培煌、赵履宽:《我国最低工资的就业效应及其作用机制——基于建筑业面板数据的研究》,《中南财经政法大学学报》2010 年第 1 期。

Aaronson, Daniel, Eric French and James MacDonald, "The Minimum Wage, Restaurant Prices, and Labor Market Structure", *Journal of Human Resources*, Vol. 43, No. 3, 2008.

Aaronson, Daniel, "Price Pass-Through and the Minimum Wage", *Review of Economics and Statistics*, Vol. 83, No. 1, 2001.

Addison, John and McKinley Blackburn, "Minimum Wages and Poverty", *Industrial and Labor Relations Review*, Vol. 52, No. 3, 1999.

Ahn, Tom, Peter Arcidiacono and Walter Wessels, "Minimum Wages and Positive Employment Effects in General Equilibrium", Duke University Department of Economics, 2005.

Andrews, Dan, Aida Caldera Sanchez and Asa Johansson, "Towards a Better Understanding of the Informal Economy", OECD Economics Department Working Paper, No. 873, 2011.

Angel-Urdinola, Diego, "Can a Minimum Wage Increase Have an Adverse Impact on Inequality? Evidence from Two Latin American Economies", *Journal of Economic Inequality*, Vol. 6, No. 1, 2008.

Angrist, Joshua and Jorn-Steffen Pischke, *Mostly Harmless Econometrics*, Princeton, New Jersey: Princeton University Press, 2009.

Ashenfelter, Orley and Robert Smith, "Compliance with the Minimum Wage Law", *Journal of Political Economy*, Vol. 87, No. 2, 1979.

Athey, Susan and Guido Imbens, "Identification and Inference in Nonlinear Difference-in-Differences Models", *Econometrica*, Vol. 74, No. 2, 2006.

Autor, David, Alan Manning and Christopher Smith, "The Contribution of the Minimum Wage to U. S. Wage Inequality over Three Decades: A Reassessment", NBER Working Paper, No. 16533, 2010.

Autor, David, Lawrence Katz and Melissa Kearney, "The Polarization of the U. S. Labor Market", *American Economic Review*, Vol. 96, No. 2, 2006.

Baanante, Miguel Jaramillo, "Minimum Wage Effects under Endogenous Compliance: Evidence from Peru", *Economica*, Vol. 50, No. 1 – 2, 2004.

Baker, Michael, Dwayne Benjamin and Shuchita Stanger, "The Highs and Lows of the Minimum Wage Effect: A Time-Series Cross-Section Study of the Canadian Law", *Journal of Labor Economics*, Vol. 17, No. 2, 1999.

Baker, Michael, "Minimum Wages and Human Capital Investments of Young Workers: Work Related Training and School Enrolment", University of Toronto Working Paper, No. B – 04, 2005.

Becker, Gary, *Human Capital: A Theoretical and Empirical Analysis, with Special Reference to Education* (*3rd ed.*), Chicago: University of Chicago

Press, 1993.

Bell, Linda, "The Impact of Minimum Wages in Mexico and Colombia", *Journal of Labor Economics*, Vol. 15, No. S3, 1997.

Bergstrom, Villy and Epaminondas Panas, "How Robust is the Capital-Skill Complementarity Hypothesis?", *Review of Economics and Statistics*, Vol. 74, No. 3, 1992.

Bhaskar, Venkataraman and Ted To, "Minimum Wages for Ronald McDonald Monopsonies: A Theory of Monopsonistic Competition", *The Economic Journal*, Vol. 109, No. 455, 1999.

Blackburn, McKinley, David Bloom and Richard Freeman, "The Declining Economic Position of Less-Skilled American Males", NBER Working Paper, No. 3186, 1989.

Blinder, Alan, "Wage Discrimination: Reduced Form and Structural Estimates", *Journal of Human Resources*, Vol. 8, No. 4, 1973.

Blundell, Richard and Thomas Macurdy, "Labor Supply: A Review of Alternative Approaches", in OrleyAshenfelter and David Card (eds.), *Handbook of Labor Economics* (*Volume 3A*), Amsterdam: Elsevier, 1999.

Borjas, George, "The Relationship between Wages and Weekly Hours of Work: The Role of Division Bias", *Journal of Human Resources*, Vol. 15, No. 3, 1980.

Bosch, Mariano and Marco Manacorda, "Minimum Wages and Earnings Inequality in Urban Mexico", *American Economic Journal: Applied Economics*, Vol. 2, No. 4, 2010.

Bound, John and George Johnson, "Changes in the Structure of Wages in the 1980's: An Evaluation of Alternative Explanations", *American Economic Review*, Vol. 82, No. 3, 1992.

Bourguignon, Francois, Anne-Sophie Robilliard and Sherman Robinson, "Representative vs. Real Households in the Macro-economic Modeling of Inequality", DELTA Working Paper, No. 05, 2003.

Brandt, Loren and Carsten Holz, "Spatial Price Differences in China: Estimates and Implications", *Economic Development and Cultural Change*, Vol. 55, No. 1, 2006.

Brown, Charles, Curtis Gilroy and Andrew Kohen, "The Effect of The Minimum Wage on Employment and Unemployment", *Journal of Economic Literature*, Vol. 20, No. 2, 1982.

Brown, Charles, Curtis Gilroy and Andrew Kohen, "Time-Series Evidence of the Effect of the Minimum Wage on Youth Employment and Unemployment", *Journal of Human Resources*, Vol. 18, No. 1, 1983.

Brown, Charles, "Minimum Wages, Employment, and the Distribution of Income", in OrleyAshenfelter and David Card (eds.), *Handbook of Labor Economics* (*Volume 3B*), Amsterdam: Elsevier, 1999.

Brown, James, "Why Do Wages Increase with Tenure? On-the-Job Training and Life-Cycle Wage Growth Observed within Firms", *American Economic Review*, Vol. 79, No. 5, 1989.

Burdett, Kenneth and Dale Mortensen, "Wage Differentials, Employer Size, and Unemployment", *International Economic Review*, Vol. 39, No. 2, 1998.

Bureau of Labor Statistics, "Characteristics of Minimum Wage Workers: 2012", http://www.bls.gov/cps/minwage2012.htm, 2013.

Burkhauser, Richard and Joseph Sabia, "The Effectiveness of Minimum-Wage Increases in Reducing Poverty: Past, Present, and Future", *Contemporary Economic Policy*, Vol. 25, No. 2, 2007.

Burkhauser, Richard, Kenneth Couch and David Wittenburg, "A Reassessment of the New Economics of the Minimum Wage Literature with Monthly Data from the Current Population Survey", *Journal of Labor Economics*, Vol. 18, No. 4, 2000.

Bussolo, Maurizio and Jeffery Round, *Globalization and Poverty: Channels and Policy Responses*, Abingdon, Oxfordshire: Routledge, 2006.

Cahuc, Pierre and Andre Zylberberg, *Labor Economics*, Cambridge, Massachusetts: The MIT Press, 2004.

Cai, Fang and Yang Du, "Wage Increases, Wage Convergence, and the Lewis Turning Point in China", *China Economic Review*, Vol. 22, No. 4, 2011.

Campolieti, Michele, Tony Fang and Morley Gunderson, "How Minimum Wages Affect Schooling-Employment Outcomes in Canada, 1993 – 1999", *Journal of Labor Research*, Vol. 26, No. 3, 2005.

Card, David and Alan Krueger, "Minimum Wages and Employment: A Case Study of the Fast-Food Industry in New Jersey and Pennsylvania: Reply", *American Economic Review*, Vol. 90, No. 5, 2000.

Card, David and Alan Krueger, "Minimum Wages and Employment: A Case Study of the Fast – Food Industry in New Jersey and Pennsylvania", *American Economic Review*, Vol. 84, No. 4, 1994.

Card, David and Alan Krueger, *Myth and Measurement: The New Economics of the Minimum Wage*, Princeton, New Jersey: Princeton University Press, 1995a.

Card, David and Alan Krueger, "Time-Series Minimum-Wage Studies: A Meta-analysis", *American Economic Review*, Vol. 85, No. 2, 1995b.

Card, David and John DiNardo, "Skill-Biased Technological Change and Rising Wage Inequality: Some Problems and Puzzles", *Journal of Labor Economics*, Vol. 20, No. 4, 2002.

Card, David, "Do Minimum Wages Reduce Employment? A Case Study of California, 1987 – 89", *Industrial and Labor Relations Review*, Vol. 46, No. 1, 1992a.

Card, David, "The Effect of Unions on the Structure of Wages: A Longitudinal Analysis", *Econometrica*, Vol. 64, No. 4, 1996.

Card, David, "Using Regional Variation in Wages to Measure the Effects of the Federal Minimum Wage", *Industrial and Labor Relations Review*, Vol. 46, No. 1, 1992b.

Colombo, Giulia, "Linking CGE and Microsimulation Models: A Comparison Different Approaches", *International Journal of Microsimulation*, Vol. 3, No. 1, 2010.

Couch, Kenneth and David Wittenburg, "The Response of Hours of Work to Increases in the Minimum Wage", *Southern Economic Journal*, Vol. 68, No. 1, 2001.

Decaluwe, Bernard, AndrePatry and Luc Savard, "Income Distribution, Poverty Measures and Trade Shocks: A Computable General Equilibrium Model of an Archetype Developing Country", Laval University Department of Economics Working Paper, No. 9812, 1998.

Decaluwe, Bernard, AndrePatry, Luc Savard and Erik Thorbecke, "Poverty Analysis Within a General Equilibrium Framework", Laval University Department of Economics Working Paper, No. 9909, 1999.

Dervis, Kemal, Jaime de Melo and Sherman Robinson, *General Equilibrium Models for Development Policy*, Cambridge: Cambridge University Press, 1982.

Dickens, Richard and Alan Manning, "Has the National Minimum Wage Reduced UK Wage Inequality?", *Journal of the Royal Statistical Society: Series A (Statistics in Society)*, Vol. 167, No. 4, 2004a.

Dickens, Richard and Alan Manning, "Spikes and Spill-Overs: The Impact of the National Minimum Wage on the Wage Distribution in a Low-Wage Sector", *The Economic Journal*, Vol. 114, No. 494, 2004b.

Dickens, Richard, Stephen Machin and Alan Manning, "The Effects of Minimum Wages on Employment: Theory and Evidence from Britain", *Journal of Labor Economics*, Vol. 17, No. 1, 1999.

DiNardo, John, Nicole Fortin and Thomas Lemieux, "Labor Market Institutions and the Distribution of Wages, 1973 – 1992: A Semiparametric Approach", *Econometrica*, Vol. 64, No. 5, 1996.

Dixon, Peter and Brian Parmenter, "Computable General Equilibrium Modelling for Policy Analysis and Forecasting", in Hans Amman, David Kendrick and John Rust (eds.), *Handbook of Computational Economics* (*Volume 1*), Amsterdam: Elsevier, 1996.

Draca, Mirko, Stephen Machin and John Van Reenen, "Minimum Wages and Firm Profitability", *American Economic Journal: Applied Economics*, Vol. 3, No. 1, 2011.

Draca, Mirko, Stephen Machin and John Van Reenen, "The Impact of the National Minimum Wage on Profits and Prices", Report for Low Pay Commission, 2005.

Duffy, John, Chris Papageorgiou and Fidel Perez-Sebastian, "Capital-Skill Complementarity? Evidence from a Panel of Countries", *Review of Economics and Statistics*, Vol. 86, No. 1, 2004.

Eckstein, Zvi and Kenneth Wolpin, "Estimating a Market Equilibrium Search Model from Panel Data on Individuals", *Econometrica*, Vol. 58, No. 4, 1990.

Eissa, Nada, "Taxation and Labor Supply of Married Women: The Tax Reform Act of 1986 as a Natural Experiment", NBER Working Paper, No. 5023, 1995.

Fajnzylber, Pablo, "Minimum Wage Effects Throughout the Wage Distribution: Evidence from Brazil's Formal and Informal Sectors", CEDEPLAR Working Paper, No. 151, 2001.

Falk, Armin, Ernst Fehr and Christian Zehnder, "Fairness Perceptions and Reservation Wages—the Behavioral Effects of Minimum Wage Laws", *Quarterly Journal of Economics*, Vol. 121, No. 4, 2006.

Flinn, Christopher, "Interpreting Minimum Wage Effects on Wage Distributions: A Cautionary Tale", *Annals of Economics and Statistics*, No. 67/68, 2002.

Flinn, Christopher, "Minimum Wage Effects on Labor Market Outcomes Under Search, Matching, and Endogenous Contact Rates", *Econometrica*,

Vol. 74, No. 4, 2006.

Flinn, Christopher, *The Minimum Wage and Labor Market Outcomes*, Cambridge, Massachusetts: The MIT Press, 2011.

Gindling, Tim and Katherine Terrell, "Minimum Wages, Globalization, and Poverty in Honduras", *World Development*, Vol. 38, No. 6, 2010.

Gramlich, Edward, Robert Flanagan and Michael Wachter, "Impact of Minimum Wages on Other Wages, Employment, and Family Incomes", *Brookings Papers on Economic Activity*, No. 2, 1976.

Griliches, Zvi, "Capital-Skill Complementarity", *Review of Economics and Statistics*, Vol. 51, No. 4, 1969.

Griliches, Zvi, "Estimating the Returns to Schooling: Some Econometric Problems", *Econometrica*, Vol. 45, No. 1, 1977.

Grossman, Jean Baldwin, "The Impact of the Minimum Wage on Other Wages", *Journal of Human Resources*, Vol. 18, No. 3, 1983.

Hahn, Jinyong, Petra Todd and Wilbert Klaauw, "Identification andEstimation of Treatment Effects with a Regression-Discontinuity Design", *Econometrica*, Vol. 69, No. 1, 2001.

Hamermesh, Daniel, "Comments on 'Myth and Measurement: The New Economics of the Minimum Wage'", *Industrial and Labor Relations Review*, Vol. 48, No. 4, 1995.

Hamermesh, Daniel, *Labor Demand*, Princeton, New Jersey: Princeton University Press, 1993.

Heckman, James, "Sample Selection Bias as a Specification Error", *Econometrica*, Vol. 47, No. 1, 1979.

Heckman, James, "What Has Been Learned About Labor Supply in the Past Twenty Years?", *American Economic Review*, Vol. 83, No. 2, 1993.

Henderson, Daniel, "A Non-Parametric Examination of Capital-Skill Complementarity", *Oxford Bulletin of Economics and Statistics*, Vol. 71, No. 4, 2009.

Hosoe, Nobuhiro, Kenji Gasawa and Hideo Hashimoto, *Textbook of Computable General Equilibrium Modelling: Programming and Simulations*, New York: Palgrave Macmillan, 2010.

Hyslop, Dean and Steven Stillman, "Youth Minimum Wage Reform and the Labour Market in New Zealand", *Labour Economics*, Vol. 14, No. 2, 2007.

Imbens, Guido and Jeffrey Wooldridge, "Recent Developments in the Econometrics of Program Evaluation", *Journal of Economic Literature*, Vol. 47, No. 1, 2009.

Imbens, Guido and Karthik Kalyanaraman, "Optimal Bandwidth Choice for the Regression Discontinuity Estimator", NBER Working Paper, No. 14726, 2009.

Imbens, Guido and Thomas Lemieux, "Regression Discontinuity Designs: A Guide to Practice", *Journal of Econometrics*, Vol. 142, No. 2, 2008.

Johansen, Leif, *A Multi-sectoral Study of Economic Growth*, Amsterdam: North-Holland, 1960.

Juhn, Chinhui, Kevin Murphy and Brooks Pierce, "Wage Inequality and the Rise in Returns to Skill", *Journal of Political Economy*, Vol. 101, No. 3, 1993.

Katz, Lawrence and Alan Krueger, "The Effect of the Minimum Wage on the Fast-Food Industry", *Industrial and Labor Relations Review*, Vol. 46, No. 1, 1992.

Katz, Lawrence and Kevin Murphy, "Changes in Relative Wages, 1963 – 1987: Supply and Demand Factors", *Quarterly Journal of Economics*, Vol. 107, No. 1, 1992.

Keil, Manfred, Donald Robertson and James Symons, "Minimum Wages and Employment", CEPR Working Paper, No. 497, 2001.

Landon, Stuart, "High School Enrollment, Minimum Wages and Education Spending", *Canadian Public Policy*, Vol. 23, No. 2, 1997.

Lee, David and Thomas Lemieux, "Regression Discontinuity Designs in Economics", *Journal of Economic Literature*, Vol. 48, No. 2, 2010.

Lee, David, "Wage Inequality in the United States During the 1980s: Rising Dispersion or Falling Minimum Wage?", *Quarterly Journal of Economics*, Vol. 114, No. 3, 1999.

Lemos, Sara, Roberto Rigobon and Kevin Lang, "Minimum Wage Policy and Employment Effects: Evidence from Brazil", *Economia*, Vol. 5, No. 1, 2004.

Lemos, Sara, "A Survey of the Effects of the Minimum Wage on Prices", *Journal of Economic Surveys*, Vol. 22, No. 1, 2008.

Lemos, Sara, "Minimum Wage Effects in a Developing Country", *Labour Economics*, Vol. 16, No. 2, 2009.

Lemos, Sara, "The Effects of the Minimum Wage in the Formal and Informal Sectors in Brazil", IZA Discussion Paper, No. 1089, 2004.

Levy, Frank and Richard Murnane, "U. S. Earnings Levels and Earnings Inequality: A Review of Recent Trends and Proposed Explanations", *Journal of Economic Literature*, Vol. 30, No. 3, 1992.

Li, Haizheng and Jeffrey Zax, "Labor Supply in Urban China", *Journal of Comparative Economics*, Vol. 31, No. 4, 2003.

Lin, Carl, "Less Myth, More Measurement: Decomposing Excess Returnsfrom 1989 Minimum Wage Hike", IZA Discussion Paper, No. 6269, 2012.

Linneman, Peter, "The Economic Impacts of Minimum Wage Laws: A New Look at an Old Question", *Journal of Political Economy*, Vol. 90, No. 3, 1982.

MacDonald, James and Daniel Aaronson, "How Firms Construct Price Changes: Evidence from Restaurant Responses to Increased Minimum Wages", *American Journal of Agricultural Economics*, Vol. 88, No. 2, 2006.

Machin, Stephen, Alan Manning and Lupin Rahman, "Where the Minimum Wage Bites Hard: Introduction of Minimum Wages to a Low Wage Sector", *Journal of the European Economic Association*, Vol. 1, No. 1, 2003.

Manning, Alan, *Monopsony in Motion: Imperfect Competition in Labor Markets*, Princeton, New Jersey: Princeton University Press, 2003.

Mattila, J. Peter, "Determinants of Male School Enrollments: A Time-Series Analysis", *Review of Economics and Statistics*, Vol. 64, No. 2, 1982.

Michl, Thomas, "Can Rescheduling Explain the New Jersey Minimum Wage Studies?", *Eastern Economic Journal*, Vol. 26, No. 3, 2000.

Mincer, Jacob, "Unemployment Effects of Minimum Wages", *Journal of Political Economy*, Vol. 84, No. 4, Part 2, 1976.

Mincer, Jacob, *Schooling, Experience, and Earnings*, New York: Columbia University Press, 1974.

Muller, Kai-Uwe and Viktor Steiner, "Would a Legal Minimum Wage Reduce Poverty? A Micro-simulation Study for Germany", *Journal of Income Distribution*, Vol. 18, No. 3-4, 2009.

Murphy, Kevin and Finis Welch, "The Structure of Wages", *Quarterly Journal of Economics*, Vol. 107, No. 1, 1992.

Myles, Gareth, *Public Economics*, Cambridge: Cambridge University Press, 1995.

Neumark, David and William Wascher, "Do Minimum Wages Fight Poverty?", *Economic Inquiry*, Vol. 40, No. 3, 2002.

Neumark, David and William Wascher, "Employment Effects of Minimum and Subminimum Wages: Panel Data on State Minimum Wage Laws", *Industrial and Labor Relations Review*, Vol. 46, No. 1, 1992.

Neumark, David and William Wascher, "Minimum Wages and Employment: A Case Study of the Fast-Food Industry in New Jersey and Pennsylvania: Comment", *American Economic Review*, Vol. 90, No. 5, 2000.

Neumark, David and William Wascher, "Minimum Wages and Skill Acquisition: Another Look at Schooling Effects", *Economics of Education Review*, Vol. 22, No. 1, 2003.

Neumark, David and William Wascher, *Minimum Wages*, Cambridge, Massachusetts: The MIT Press, 2008.

Neumark, David, Mark Schweitzer and William Wascher, "Minimum Wage Effects Throughout the Wage Distribution", *Journal of Human Resources*, Vol. 39, No. 2, 2004.

Neumark, David, Mark Schweitzer and William Wascher, "The Effects of Minimum Wages on the Distribution of Family Incomes", *Journal of Human Resources*, Vol. 40, No. 4, 2005.

Oaxaca, Ronald, "Male-Female Wage Differentials in Urban Labor Markets", *International Economic Review*, Vol. 14, No. 3, 1973.

Orcutt, Guy, "A New Type of Socio-Economic System", *Review of Economics and Statistics*, Vol. 39, No. 2, 1957.

Pacheco, Gail, "Revisiting the Link Between Minimum Wage and Wage Inequality: Empirical Evidence from New Zealand", *Economics Letters*, Vol. 105, No. 3, 2009.

Pauw, Karl and Murray Leibbrandt, "Minimum Wages and Household Poverty: General Equilibrium Macro-Micro Simulations for South Africa", *World Development*, Vol. 40, No. 4, 2012.

Pettengill, John, "The Long-Run Impact of a Minimum Wage on Employment and the Wage Structure", Report of the Minimum Wage Study Comission, 1981.

Rebitzer, James and Lowell Taylor, "The Consequences of MinimumWage Laws some New Theoretical Ideas", *Journal of Public Economics*, Vol. 56, No. 2, 1995.

Rice, Patricia, "Wages and the Education and Employment Choices of Young People: Empirical Analysis for Great Britain", University of Southampton Discussion Papers in Economics and Econometrics, No. 0612, 2006.

Robinson, Joan, *The Economics of Imperfect Competition* (*2nd ed.*), London: Macmillan, 1969.

Robinson, Sherman, Andrea Cattaneo and Moataz El-Said, "Updating and Estimating a Social Accounting Matrix Using Cross Entropy Methods", *Economic Systems Research*, Vol. 13, No. 1, 2001.

Rubin, Donald, "Bayesian Inference for Causal Effects: The Role of Randomization", *The Annals of Statistics*, Vol. 6, No. 1, 1978.

Rubin, Donald, "Estimating Causal Effects of Treatments in Randomized and Nonrandomized Studies", *Journal of Educational Psychology*, Vol. 66, No. 5, 1974.

Sabia, Joseph and Richard Burkhauser, "Minimum Wages and Poverty: Will a $9.50 Federal Minimum Wage Really Help the Working Poor?", *Southern Economic Journal*, Vol. 76, No. 3, 2010.

Sabia, Joseph, "Minimum Wages and the Economic Well-Being of Single Mothers", *Journal of Policy Analysis and Management*, Vol. 27, No. 4, 2008.

Saget, Catherine, "Fixing Minimum Wage Levels in Developing Countries: Common Failures and Remedies", *International Labour Review*, Vol. 147, No. 1, 2008.

Savard, Luc, "Poverty and Income Distribution in a CGE-Household Micro-Simulation Model: Top-Down/Bottom Up Approach", CIRPEE Working Paper, No. 03 –43, 2003.

Scarf, Herbert and Terje Hansen, *The Computation of Economic Equilibria*, New Haven: Yale University Press, 1973.

Schultz, T. Paul, "Education Investments and Returns", in Hollis Chenery and T. N. Srinivasan (eds.), *Handbook of Development Economics* (*Volume* 1), Amsterdam: Elsevier, 1988.

Shapiro, Carl and Joseph Stiglitz, "Equilibrium Unemployment as a Worker Discipline Device", *American Economic Review*, Vol. 74, No. 3, 1984.

Shoven, John and John Whalley, *Applying General Equilibrium*, Cambridge: Cambridge University Press, 1992.

Stewart, Mark and Joanna Swaffield, "The Other Margin: Do Minimum Wages Cause Working Hours Adjustments for Low-Wage Workers?", *Economica*,

Vol. 75, No. 297, 2008.

Stewart, Mark, "Quantile Estimates of Counterfactual Distribution Shifts and the Effect of Minimum Wage Increases on the Wage Distribution", *Journal of the Royal Statistical Society: Series A (Statistics in Society)*, Vol. 175, No. 1, 2011.

Stigler, George, "The Economics of Minimum Wage Legislation", *American Economic Review*, Vol. 36, No. 3, 1946.

Strobl, Eric and Frank Walsh, "Dealing with Monopsony Power: Employment Subsidies vs. Minimum Wages", *Economics Letters*, Vol. 94, No. 1, 2007.

Swinnerton, Kenneth, "Minimum Wages in an Equilibrium Search Model with Diminishing Returns to Labor in Production", *Journal of Labor Economics*, Vol. 14, No. 2, 1996.

Teulings, Coen, "Aggregation Bias in Elasticities of Substitution and the Minimum Wage Paradox", *International Economic Review*, Vol. 41, No. 2, 2000.

Teulings, Coen, "The Contribution of Minimum Wages to Increasing Wage Inequality", *The Economic Journal*, Vol. 113, No. 490, 2003.

Thistlethwaite, Donald and Donald Campbell, "Regression-Discontinuity Analysis: An Alternative to the Ex Post Facto Experiment.", *Journal of Educational Psychology*, Vol. 51, No. 6, 1960.

van den Berg, Gerard and Geert Ridder, "An Empirical Equilibrium Search Model of the Labor Market", *Econometrica*, Vol. 66, No. 5, 1998.

van den Berg, Gerard, "Multiple Equilibria and Minimum Wages in Labor Markets with Informational Frictions and Heterogeneous Production Technologies", *International Economic Review*, Vol. 44, No. 4, 2003.

Wadsworth, Jonathan, "Did the National Minimum Wage Affect UK Prices?", *Fiscal Studies*, Vol. 31, No. 1, 2010.

Walsh, Frank, "Comment on 'Minimum Wages for Ronald McDonald Monopsonies: A Theory of Monopsonistic Competition'", *The Economic Journal*,

Vol. 113, No. 489, 2003.

Wang, Jing and Morley Gunderson, "Minimum Wage Impacts in China: Estimates from a Prespecified Research Design, 2000 - 2007", *Contemporary Economic Policy*, Vol. 29, No. 3, 2010.

Webb, Sidney, "The Economic Theory of a Legal Minimum Wage", *Journal of Political Economy*, Vol. 20, No. 10, 1912.

Welch, Finis, "Linear Synthesis of Skill Distribution", *Journal of Human Resources*, Vol. 4, No. 3, 1969.

Welch, Finis, "Minimum Wage Legislation in the United States", in OrleyAshenfelter and James Blum (eds.), *Evaluating the Labor Market Effects of Social Programs*, Princeton, New Jersey: Princeton University Press, 1976.

Wessels, Walter, "Minimum Wages and Tipped Servers", *Economic Inquiry*, Vol. 35, No. 2, 1997.

Wessels, Walter, *Minimum Wages, Fringe Benefits, and Working Conditions*, Washington: American Enterprise Institute for Public Policy Research, 1980.

Wood, Adrian, "How Trade Hurt Unskilled Workers", *Journal of Economic Perspectives*, Vol. 9, No. 3, 1995.

Wooldridge, Jeffrey, *Econometric Analysis of Cross Section and Panel Data* (*2nd ed.*), Cambridge, Massachusetts: The MIT Press, 2010.

Zavodny, Madeline, "The Effect of the Minimum Wage on Employment and Hours", *Labour Economics*, Vol. 7, No. 6, 2000.

附　　录

附表 1　　　　中国宏观社会核算矩阵中的账户

账户表示	账户含义	账户表示	账户含义
ACT	活动	*ATAX*	商品生产税
COM	商品	*YTAX*	国内机构的直接税
LAB	劳动力	*TAR*	进口商品关税
CAP	资本	*S-I*	储蓄投资
HHD	家庭	*DSTK*	存货变动
ENTR	企业	*ROW*	世界其他地区
GOV	政府	*TOTAL*	合计

附表 2　　　　中国宏观社会核算矩阵中的税收和政府账户

	ACT	*COM*	*HHD*	*ENTR*	*ATAX*	*YTAX*	*TAR*
ATAX	$SAM_{7,1}$						
YTAX			$SAM_{7,5}$	$SAM_{7,6}$			
TAR		$SAM_{7,2}$					
GOV					$SAM_{7,1}$	$SAM_{7,5}+SAM_{7,6}$	$SAM_{7,2}$

附表 3　　中国宏观社会核算矩阵中各种支付或收入的含义

社会核算矩阵中的位置	支付或收入的含义	社会核算矩阵中的位置	支付或收入的含义
$SAM_{1,2}$	国内总产出	$SAM_{7,6}$	企业缴纳的直接税
$SAM_{1,11}$	总产出	$SAM_{7,10}$	国外对政府的转移支付
$SAM_{2,1}$	中间投入	$SAM_{7,11}$	政府总收入
$SAM_{2,5}$	居民消费	$SAM_{8,5}$	居民储蓄
$SAM_{2,7}$	政府消费	$SAM_{8,6}$	企业储蓄
$SAM_{2,8}$	固定资本形成	$SAM_{8,7}$	政府储蓄
$SAM_{2,9}$	存货净变动	$SAM_{8,10}$	国外净储蓄
$SAM_{2,10}$	出口	$SAM_{8,11}$	总储蓄
$SAM_{2,11}$	总需求	$SAM_{9,8}$	存货变动
$SAM_{3,1}$	劳动力报酬	$SAM_{9,11}$	存货净变动
$SAM_{3,11}$	劳动力要素收入	$SAM_{10,2}$	商品进口
$SAM_{4,1}$	资本回报	$SAM_{10,4}$	国外的资本投资收益
$SAM_{4,11}$	资本要素收入	$SAM_{10,7}$	政府对国外的支付
$SAM_{5,3}$	居民劳动收入	$SAM_{10,11}$	外汇支出
$SAM_{5,4}$	居民资本收入	$SAM_{11,1}$	总投入
$SAM_{5,6}$	企业对居民的转移支付	$SAM_{11,2}$	总供给
$SAM_{5,7}$	政府对居民的专业支付	$SAM_{11,3}$	劳动力要素支出
$SAM_{5,10}$	国外对居民的转移支付	$SAM_{11,4}$	资本要素支出
$SAM_{5,11}$	居民总收入	$SAM_{11,5}$	居民支出
$SAM_{6,4}$	企业资本收入	$SAM_{11,6}$	企业支出
$SAM_{6,11}$	企业总收入	$SAM_{11,7}$	政府支出
$SAM_{7,1}$	国内商品的生产税	$SAM_{11,8}$	总投资
$SAM_{7,2}$	进口商品的关税	$SAM_{11,9}$	存货净变动
$SAM_{7,5}$	居民缴纳的直接税	$SAM_{11,10}$	外汇收入

附表 4　　**中国宏观社会核算矩阵的基本结构**

	ACT	*COM*	*LAB*	*CAP*	*HHD*	*ENTR*	*GOV*	*S-I*	*DSTK*	*ROW*	*TOTAL*
ACT		$SAM_{1,2}$									$SAM_{1,11}$
COM	$SAM_{2,1}$				$SAM_{2,5}$		$SAM_{2,7}$	$SAM_{2,8}$	$SAM_{2,9}$	$SAM_{2,10}$	$SAM_{2,11}$
LAB	$SAM_{3,1}$										$SAM_{3,11}$
CAP	$SAM_{4,1}$										$SAM_{4,11}$
HHD			$SAM_{5,3}$	$SAM_{5,4}$		$SAM_{5,6}$	$SAM_{5,7}$			$SAM_{5,10}$	$SAM_{5,11}$
ENTR				$SAM_{6,4}$							$SAM_{6,11}$
GOV	$SAM_{7,1}$	$SAM_{7,2}$			$SAM_{7,5}$	$SAM_{7,6}$				$SAM_{7,10}$	$SAM_{7,11}$
S-I					$SAM_{8,5}$	$SAM_{8,6}$	$SAM_{8,7}$			$SAM_{8,10}$	$SAM_{8,11}$
DSTK								$SAM_{9,8}$			$SAM_{9,11}$
ROW		$SAM_{10,2}$		$SAM_{10,4}$			$SAM_{10,7}$				$SAM_{10,11}$
TOTAL	$SAM_{11,1}$	$SAM_{11,2}$	$SAM_{11,3}$	$SAM_{11,4}$	$SAM_{11,5}$	$SAM_{11,6}$	$SAM_{11,7}$	$SAM_{11,8}$	$SAM_{11,9}$	$SAM_{11,10}$	

附表 5　　**中国宏观社会核算矩阵原始表**　　单位：千亿元

	ACT	*COM*	*LAB*	*CAP*	*HHD*	*ENTR*	*GOV*	*S-I*	*DSTK*	*ROW*	*TOTAL*
ACT		546.76									546.76
COM	360.51				71.22		26.61	77.30	3.34	68.50	607.47
LAB	77.73										77.73
CAP	83.19										83.19
HHD			77.73	1.74		8.15	3.66			0.12	91.41
ENTR				80.70							80.70
GOV	25.34	5.28			2.09	5.34				2.08	40.13
S-I					18.09	67.21	9.76			-15.72	79.34
DSTK								3.34			3.34
ROW		54.12					0.11				54.98
TOTAL	546.76	606.16	77.73	83.19	91.41	80.70	40.13	80.65	3.34	54.98	

资料来源：根据综合数据测算。

附表 6　　**中国宏观社会核算矩阵平衡表**　　单位：千亿元

	ACT	*COM*	*LAB*	*CAP*	*HHD*	*ENTR*	*GOV*	*S-I*	*DSTK*	*ROW*	*TOTAL*
ACT		546.82									546.82
COM	360.24				71.09		26.57	76.51	3.34	68.49	606.24
LAB	77.77										77.77
CAP	83.43										83.43
HHD			77.77	1.76		8.12	3.67			0.14	91.46
ENTR				80.91							80.91
GOV	25.38	5.30			2.11	5.33				2.10	40.22
S-I					18.26	67.46	9.86			-15.72	79.85
DSTK								3.34			3.34
ROW		54.12		0.76			0.13				55.00
TOTAL	546.82	606.24	77.77	83.43	91.46	80.91	40.22	79.85	3.34	55.00	

资料来源：根据综合数据测算。

附表 7　　**中国六部门细分社会核算矩阵的结构**

	ACT	*COM*	*LAB*	*CAP*	*HHD*	*ENTR*	*GOV*	*S-I*	*DSTK*	*ROW*	*TOTAL*
ACT		$SAM_{1,2}^{6\times6}$									$SAM_{1,11}^{6\times1}$
COM	$SAM_{2,1}^{6\times6}$				$SAM_{2,5}^{6\times2}$		$SAM_{2,7}^{6\times1}$	$SAM_{2,8}^{6\times1}$	$SAM_{2,9}^{6\times1}$	$SAM_{2,10}^{6\times1}$	$SAM_{2,11}^{6\times1}$
LAB	$SAM_{3,1}^{1\times6}$										$SAM_{3,11}^{1\times1}$
CAP	$SAM_{4,1}^{1\times6}$										$SAM_{4,11}^{1\times1}$
HHD			$SAM_{5,3}^{2\times6}$	$SAM_{5,4}^{2\times1}$		$SAM_{5,6}^{2\times1}$	$SAM_{5,7}^{2\times1}$			$SAM_{5,10}^{2\times1}$	$SAM_{5,11}^{2\times1}$
ENTR				$SAM_{6,4}^{1\times1}$							$SAM_{6,11}^{1\times1}$
GOV	$SAM_{7,1}^{1\times6}$	$SAM_{7,2}^{1\times6}$			$SAM_{7,5}^{1\times2}$	$SAM_{7,6}^{1\times1}$				$SAM_{7,10}^{1\times1}$	$SAM_{7,11}^{1\times1}$
S-I					$SAM_{8,5}^{1\times2}$	$SAM_{8,6}^{1\times1}$	$SAM_{8,7}^{1\times1}$			$SAM_{8,10}^{1\times1}$	$SAM_{8,11}^{1\times1}$
DSTK								$SAM_{9,8}^{1\times1}$			$SAM_{9,11}^{1\times1}$
ROW		$SAM_{10,2}^{1\times6}$		$SAM_{10,4}^{1\times1}$			$SAM_{10,7}^{1\times1}$				$SAM_{10,11}^{1\times1}$
TOTAL	$SAM_{11,1}^{1\times6}$	$SAM_{11,2}^{1\times6}$	$SAM_{11,3}^{1\times6}$	$SAM_{11,4}^{1\times1}$	$SAM_{11,5}^{1\times2}$	$SAM_{11,6}^{1\times1}$	$SAM_{11,7}^{1\times1}$	$SAM_{11,8}^{1\times1}$	$SAM_{11,9}^{1\times1}$	$SAM_{11,10}^{1\times1}$	